中国文库
文学类

刘白羽散文选

刘白羽　著

中国出版集团
人民文学出版社

图书在版编目(CIP)数据

刘白羽散文选/刘白羽著. —北京：人民文学出版社，2009. 7

(中国文库)

ISBN 978-7-02-007667-3

Ⅰ. 刘… Ⅱ. 刘… Ⅲ. 散文—作品集—中国—当代 Ⅳ. I267

中国版本图书馆 CIP 数据核字(2009)第 120960 号

责任编辑：张　晴

整体设计：翁　涌　李　梅

责任印制：王铁生　单浩生

刘白羽散文选

Liubaiyu Sanwenxuan

刘白羽　著

人民文学出版社　出版

http://www.rw-cn.com

北京市朝内大街 166 号　　邮编：100705

北京铭成印刷有限公司印刷　　新华书店经销

2009 年 7 月第 1 版　　2009 年 7 月第 1 次印刷

开本：880 毫米×1230 毫米　1/32　印张：9.625

字数：205 千字　　印数：1—4500

ISBN 978-7-02-007667-3

定价：19.00 元

刘白羽

序

作者手迹

“中国文库”出版前言

“中国文库”主要收选20世纪以来我国出版的哲学社会科学研究、文学艺术创作、科学文化普及等方面的优秀著作。这些著作，对我国百余年来的政治、经济、文化和社会的发展产生过重大积极的影响，至今仍具有重要价值，是中国读者必读、必备的经典性、工具性名著。

大凡名著，均是每一时代震撼智慧的学论、启迪民智的典籍、打动心灵的作品，是时代和民族文化的瑰宝，均应功在当时、利在千秋、传之久远。“中国文库”收集百余年来的名著分类出版，便是以新世纪的历史视野和现实视角，对20世纪出版业绩的宏观回顾，对未来出版事业的积极开拓，为中国先进文化的建设，为实现中华民族的伟大复兴做出贡献。

大凡名著，总是生命不老，且历久弥新、常温常新的好书。中国人有“万卷藏书宜子弟”的优良传统，更有当前建设学习型社会的时代要求，中华大地读书热潮空前高涨。“中国文库”选辑名著奉献广大读者，便是以新世纪出版人的社会责任心和历史使命感，帮助更多读者坐拥百城，与睿智的专家学者对话，以此获得丰富学养，实现人的全面发展。

为此，我们坚持以邓小平理论和“三个代表”重要思想为指导，深入贯彻落实科学发展观，坚持贯彻“百花齐放、百家争鸣”的方针，坚持按照“贴近实际、贴近生活、贴近群众”的要求，以登高望远、海纳百川的广阔视野，披沙拣金、露抄雪纂的刻苦精神，精益求精、探赜索隐的严谨态度，投入到这项规模宏大的出版工程中来。

“中国文库”所收书籍分列于6个类别，即：(1)哲学社会科学类(哲学社会科学各门类学术著作);(2)史学类(通史及专史);(3)文学类(文学作品及文学理论著作);(4)艺术类(艺术作品及艺术理论著作);(5)科学文化类(科技史、科技人物传记、科普读物等);(6)综合·普及类(教育、大众文化、少儿读物和工具书等)。计划出版约1000种，分辑出版。自2004年以来，已先后出版三辑，每辑约100种，分精平装两类。2009年时值新中国成立60周年，特将“中国文库”第四辑作为“新中国60年”特辑推出，主要收选新中国成立60年来祖国大陆原创性人文社科类名著。

“中国文库”所收书籍，有少量品种因技术原因需要重新排版，版式有所调整，大多数品种则保留了原有版式。一套文库，千种书籍，庄谐雅俗有异，版式整齐划一未必合适。况且，版式设计也是书籍形态的审美对象之一，读者在摄取知识、欣赏作品的同时，还能看到各个出版机构不同时期版式设计的风格特色，也是留给读者们的一点乐趣。

“中国文库”由中国出版集团发起并组织实施。收选书目以中国出版集团所属出版机构出版的书籍为主要基础，逐步邀约其他出版机构参与，共襄盛举。书目由“中国文库”编辑委员会审定，中国出版集团与各有关出版机构按照集约化的原则集中出版经营。编辑委员会特别邀请了我国出版界德高望重的老专家、领导同志担任顾问，以确保我们的事业继往开来，高质量地进行下去。

“中国文库”，顾名思义，所收书籍应当是能够代表中国出版业水平的精品。我们希望将所有可以代表中国出版业水平的精品尽收其中，但这需要全国出版业同行们的鼎力支持和编辑委员会自身的努力。这是中国出版人的一项共同事业。我们相信，只要我们志存高远且持之以恒，这项事业就一定能持续地进行下去，并将不断地发展壮大。

“中国文库”编辑委员会

“中国文库”第四辑
编辑委员会

中 国 文 库

（第四辑）

【哲学社会科学类】

中国伦理思想研究　张岱年 …………………… 江苏教育出版社
中国古代哲学的逻辑发展　冯契 ………………… 东方出版中心
魏晋玄学论稿（增订版）　汤用彤 …… 生活·读书·新知三联书店
易学哲学史　朱伯崑 ………………………………… 昆仑出版社
儒家辩证法研究　庞　朴 ……………………………… 中华书局
唯物辩证法大纲　李　达 …………………………… 人民出版社
郭象与魏晋哲学（增订本）　汤一介 ………… 北京大学出版社
逻辑经验主义的认识论　当代西方科学哲学
　江天骥 ……………………………………………… 武汉大学出版社
中国古代思想史论　中国近代思想史论　中国现代思想史论
　李泽厚 ………………………………… 生活·读书·新知三联书店
思·史·诗——现象学和存在哲学研究　叶秀山 …… 人民出版社
中国思想史　葛兆光 ……………………………… 复旦大学出版社
有无之境　陈　来 ………………………… 生活·读书·新知三联书店
中国社会主义经济问题研究　薛暮桥 ………………… 人民出版社
社会主义经济论稿　孙冶方 ……………… 中国大百科全书出版社
中国经济体制改革的模式研究　刘国光 …… 中国社会科学出版社
农业与工业化　张培刚 …………………… 华中科技大学出版社
财政信贷综合平衡导论　黄　达 ………… 中国人民大学出版社
非均衡的中国经济　厉以宁 ……………… 中国大百科全书出版社
论竞争性市场体制　吴敬琏　刘吉瑞 …… 中国大百科全书出版社
中国奇迹：回顾与展望　林毅夫 ……………… 北京大学出版社
版权法（修订本）　郑成思 …………………… 中国人民大学出版社
国际法　周鲠生 ……………………………………… 武汉大学出版社
国际私法新论　韩德培 ……………………………… 武汉大学出版社
刑法哲学　陈兴良 ………………………………… 中国政法大学出版社
法理学（第二版）　沈宗灵　张文显 ……………… 高等教育出版社

民法解释学　　梁慧星　……………………………… 法律出版社
民俗学概论　　钟敬文　……………………………… 上海文艺出版社
中国心理学史　　高觉敷　…………………………… 人民教育出版社
心理学简札　　潘　菽　……………………………… 人民教育出版社
冷眼向洋　　资中筠等　………………… 生活·读书·新知三联书店

【史学类】
中国文明的起源　　夏　鼐　………………………………… 中华书局
中国古代文明研究　　李学勤　…………………… 华东师范大学出版社
甲骨文字释林　　于省吾　…………………………………… 中华书局
西欧封建经济形态研究　　马克垚　…………………… 人民出版社
魏晋南北朝论丛　　唐长孺　………………………………… 中华书局
东晋门阀政治　　田余庆　…………………………… 北京大学出版社
宋代经济史　　漆　侠　……………………………………… 中华书局
西夏史稿　　吴天墀　…………………………… 广西师范大学出版社
明代的军屯　　王毓铨　……………………………………… 中华书局
太平天国史　　罗尔纲　……………………………………… 中华书局
第二次鸦片战争　　蒋孟引　…………… 生活·读书·新知三联书店
辛亥革命史　　章开沅　…………………………………… 人民出版社
转折年代——中国的1947年　　金冲及　… 生活·读书·新知三联书店
现代化新论——世界与中国的现代化进程(增订本)
　　罗荣渠　…………………………………………… 商务印书馆
糖史　　季羡林　…………………………………… 江西教育出版社
长水集　　谭其骧　………………………………………… 人民出版社
走出中世纪(增订本)　　朱维铮　………………… 复旦大学出版社

【文学类】
马烽小说选　　马　烽　…………………………………… 作家出版社
周立波小说选　　周立波　………………………… 湖南文艺出版社
玛拉沁夫小说选　　玛拉沁夫　…………………………… 作家出版社
王愿坚小说选　　王愿坚　………………………… 中国青年出版社
李準小说选　　李　準　…………………………… 人民文学出版社
王蒙小说选　　王　蒙　…………………………… 人民文学出版社

汪曾祺小说选　　汪曾祺 …………………………… 人民文学出版社
林斤澜小说选　　林斤澜 …………………………… 人民文学出版社
李国文小说选　　李国文 …………………………… 人民文学出版社
邓友梅小说选　　邓友梅 …………………………… 人民文学出版社
陆文夫小说选　　陆文夫 …………………………… 江苏文艺出版社
高晓声小说选　　高晓声 …………………………… 江苏文艺出版社
茹志鹃小说选　　茹志鹃 …………………………… 江苏文艺出版社
王安忆小说选　　王安忆 …………………………… 人民文学出版社
铁凝小说选　　铁　凝 …………………………… 人民文学出版社
史铁生小说选　　史铁生 …………………………… 人民文学出版社
闻捷诗选　　闻　捷 …………………………… 人民文学出版社
昌耀诗选　　昌　耀 …………………………… 人民文学出版社
食指诗选　　食　指 …………………………… 人民文学出版社
天安门诗抄　　童怀周 …………………………… 人民文学出版社
朦胧诗选 …………………………… 中国青年出版社
杨朔散文选　　杨　朔 …………………………… 人民文学出版社
秦牧散文选　　秦　牧 …………………………… 人民文学出版社
刘白羽散文选　　刘白羽 …………………………… 人民文学出版社
萧乾散文选　　萧　乾 …………………………… 人民文学出版社
柯灵散文选　　柯　灵 …………………………… 人民文学出版社
杨绛散文选　　杨　绛 …………………………… 人民文学出版社
贾平凹散文选　　贾平凹 …………………………… 人民文学出版社
邵燕祥散文选　　邵燕祥 …………………………… 人民文学出版社
1949～2009 剧作选 …………………………… 人民文学出版社
1949～2009 报告文学选 …………………………… 人民文学出版社
1949～2009 儿童文学选 …………………………… 中国青年出版社
周扬文论选　　周　扬 …………………………… 人民文学出版社
陈涌文论选　　陈　涌 …………………………… 人民文学出版社
张光年文论选　　张光年 …………………………… 人民文学出版社
唐弢文论选　　唐　弢 …………………………… 人民文学出版社
王瑶文论选　　王　瑶 …………………………… 人民文学出版社
钱谷融文论选　　钱谷融 …………………………… 上海文艺出版社
王元化文论选　　王元化 …………………………… 上海文艺出版社
蔡仪美学文选　　蔡　仪 …………………………… 河南文艺出版社

1949～2009文论选 …………………………………… 人民文学出版社

【艺术类】

欧洲绘画史　邵大箴 ………………………… 上海人民美术出版社
中国绘画美学史　陈传席 ……………………… 人民美术出版社
中国工艺美术史　田自秉 ………………………… 东方出版中心
中国书画鉴定　谢稚柳 …………………………… 东方出版中心
琴史初编　许　健 ……………………………… 人民音乐出版社
宗白华美学与艺术文选　宗白华 ……………… 河南文艺出版社
王光祈音乐论著选集
　　王光祈著　冯文慈等选注 ………………… 人民音乐出版社

【科技文化类】

北京城的生命印记　侯仁之 ………… 生活·读书·新知三联书店
说园　陈从周 …………………………………… 同济大学出版社
古海荒漠　许靖华 …………………… 生活·读书·新知三联书店
科学发现纵横谈　王梓坤 ………………… 北京师范大学出版社
中国科学思想史　席泽宗 ……………………………… 科学出版社
系统论——系统科学哲学　魏宏森　曾国屏 …… 世界图书出版公司
科学的历程(第二版)　吴国盛 ……………… 北京大学出版社

【综合·普及类】

傅雷书信集　傅　雷 ………………… 生活·读书·新知三联书店
诗词格律概要 诗歌格律十讲　王　力………… 世界图书出版公司
一氓书缘　李一氓 …………………… 生活·读书·新知三联书店
上学记(修订版)　何兆武 …………… 生活·读书·新知三联书店

出 版 说 明

中华散文，源远流长。数千年的散文创作，或抒情、或言志、或状景、或怀人……莫不反映出时代的风云变幻和人们的思想情感。中华散文的这些优良传统在二十世纪以降的新文学那里，不仅得到了全面传承，且不断有所创新、有所发展。为了展示二十世纪以来中华散文的创作业绩，我们在新世纪之初即编辑出版过“中华散文珍藏本”凡三十种。自二〇〇五年始，我们在此基础上先后选出二十六种，作为“中华散文插图珍藏版”第一辑、第二辑出版。此次又选出十六种，作为第三辑出版。

本丛书每册二十万字，另辅以反映其人生历程的珍贵照片若干幅。可谓美文与华照相得益彰，既是伴君品味欣赏之佳作，又为珍藏馈赠之上品。

人民文学出版社编辑部

2008 年 1 月

目 录

晚霞谈文录(代序)

我希望这不是我的最后一个散文集,但是,也有可能是我最后一个散文集了。

一九三六年,我在王统照先生主编的《文学》上发表了小说《冰天》,同时又在黎烈文先生主编的《中流》上发表了散文《从黄昏到夜晚》。这两个刊物都是鲁迅先生所支持的,算来距今已六十五年了。现在,二十世纪三十年代发表作品的人已经寥若晨星了,我老了,但还能每天写几百字算是很幸福的了。当我编这文集时,昂然回首,沧海桑田,悲欢苦乐,有如大海波涛在我心灵中汹涌澎湃,我仿佛从金色海螺听到海的呼啸,我知道这里发表的都是一个垂暮之人的心灵自白。

近来,有人提倡写美文了,我欣赏,我赞成,同时也引起我的一些深邃的思考。

何为美文?如何写出美文?这是一个不能不联系到美学的问题。黑格尔的《美学》是必须要读的,但我认为美学绝不是学者书本上的东西,也就是说美学不是死的美学而是活的美学,因此我认为一个作家必须有自己的美学,可惜,在我们作家中,有有自己美学的,也有没有自己美学的,这是要写美文首先要接触到的一个根本问题,这是能不能写出美文的至要之津。作者为书作序,当然要谈自己,我现在就这个问题讲述一些浅陋之见,个人体会。

首先,我觉得是作家要有高度的审美观。这一点可很不容易，要有各个方面的熏陶，长期的培养。一个散文家，首先是读散文，而后才能写散文，终其一生，笔不停挥，手不释卷。拿我自己来说，我熟读古文，让我最欣赏，给我影响最大的是屈原的《离骚》，至今他那行吟泽畔的雄浑悲切之音还时时在我心灵中回荡。对唐宋文章，我喜欢的是李密的《陈情表》，“臣无祖母无以至今日，祖母无臣无以终余年”之句，每一读之涕泪纵横；当然也喜欢读王勃的《滕王阁序》，“落霞与孤鹜齐飞，秋水共长天一色”，状景抒怀可谓绝境。后来转到外国散文，除卢梭的《忏悔录》外，特别是屠格涅夫的《猎人笔记》，真不知读了多少遍还在读，甚至在火车上也临车窗而翻阅，望车窗外之绿色而唏嘘，我从中吮吸了多少乳汁。当然，一个作家必须热爱文学，但只有文学，还不能融成美学修养。我爱艺术，除了字画之外，我酷爱陶瓷，开国之初隆福寺地摊上无数珍宝，俯拾即是，特别是一些洁白如玉的宋瓷，我置之书架上，每日赏心悦目。令人痛心的是在“文革”抄家时，当着我的面，把一只一只宋代瓷器砸得粉碎，我痛心，我无言，这砸的是我的生命呀！从此我断绝，也不可能再得到中国古瓷了。于是转向国外，我赴日本访问，一位烧瓷的朋友将他精心烧制的雪一般白的一个瓷杯赠我，然后又得到一个油光锃亮的小黑瓶，但这是余音袅袅了，我十七次到海外，收集到不少精致的小艺术品，每一展示，还能意趣盎然。至于外国艺术，我崇拜的是米开朗琪罗，我出国，使我得到最大美的享受莫过于意大利，从罗马到佛罗伦萨，我几乎亲眼目睹了他的全部雕塑真品，使我如醉如痴，不忍遽别，但我也欣赏梵·高，他的金黄的向日葵，在我心中永远怒放，他那旋转的热带太阳，使我觉得整个宇宙在转动。我喜欢音乐，从贝多芬的《命运》到肖邦的钢琴曲，柴可夫斯基的《悲怆》，我近来在听亨德尔的《弥赛亚》。我是无神论者，但我从古典音乐中享受到一种神圣的沉静肃穆之美。正是这些文学艺术各个方面的融会贯通，使人产生了自己的审美的水平。有人说到一个人家的客堂或书房，便可窥见主人的审美水平，正是这种审美水平，使你产生你自己的美学，才能落笔有神，如得天助。

其次是人生的造化，人的一生像是一条长河，它有时静如止水，有时勃然狂泻，遇到岩石它则白浪滔天，蜂拥而起，遇到春风则温柔拂面，波浪涟漪。由于各人有各人不同的心境，"大漠孤烟直，长河落日圆"是一境界，"潮平两岸阔，风正一帆悬"是一境界。古人云："读万卷书，行万里路。"这与毛泽东的"深入火热的斗争"有相通之处，却是历经沧桑风雨，才能吸纳百川，使自在之物成为自我之物，所谓的胸中自有丘壑是也。人是发展的，时代是变迁的，人到老年，回首平生，方知九曲回肠，悲欢离合，都沉淀在自己命运之中，熔铸而成为自己的美感。曹操横槊赋诗，乃发慨当以慷之语，项羽无颜见江东父老，乃发悲痛之音，盖都出自心臆，从而恢宏大度，气象万千。就我个人来说，我如不参加战争，就没有今天的我。当我在东北苦战，冰封雪冻，在"关门打狗"之战略部署下，最后一战将两个美械军全部歼灭；当我走过辽沈大会战的战场，硝烟飞袅，战痕累累，真是"秋风扫落叶"，那是何等英雄的气魄；而后南下作战，历尽艰辛，从松花江零下四十度到长江的零上四十度，泥泞跋涉，炎阳似火，我横渡长江，进军湘沅。我深深体会到战争有两个方面，正如恩格斯论战争，既有拉枯摧朽，也有创造新生。最重要的是亲自看见炮火，听到枪声，多少先行者用鲜血染红大地，多少牺牲者将生命永铸千秋，正是这生命，这鲜血，造就了我的人生，锤炼了我的性格，改造了我的为人。战后一位当年在延安同听毛泽东延安文艺座谈会讲话的领导人问我，参加了战争有什么收获，我说减少了过去的腼腆，而增加了现在的坚定。正是这种经历凝成我有了自己的美学。布封所说风格即人。人的无涯的经历形成作家的灵感，有人不懂得灵感之妙处，我则以为灵感是写美文的必然之路，因为灵感绝不是痴人说梦,也不是醉汉呓语,也不是来无影去无踪的奇迹,它是丰富的现实生活的升华,在写作过程中,一触而发,泉涌而出,便成绝响。我常说:我写的长江是我的长江,要不是战争的造化天机,改造了我的性格,也就改变了我的风格,长江顺流而下,"两岸猿声啼不住,轻舟已过万重山"。只有我胸中神魄,才与长江的神伟一拍即合,我通过三峡之美,江流之险,从而探索出长江的灵魂,正是我胸中造就出我的美学,我的美学就是激流勇进之美,这是我的美学高度概括,我的永恒的人生信念与我的艺术哲学。

再其次是人品与文品,文品是《文心雕龙》至要之论,对于作家来说,养我胸中浩然之气是也。在西方文学中,我非常喜欢的是赫尔岑的《往事与随想》,这是一部长篇的美文,我爱它,是多年以前巴金译了他回忆录的一部分,成为一个小册子,名为《家庭戏剧》,我不知读了多少遍,流下多少泪,但中国没有这部世界文坛名著。巴金晚年译了第一卷,终于因体力不支而作罢。一九九〇年我到上海去看他,在书房内畅谈甚久,这好像是我最后一次到他家,他已有帕金森初步病相,临别他迈着碎细的小步,亲手从书柜中取出一函台湾版的《巴金译文选集》赠我。我回到北京读了他写的序,其中有一句话使我受到深深触动,"赫尔岑的回忆录还有四分之三未译,幸而有一位朋友愿意替我做完这个工作,他的译文全稿将一次出版。这样我才可以不带着内疚去见'上帝'。"从此我给人民文学出版社总编辑每年写一封信,写了三年,《往事与随想》全部出书了,我为之狂喜,立刻买回,通读一遍,写得太美了,太动人,太深刻了,不能不令我为之热血沸腾。为什么写得这样好,原因是赫尔岑是俄罗斯的大思想家,大政治家,大文学家,被迫流亡海外,只有赫尔岑之人才能写出赫尔岑之书。《人间词话》云:"太白纯以气象胜,西风残照,汉家陵阙,寥寥八字,遂关千古登临之口,后世惟范文正之《渔家傲》,夏英公的《喜迁莺》差足继武，然气象已不逮矣。”何谓气象，气象何来？我云：千秋风雷，万古沧桑，惟毛泽东“苍山如海，残阳如血”堪与媲美，甚而过之，以毛泽东之人，成毛泽东之诗自不逮言。我这里想说几句范仲淹，其《渔家傲》：“塞下秋来风景异，衡阳雁去无留意，四面边声连角起。千嶂里，长烟落日孤城闭。”令乡情之深切，边塞之豪情达到极其壮美之高度。正因为是这样一个元戎统帅，一望洞庭，即云“衔远山，吞长江，浩浩荡荡，横无际涯，朝晖夕阴，气象万千”，已得洞庭神魄。我在陕北见一处摩崖上刻有一行大字：“范小老子胸中自有百万甲兵。”正是这胸中甲兵一涌而出，从洞庭之景追洞庭之灵魂。“先天下之忧而忧，后天下之乐而乐。”虽成千古绝响，岂人品之极致，文品之极致，美文之极致矣。

“五四”文学革命之旗一举，散文横制颓波，纵横天下，自成亘古风流，至今炎炎不熄，我以为鲁迅的《秋夜》是美文，巴金的《鸟的天堂》是美文，贾平凹的《丑石》是美文，李存葆的《大河遗梦》是美文。但人是发展的，时代是发展的，一个作家的美学观也是发展的，我国山川之秀美，大地之雄浑，人文之巍峨，日月之精华，美的物造就美的人，美的人造就美的文。辉煌灿烂，青出于蓝，以待未来，以待后人。

2002年8月28日

（此文原为《天籁集》所作序言）

日 出

登高山看日出，这是从幼小时起，就对我富有魅力的一件事。

落日有落日的妙处，古代诗人在这方面留下不少优美的诗句，如像“大漠孤烟直，长河落日圆”、“落日照大旗，马鸣风萧萧”，可是再好，总不免有萧瑟之感。不如攀上奇峰陡壁，或是站在大海岩头，面对着弥漫的云天，在一瞬时间内，观察那伟大诞生的景象，看火、热、生命、光明怎样一起来到人间。但很长很长时间，我却没有机缘看日出，而只能从书本上去欣赏。

海涅在《哈尔茨山游记》中曾记叙从布罗肯高峰看日出的情景：

> 我们一言不语地观看，那绯红的小球在天边升起，一片冬意朦胧的光照扩展开了，群山像是浮在一片白浪的海中，只有山尖分明突出，使人以为是站在一座小山丘上。在洪水泛滥的平原中间，只是这里或那里露出来一块块干的土壤。

善于观察大自然风貌的屠格涅夫，对于俄罗斯原野上的日出，作过精彩的描绘：

> ……朝阳初升时，并未卷起一天火云，它的四周是一片浅玫瑰色的晨曦。太阳，并不厉害，不像在令人窒息的干旱的日子里那么炽热，也不是在暴风雨之前的那种暗紫色，却

带着一种明亮而柔和的光芒，从一片狭长的云层后面隐隐地浮起来，露了露面，然后就又躲进它周围淡淡的紫雾里去了。在舒展着云层的最高处的两边闪烁得有如一条条发亮的小蛇，亮得像擦得耀眼的银器。可是，瞧！那跳跃的光柱又向前移动了，带着一种肃穆的欢悦，向上飞似的拥出了一轮朝日。……

可是，太阳的初升，正如生活中的新事物一样，在它最初萌芽的瞬息，却不易被人看到。看到它，要登得高，望得远，要有一种敏锐的视觉。从我个人的经历来说，看日出的机会，曾经好几次降临到我的头上，而且眼看就要实现了。

一次是在印度。我们从德里经孟买、海德拉巴、帮格罗、科钦，到翠泛顿。然后沿着椰林密布的道路，乘三小时汽车，到了印度最南端的科摩林海角。这是出名的看日出的胜地。因为从这里到南极，就是一望无际的、碧绿的海洋，中间再没有一片陆地。因此这海角成为迎接太阳的第一位使者。人们不难想象，那雄浑的天穹，苍茫的大海，从黎明前的沉沉暗夜里升起第一线曙光，燃起第一支火炬，这该是何等壮观。我们到这里来就是为了看日出。可是听了一夜海涛，凌晨起来，一层灰蒙蒙的云雾却遮住了东方。这时，拂拂的海风吹着我们的衣襟，一卷一卷浪花拍到我们的脚下，发出柔和的音响，好像在为我们惋惜。

还有一次是登黄山。这里也确实是一个看日出的优胜之地。因为黄山狮子林，峰顶高峻。可惜人们没有那么好的目力，否则从这儿俯瞰江、浙，一直到海上，当是历历可数。这种地势，只要看看黄山泉水，怎样像一条无羁的白龙，直泻新安江、富春江，而经钱塘入海，就很显然了。我到了黄山，开始登山时，鸟语花香，天气晴朗，收听气象广播，也说二三日内无变化。谁知结果却逢到了徐霞客一样的遭遇："浓雾迷漫，抵狮子林，风愈大，雾愈厚……雨大至……”只听了一夜风声雨声，至于日出当然没有看成。

但是，我却看到了一次最雄伟、最瑰丽的日出景象。不过，那既不是在高山之巅，也不是在大海之滨，而是从国外向祖国飞行的飞机飞临的万仞高空上。现在想起，我还不能不为那奇幻的景色而惊异。是在我没有一点准备、一丝预料的时刻，宇宙便把它那无与伦比的光华、丰采，全部展现在我的眼前了。当飞机起飞时，下面还是黑沉沉的浓夜，上空却已游动着一线微明，它如同一条狭窄的暗红色长带，带子的上面露出一片清冷的淡蓝色晨曦，晨曦上面高悬着一颗明亮的启明星。飞机不断向上飞翔，愈升愈高，也不知穿过多少云层，远远抛开那黑沉沉的地面。飞机好像惟恐惊醒机座上人们的安眠，马达声特别轻柔，两翼非常平稳。我一直守着舷窗，注视外边的变幻，这时间，那条红带，却慢慢在扩大，像一片红云了，像一片红海了。暗红色的光发亮了，它向天穹上展开，把夜空愈抬愈远，而且把它们映红了。下面呢？却还像苍莽的大陆一样，黑色无边。这是晨光与黑夜交替的时刻；这是即将过去的世界与即将到来的世界交替的时刻。你乍看上去，黑夜还似乎强大无边，可是一转眼，清冷的晨曦变为磁蓝色的光芒。原来的红海上簇拥出一堆堆墨蓝色云霞。一个奇迹就在这时诞生了。突然间从墨蓝色云霞里矗起一道细细的抛物线，这线红得透亮，闪着金光，如同沸腾的熔液一下抛溅上去，然后像一支火箭一直向上冲，这时我才恍然大悟，原来这就是光明的白昼由夜空中迸射出来的一刹那。然后在几条墨蓝色云霞的隙缝里闪出几个更红更亮的小片。开始我很惊奇，不知这是什么，再一看，几个小片冲破云霞，密接起来，融合起来，飞跃而出，原来是太阳出来了。它晶光耀眼，火一般鲜红，火一般强烈，不知不觉，所有暗影立刻都被它照明了。一眨眼工夫，我看见飞机的翅膀红了，窗玻璃红了，机舱座里第一个酣睡者的面孔红了。这时一切一切都宁静极了，宁静极了。整个宇宙就像刚诞生过婴儿的母亲一样温柔、安静，充满清新、幸福之感。再向下看，云层像灰色急流，在滚滚流开，好让光线投到大地上去，使整个世界大放光明。我靠在软椅上睡熟了。醒来时我们的飞机正平平稳稳，自由自在，向东方航行。黎明时刻的种种红色、灰色、黛色、蓝色，都不见了，只有上下天空，一碧万顷，空中的一些云朵，闪着银光，像小孩子的笑脸。这时，我忘掉了为这一次看到日出奇景而高兴，而喜悦，我却进入一种庄严的思索，我在体会着“我们是早上六点钟的太阳”这一句诗那最优美、最深刻的含意。

写在太阳初升的时候

晴秋的早晨，一阵“丁冬——丁冬”的钟声，那样徐缓、幽静而又嘹亮，像一条发亮的小河从我的心灵中潜潜流过。这是一种动人的音乐，它报告着新世界的时间，报告黄金一般的时间在不停地前进。

十年，多么漫长的时间呀！在这中间，我们有过多少令人难忘的时刻呀！我们面对过强烈的战争火焰，我们用双手从废墟中升起新的城市，我们为幸福达到极点而闪出泪光，我们为战胜了艰难险阻而欢腾跳跃。但我现在想起另外一次钟声，那是一九四九年春天，解放武汉后的第一夜，夜深人静，我立在面对长江的楼窗前，听到江汉关的钟声。那时多少大革命的风暴一下旋上我的心头，一下又平息下去，我知道中国人民的一个新纪元开始了。也许正因为这个缘故，现在，这和平与幸福的钟声，使我产生一种思念。我回想到我们第一个五年计划，那些闪着露珠、飞着风雪，但是马蹄铁在冰冻的地面上嗒嗒紧响，在飞舞着尘埃的道路上响着嚓嚓的脚步声的时刻。那是启明星高挂天空的日子，那是黎明泛出红光的日子，那是人们开始启程的日子。是的，当我处在当前这沸腾的生活中，我常常回想着那个早晨，那是多么清新可爱的早晨，那是洋溢着浓厚的诗意的早晨，那时人们有如刚刚解冻的激流，奔腾，叫啸，带有春日的闪光，欢乐地前进。土地、河流、树林、山谷，都焕然一新，籽粒在温暖的土地中发芽，微风中饱含着香甜的生命的汁液。不是为了给那个年月的动人姿态作一点速写画，也不是希望在纸上留下一点当时的气息，而主要是为了一种感情的冲激。就在那个早晨，我写了三封信。

第 一 封

××：

我真不知道怎样对你叙说我此时此刻的心情。我又回到解放战争中经常来往的土地上来了。我现在在从哈尔滨到牡丹江的列车上。

你会理解：一个人最爱生长他的故乡，有人说："故乡的炊烟也比别处香呢！"可是，你知道，对于另外一些人，他们永远不能忘记他们战斗过的地方，因为他们在这儿的土地上，留下过一滴血或一滴汗，就像他把生命的一部分留给这地方了。他爱这里，他无法形容他这种爱的深情。

过去与现在，战争与和平，多少记忆，多少怀念，多少差别啊！但，不管怎样，我又看到这盖满白雪的辽阔无边的原野了。我又看到六匹马拉着大板车在飞奔了，在上面飘动着一面小小红旗，那马颈项下的串铃声是多么迷人哟！像黑大理石一样的江面上，飞也似的滑动着铺了狗皮垫子的冰橇。我多想大口吸一下这里的空气呀！它冷得逼人，但那样令人清醒。那些戴着火红狐皮帽的人们，发出高声的谈论，腾起一阵响亮的笑声。看，那结了冰花的小屋的窗玻璃啊，我仿佛闻到了那里面的叶子烟的香气。对于我来说，没有比这里再激动人心的地方了。

而这一切，一切，现在都那样亲切，热诚，如同老朋友在对远方来客打着招呼，闪出笑容。等一等，请允许我的思索回到那历史的年代吧！那时天空上还遮着乌沉沉的阴霾，太阳还只揣在我们胸中，斗争相当的艰难，不过现在回想起来，当时的生活也还是那样鲜明，那样动人。狂风吹着暴雪，拂晓时分，人骑不上马，马张不开眼。你在一阵阵呼啸而过的雪雾中，只看见马的鬃毛在飞舞，可是，它在深雪中却那样跋涉不前。但是，只经过四五年时间，仿佛由于一种什么魔法的变幻，而现在一切一切都那样不同了。我们的生活里，生气勃勃，到处都像太阳一样灿烂发光呢！如果说我们的人在每一寸土地上流过血，现在，是在每一寸土地上开了花。

列车向东方飞奔。我坐在暖和的车厢里，喝了几杯热茶，听着扩音器里不停地发出一个女同志的声音，那样响亮，那样亲切，她就跟发表一段又一段的演说辞一样，叫着："诸位旅客"，"旅客同志"，讲述着这样，叮嘱着那样。可是从前，我在这条铁路线上，整夜坐在煤车高顶，只有秋雨打在雨衣上的一片沙沙声响。……

上午八点钟，我们到达横道河子车站。这个车站两旁密布黑苍苍的森林。我在战争时期，不但来过，而且还在这儿出了一点小事故。那一回我从前线回哈尔滨，在这儿停车，就走出了站台，谁知回头一看，火车开走了，我拼命追赶，结果还是把我一个人丢在站上了。后来那位好心的站长和我交了朋友，把我送上一列运货的机车上，作了一段很有意思的旅行。这一次我又走到月台上来，那红的绿的古老的俄罗斯式的尖顶房屋经过油刷，更鲜艳，更漂亮了。那时一个荒凉的小车站，现在变得热闹非凡了。从前在月台栅栏外挤满一堆卖牛奶、卖熟鸡蛋的人，现在都穿着白罩衫，推着天蓝色的小售货车了。

车再向东开，车窗外展开无垠的雪野，雪上露出各种小野兽如像狐狸、狍子或者鹿留下的脚印。然后，我们又进入森林之中，车窗外忽然闪过几株银灰色的、给阳光照得发亮的白桦树；远处有一片红得像铁锈似的灌木丛。冰滑的雪地上，突然出现一只雪橇，上面有一个青年农民，扬着发红的面孔，神采奕奕，飞

1941年作者与夫人汪琦在延安

1941年在延安看运动会（前排左三汪琦，左四白朗，左五丁玲；二排左二作者）

赶着他的那匹马，在和火车比赛，——这样飞奔一阵，他渐渐落在后面去了。车上的人都朝他欢笑，他也在欢笑。

太阳在开阔地上显得特别明亮了，它透过一层层迷蒙的银雾，照得村庄的小屋如同一小块一小块四方砂糖似的。河流耀眼闪光，两岸堆积着冰雪，河面上薄的冰层泛出一种翠绿色，中流那一段急流黑得像墨汁。雪地上一群野雉歪了头看着轰然而来的火车，它们好像知道火车是不能离开轨道冲到它们面前去的，因此一动不动，头背上又红又绿的羽毛给阳光照得花朵般好看。说实在话，我一点也没有夸张，我们祖国的土地，每一处，都是一位天才画家画的风景画啊！

天渐渐昏黑了，我们列车停在火龙沟林区车站上。车门一开，一群人带着寒冷的雪雾拥了进来。其中一个披着老羊皮袄、戴貉皮帽的老人，他面孔红红的，留着一抹蟹爪黑胡。他一上来，这车厢里就增添了一阵喧闹，愉快。他四下看看，就选择我身旁的空位子坐下。

跟他上来的两个年轻人故意逗他：

“这是软席，不让你坐！”

他用铜钟样响亮的嗓音说道：“管他软席硬席，是中国人的车，咱们伐木工就能坐呀！”

两个青年人却笑嘻嘻地眏着两眼说：

“不行，人家不同意呀！”

“什么，不同意？这是什么时代呀！”

“不管什么时代，问你有软席票没有？”

他拨弄了一下手掌心的车票，说：“嘿，我这票也不硬呀！你们瞧，也是纸做的，软和和的。”

他把车厢里所有的人都逗笑了。在这笑声中，看得出，所有的人都欢喜起他来，这个老人多可爱呀！

我望着，听着，——这是我多么熟悉的人物啊！我知道，他们无论在哪儿,就是在火线上,就是要舍弃自己性命时,他也会这样爽利、慷慨、愉快的。这种人,从不把责任推给旁人,他们的肩膀可以担得下整个地球,到哪儿都有一种天然的主人翁感。他到车厢里了,车厢便变成家了,对谁都那样亲切,那样热情。不久,一个穿黑斜纹布棉制服的干部走过,他忽然发现了他,立刻召唤他,那人一见老人,他立刻高兴地跟他握手,谈话。他等这同志走去,就咂着嘴巴,微笑着点着头望着那背影跟我说:

“这是咱区从前的老区长范咯巴,跟大军进了关,现在该是个大干部了,他是老革命呀!”

一会儿,这老伐木工到餐车上去了。

我得承认,我的同志!这个人一下就闯到我心里来了,我的心再不能平静了。我知道他是谁,他就是我们的人民。在满布战尘的道路上,我们不是在一条道路上走过的吗?

是的,我记起来了,在战争中,有一次,我也遇到过这样一个老人。那是东北解放战争初期,我们的军队不得不从他的家乡撤退转移了。他家很穷,就有一个儿子,一匹马,可是他叫他的儿子拉上马,套上车,送我们的伤员。临别,他拉着我们一个同志的手哭了,他说:“同志们!你们待我好,我只有一个心,就是等你们回来。”该分手了,可是,他还依依不舍,送一程,告别一程,又送一程,一直送到天黑。队上的指导员说:“反正黑灯瞎火了,索性吃顿暖和饭,在热炕头上咱们再唠嗑一宵,再往回走吧!”老人也就留了下来。谁知第二天,国民党的军队追赶了来,又是枪声又是炮响,这老人家就叮嘱他儿子:“你带上咱这车这马参加算了!我从梨树西沟绕道回去。你娘问,反正我做主就是。”你想想看,那不是今天,那是天空似乎还黑暗的时候,那是红的胜还是白的胜还难以计算的时候。可是有这样的老人家让自己亲生骨肉带着车带着马支持了革命。到一九四七年夏季,我跟随那支部队又打回原处,远远就看见那老人家果然站在村庄口大树下等着呢！我们的同志一眼就看出他受尽了苦：瘦了，老了，头发沾了白霜，脸上深深刻画着几条皱纹。他哭了，虽然儿子没来，可是他见到我们就高兴。显然他的心没有变，他对得起革命，也对得起自己，他熬过了各种艰难困苦，我常常想起这样一些人，在大风里，在火线上，没有这样的人民，我们是取不了胜利，走不到今天的。……

我正在沉思，通餐车的门一开，老伐木工满脸热烘烘地出现了。

他坐下，跟我谈起了火龙沟。他叫着火龙沟这名字跟你说话，就像全世界的人都知道他的火龙沟一样。他说：火龙沟的一年采伐计划，五个月就完成了。现在，修好了冰道，正准备用大橇犁往山下送木料了。他的乱胡子里闪着甜蜜的微笑。

“橇犁都上了套了，那林子可富，你想想看，光是放荒的木头，五十年也抬不干净呀！”

从他谈话之中，我了解他是火龙沟的一个伐木组长，我估计那两个青年，大概是他组的组员。你听，他说：

“我们组是十个人。常言说得好，十个亲兄弟还闹家务事，十个指头怎能一般齐呢！十辆车皮放在面前，有的扛上几根，脑瓜一冒汗就要休息。可是，有两个复员军人可不这样：一个一直打到海南岛，一个参加过打四平，他们呀，闷声不响，寸步不停。我就跟那脑瓜冒汗的说：你看人家，全身汗水淋淋呢！”

由于老伐木工说到海南岛，我们对面座位上，一个头上扎着花毛巾，抱着个胖乎乎、红扑扑的男孩子的年轻妇女，动了一下眉毛、嘴唇，插上话：

“海南岛那地方可真好呀！”

老伐木工说：“你是从哪儿来的？”

那年轻妇女脸上忽然泛起一阵红晕，轻轻推了男孩一把，还用问，这母子是刚从那遥远的海南岛回来的，他们显然是到部队上看望自己亲人的。你看,从最北方到最南方,这里飞着冰冷的雪花,那里吹着炎热的海风,过去谁能设想一个普通庄稼人会从这头走到那头。而现在,这个牡丹江的农村妇女就刚刚从那儿回来。这不是我们这自由的新社会的闪光吗?

老伐木工好像有所感触,脸色悒郁了一点,说:

"我,——从前什么罪没受过呀!从八岁上到人家吃劳金,民国二十六年闹年成,吃生树叶子,差一点没饿干了。我儿子肚子胀得水桶一样,到县上,给小鼻子(即日本人)打了一针,回来后就咽了气了。从那我再无心恋家。我成了个满天打游飞的鸟儿。前几年国家分了土地给我,我把地契一归总交给政府,说我离不开火龙沟了。我在火龙沟,一转眼,整整十八年了。"

到这儿,我才恍然,那两个青年原本不是火龙沟老干活儿的人,是他两个远房侄子,给他拉到林区帮忙,当了一冬的剪尺员,现在他亲自送他们到牡丹江上学去。

说着说着,老伐木工脸色突然变了,斜起两眼瞪了一阵。原来他的一个侄儿半卧在座椅上睡熟了。年轻人,有什么说的,劳碌一日,只要有个放脑袋的地方,就打起呼噜来了。可是两只脚没处放,就架在窗玻璃上。沾满污泥的牛皮靰鞡,随着火车的摇颤而颠动着,就跟画画一样,把大半个玻璃都涂满污泥。老伐木工一瞧,胡子可就翘起来了。他简直看不得这样,就不管三七二十一,跑过去一推就把两只脚"砰"地推到地板上。这老伐木工,却拉起自己袖管在擦那窗玻璃,擦不净,他还把嘴巴凑上去,呵了几口暖气,又用力擦,然后,离开两步,端详那玻璃窗,又亮晶晶的了,他才合了心意,舒坦地笑了。再看看那青年人,一点也没惊醒,就那样直挺着两条腿照样熟睡。——他那红彤彤的面颊上,充满酣适的睡意,朦朦胧胧,好像在微笑。老人家看着他,也笑了,还亲昵地骂了声:"小猪……简直是小猪……"他的两道眼光像阳光,多温暖。

这老伐木工的热情,永远像地心的火焰,天上的阳光,源源不绝,而且普照在人们身上。当火车快到牡丹江时,他关心起我来了,问我这从北京来的人,有没有到过牡丹江。我对他说:

"十年没来过了,现在什么都变了,下车后往南往北我还不知道呢!"

"那,不要紧,你不是到公共汽车站吗?你跟着我,我给你雇辆马车,送你上站。"

到牡丹江,出了站,老伐木工真把自己的事儿撂在一边,凭他好客的热情,一直把我安顿上马车,马已经走动了,他还把伐木者那坚硬的大手伸上车来跟我紧紧握手。他就是这种人,他帮别人做一点事,心里就觉得舒坦。车走了一段路,我回过头看看,他披着个老羊皮,还在冰冷的晨风中站着望我们呢!

××,我怎么说呢!我很高兴,我又回到像老伐木工这样的人中间来了,我的心情非常愉快。后来,上了长途汽车,就顺着牡丹江向东走。牡丹江是一条多么漂亮的江啊!怪不得前人给它起了这么一个美丽的名字。我看着这道江流,我想起一九四六——一九四八年战争年代里,我也常常从这江沿上,和现在一样,往同一个方向前进,不过那时是到战斗的前线去,现在我却是到另一个前线——农业建设前线上去。老伐木工在火车上倏然出现,倏然隐去,但他像这冰天雪地中千万个豪迈的人民的代表,他一下就使我爱起这气候是冰冷、但人是火热的地方。前面我将要看到更多的事,更多的人,他们是怎样生活着又怎样劳动着呀!?

××,早晨的阳光把牡丹江照成发亮的淡红色,我正迎着阳光前进呢!

第 二 封

××:

我已经到了团山子了,这个在全国范围内,首先走向合作化道路的农村。可是当我拿起笔来的时候,我有些为难了,这儿样样事都是新鲜的,我可从哪儿开始写起呢? 想来想去,我还是从一个耕作队队长谈起吧!

在这儿,我第一回看到这个第二耕作队队长老曹,是一个夜晚,在农庄的积极分子会议上。

那会议是在老卢家开的,县委老杨约我一起到老卢家去,我们把地面上的冻雪踏得咔咔响。这正是农民们忙过一天吃夜饭的时候,木头篱障后面,一家家玻璃窗上都露出灯光,玻璃上蒙了一层薄薄的蒸汽,屋里的人影因此变得朦朦胧胧的。但有一家吊着一盏大玻璃罩灯,锃明瓦亮,像是喜悦地对我说:你看,我们的生活现在是多么温暖、光明、幸福啊! 是的,我在一九四六——一九四七年,常常从这一带经过,那正是战争中的暴风雪的日子,我也常常住在这些结满冰霜的小屋里。但正因为这样,有个对比,我就更为这儿的每一点幸福的火光而高兴。现在,虽然还是建设的初年,但处处却闪露出新社会的光彩了。

农村的夜会,人们总是慢慢慢慢才能到齐的。我在老卢家后炕头上找了一个座位坐下。这屋前后都是大窗户,都镶着大块玻璃,后炕中间一只祖一辈父一辈传下来的炕桌,油得乌黑发光,上面点着一只高脚的玻璃煤油灯。这时,老杨斜靠在迎门的炭火盆边,十分自然地形成了一个谈话的集团。前炕上盘腿坐了几个青年妇女,用清脆的声音,你一言我一语拉开了家常话。关东叶子烟的烟气像雾一样慢慢升起。这时从外面走进一个人,这是一个中等身材,黑里透红的脸,有点小小的黑胡,现在,虽然年长几岁，但从轮廓上还看得出曾经是一个多么端正俊秀的小伙子。他戴一顶尖尖的皮帽，穿着黑斜纹布棉上衣和马裤，这人一进来就带来一股热风。他刚落座，有人就偷偷把他皮帽摘了下来，像抛皮球一样，一下甩到前炕上去了。帽子从这个人手里丢到那个人手里。一个小个儿的妇女尖声笑谑着："来呀！踢毽子呀！"大伙儿都哄笑起来。可是他一点也不着急，只用喜爱的眼光看着这伙青年。他讲他到宁安县送公粮，已经三天三夜没合眼了。他一说话，大家不再闹了，都忍着笑看他。他说下去：

"把粮送到县上，老×跟我说：'大哥！看大戏去好不好？'你瞧，花几个钱买一张票那算不得啥，我就说：'兄弟，好吧！'谁知这一去，那乐子可就大了。"

"怎么哪？"

"你们猜台上演什么戏？正上《包公放粮》那一段，老×呢？在台底下可演上了'落马湖'了。我正望着台上看戏，忽听得扑通一声，回头一看，他从凳子上往后一仰，摔到地下去了……"

大家哈哈大笑起来。在外间屋给大伙儿烧水的卢家老妈妈都给笑声逗引进来了。

"我扶起他来，又看戏，没一袋烟工夫，咕咚一声又倒了。我说：'兄弟，你这是怎么啦？'他说：'大哥，不行，脑袋直迷糊。'"

说这话的就是老曹。他说得那样诙谐，但轻轻几句，就把人们披星星戴月亮的勤劳热情一下子和盘托出了。

人差不多到齐了，会议就开始了。这个会议是讨论总路线(一九五三年颁布的过渡时期总路线)和购粮问题。那么，这是大家能以想象得到的热烈的农村会议了。供销社的一个小伙子开了头一炮，老卢这浓眉大眼的人，用洪亮的声音跟大家算了一下自己的细账，最后说："我除了吃的，一个豆粒也不多留，全卖给国家。"妇女主任穿一身青斜纹布干部服，背上垂着两根辫子，张着一对大眼睛慢腾腾地说："我们那些拖拉机、康拜因，哪里来的啊？不错，是工厂造出来的，可是，我们要不把粮食卖给国家，国家怎么办起工厂呢？"她话音刚落地，老曹站起来说："卢桂枝的话说得很短，我的话可要说得很长。"一开口，大家又笑了。他却很严肃地说下去："我老曹活了四五十岁了，我上哪里找到这样美的日子，告诉你们！开了这合作化的路，我还不足足地可着劲干呀！我要讲一讲咱们给日本小鼻子撵到黑河去那回事，'八一五'解放，咱们才扶老携幼又奔回故土，……在路上，我看到一个年轻的共产党员给国民党特务、胡子杀死了，我亲自给他下了葬，我流了泪。我当时就想：这小伙子舍了自己的生命为啥呀？眼下，国家需要什么，我就给什么，我说句真话，咱们没有国也就没有家。"大家就肃穆地听着，可是他的话一转，大家的眼风又笑眯眯的了。他说："你们瞧，现在咱们要个康八音子(康拜因)，就来个康八音子，真是要个孙悟空就来个猴，这还有啥说的！"

就是这个老曹，站在你面前，讲出亿万农民的衷心的语言。

会议散了，我出来，黑龙江十一月底的夜间是这样寒冷呀！可是我心里那样热，那样翻滚沸腾。我看看头上满天星斗，寂静无声，再看看原来那些玻璃窗都漆黑了，人们甜蜜地睡熟了。我寻思着老曹的话，当他讲到黑河时，他动了感情，他的眉峰紧蹙，在这句话下面好像隐藏着他的无限沉痛。

我在这儿先谈谈我的住处——农忙时作过托儿所，现在空闲着。据老杨说：这是分土地以后新盖起来的房子，前后都是能开启的长玻璃窗，屋顶下还交叉着两条线，上面缀满红色和黄色的小纸旗，墙上贴着几幅苏联集体农庄生活的图片，上面有拖拉机，长角的大乳牛，戴白头巾的养鸡的女庄员。窗外是一个十分宽阔的院套，左面一片木头栅栏隔着一片菜地，木栅栏给雨雪淋成灰白色了。院里到处堆着白雪，几只鸭子卧在雪中，见人来，就嘎嘎鸣叫，扑拉一阵翅膀。鲜黄的麦秸堆上压了个雪帽子。

右面用锈铁皮搭了个堆干草的棚子，一群鸡，晒着太阳，蹲在柴堆上。这一天上午，是冬季稀有的暖和天气，阳光把窗玻璃上的冰凌溶得像在流汗水一样。这时，一个老太太推开门走进来。她穿一件黑布长棉袍，戴一顶黑剪绒帽，已经颤巍巍的，满脸皱纹，眼睛给松弛的眼皮包着，简直看不见眼珠了。可是她十分硬朗，手上拿着根长烟袋，一看支部书记老孟在，就拿烟袋一指："哈，你也在这儿。"声音还是非常洪亮。这声音、姿态，用不着老孟再来介绍，我已经知道是第二耕作队队长老曹的母亲，是八十上下的人了，可是听说我们是从北京来的，就一定要亲自来看看我们。

都坐下来，喝着茶的工夫，老孟却逗引这老人家给我们讲讲团山子人们的经历。

老太太叼着烟袋，吧嗒了一阵，两眼盯着窗外，好像在想什么。后来她说了：

"你们瞧，我们这儿不错吧！我老了，我可常常想起我们在黑河过的那日子。我们到那儿正是六月天涨大水，河水涨得那样高。我们老二，——就是你们见过的第二耕作队队长，他骑在马身上，我就在后面搂住他的腰，我怀里还抱着我那心疼的小孙子。那真是不知受多少罪呀！眼看大男小女掉在河里，冒一阵水泡，就没影子了。我那老头子火了，往地下一坐说：'我不走了，小鼻子们爱怎么办就怎么办，我不走了！'……"

我听着，我渐渐了解，那逗人欢乐的老曹，有过多么悲惨的命运了。

从团山子往东看，进了大山沟就是大森林，就是从前抗日联军的根据地。日本侵占东三省那一年，老曹已经是个三十岁的人了。他从小就给外屯老财主家当小猪倌，家里从来都是勒着裤腰带过日子。穷虽穷，老曹可还是个性情快活的人，年轻时，过年过节闹秧歌，他不是扮"蜡花"，就是扮"船娘子"（都是秧歌中俊秀女角)。抗联活动时,他正住在地头小窝棚里给人家看青呢!人们白天不敢动,夜晚却偷偷碾粮食。不是旁人,就是我们眼前坐着的老太太,她点着盏小灯,整夜整夜围着碾盘转;天不明,就把一大口袋粮食横搭在小驴背上,由她牵着暗暗进东山沟去送粮。老人家回忆着说:

“抗联那些孩子见了我真亲呀,总把我请到火棚子里,给我热茶喝,还安慰我:‘哎呀!把您老冻坏了,——等我们把小鼻子打走,给您弄件大皮袄。’我说:‘什么大皮袄、小皮袄,就盼你们早点得胜,好出口气呀!’

“一年,一年,日本关东军就把周遭小村小户,都并进团山子,修起围墙,看管起来,九月天下大雪,里面房子还没盖顶,就立逼着非往里搬不可。老曹急了,一把抢过大鞭杆就往甲长脑袋上揍。这下可惹了祸了,伪警来了,把他弄到一间小屋,抡倒就打。老曹咬着牙死不哼声,心里想:‘挨就挨几下吧,反正你甲长让我揍了。’”

老太太说:“唉,我们一家人就是这么个脾气。

“后来,全屯的人就被日本人押往那没人烟的黑河去了。到了黑河一看,连河水都那样发黑呀!有个地方叫哭女河,就住这地方。全屯人一合计,这地名不吉利,就改名振兴河。可是进了沟才明白,还振什么兴呀!真是哭女儿都没地方哭呢!一眼望不到边,黑障障的深山,里边一满是大森林,就中间一道小窄沟,沟里也到处是红眼蛤塘、摇头甸子,连个落脚的地方也没有。全屯人,人没吃,马没粮,土地又冷,刨个坑撒上种子,连个芽儿也不易长出。七月天,太阳本来晒得白花花的,一阵小风吹来一阵乌云,就下一阵苦霜,眼看扁豆刚开了花,霜一落上就耷拉了头。人们在饥饿、在寒冷中度着活不下去的日月,全屯的人,一个跟一个死在山沟里了。”老太太想了一会儿说:“我们老大公母俩,还有老二媳妇,就都在那儿入了土。我到今儿个,想起来还寒心呀！老二媳妇在地里拖冻西葫芦秧子，我说：‘小丫，你拖不动呀！’她还说：‘娘！我还行。’人都浮肿了，没回到家，就喘着气倒下了。——人死了，开头还好歹钉把个棺材，后来来不及，就挖个树筒子，我们老二媳妇就搁在马槽里抬出去了。那时候，我也没有眼泪了，我可没寻思有今天这一天。眼下，有什么疑难事，我就想那个日子，也就没什么不好办的了。”老太太话头断了，我发现有两串亮晶晶的泪水，顺着她褶皱的眼皮淌流下来。

现在，还是让我们从那苦难的往日回到这明亮、温暖的小屋来吧！老孟劝老人家不要伤心，她也就转过个笑脸说：

“小鬼子一垮台，我们哪里也不去，收拾点干粮，说什么也要回团山子。有人说团山子都给人烧光了，回去也没个安身处，我说：烧光也是咱们出身之地呀！这不，这一屯子都给我聚回来了。”

不知什么时候，她的一个小孙子踅进来，偎在老奶奶怀里。老奶奶，一手摸着孩子的毛茸茸的脑袋，说：“……我这孙子可享福了，他们可到了社会主义了！”这时，她脸上闪过一阵微笑，八十岁人的生命变得又年轻起来了。她把我们敬她的一支纸烟放在炕沿上说：“我抽不了这洋烟，一抽就咳嗽。”她向窗外望了一阵，见天那样晴和，连一丝云都没有，不知想起什么，提起那根长烟袋就走出去了。

老孟书记望着她背影说：

“这老太太可公正，可积极呢！——去年掰苞米，定额是八袋，她一干干了十袋子；她自个儿家门前，还种着半亩菜园子，她一天也从不得闲呀！”

第二天，想再看看老曹，据说三星未落的时候，他带上十六辆大车送第三批公粮去了。我们也忙着到附近一个拖拉机站去了。等我们回到团山子，有一天黄昏，在供销社门前很偶然地看到了老曹。当时，供销社里已亮了灯，因此从玻璃窗一眼望进去，只见里面人影闪来闪去，挺热闹，原来是响应购粮号召，人们纷纷把成袋的粮食送了来。老曹把送公粮的任务刚完成，现在又在检修他们队上的胶皮轮大车呢！他说他们明天就要进东沟拉木材去了。我们趁这空隙又跟他说起他怎样入社的事来，他说：

“我们团山子自从分土地那天起，就组织了互助。你们瞧！这圈圈荒地，都是我们一锄头、一锄头开出来的。到前年说要组社，我寻思来寻思去，我就想：我活了快五十岁了，从来没看机器给我耕过地。我看办社，这是个好道道。我就找我们老三商量商量，可是他死脑筋，他说：‘你入你就入，给我留一垧地，我还得瞧瞧。’我说：‘老三，咱们弟兄还能分家吗？再说，咱们一家人留一半，入一半，人家也不让入呀！’

“后来，一家人就开了个会。老二一说，老太太就发言了：‘这道，我听着挺顺溜，要不是大家抱着一股劲，咱们从黑河也回不来，有了房有了地干吗不伙着过呢！这光明大道，我走。’就这句话，解决了问题，不但儿子入了社，连带女儿也成了社员。”

老曹末了用他那响亮的、诙谐的语言说道：“回想从前，我在地里干活儿饿得实在挺不住劲，把锄头一撂，两腿一伸，说什么也不行了。现在，你看看，哪家炕上没几床大花红棉被，团山子每一个人都像又结了一次亲，是世界变了。我晚上睡不着觉，顶欢喜蹲在这儿看了，看那拖拉机，还有康八音子，——在夜里亮着大灯，那多好看呀！我从心里高兴，我就可着劲干，同志！我们这日子真是摸到边了，你往后瞧，老太太拧麻绳，您瞧那个劲吧！”

你看，××！是怎样的心地豁亮的人呀，是怎样像火焰一样亮晶晶的人呀！难道我还需要在这里讲什么意见吗？就是这样的人，在干着天翻地覆的事业，在开步走进行着创造新世界的工作了。一个人生活在他们中间，呼吸在他们中间，会感到真正的快乐。

第三封

××：

镜泊湖附近，十一月的清晨，窗玻璃上结满冰花。今天我起得特别早，把窗子推开一点，大团的热气便像云烟一样飞了出去。外面只有东方天空上泛出一片青光。这时我瞧见一辆三匹骏马拉着的大板车哗哗地跑进院套里来。坐在车辕上的车把式是个矮个子，大皮帽的帽耳向两边扎撒着，足登一双黄牛皮靰鞡，缠了白布鞋腰子的两腿，悠荡着。他两手一兜，那根长鞭在空中噼啪一响，几匹跑欢了的马，顺着他的意兜了个半弧形，停在我们窗下。这时我想起我们就要离开这里，动身进东沟大森林去了。可是，一种留恋滋味，忽然充溢我的心头，我一个人出了屋门，踏着积雪向村外走去。这时太阳未出，冷气逼人，但周围景色那样美丽。雪地白里泛青，几只野雉听到脚步声，噗噜噜飞起，闪着红红绿绿的翎毛，然后，像流星一样落向远处干草丛中去了。沙斑鸡一群一群，冷不防，像一阵风从头上飞过去。河边上雪雾特别重，一片嫩黄的洋草、淡红的荻草，还有陡坡上那黄茶茶的干梓椤林和榛子树，在晨风中"沙沙"絮语，突然有两只小狍子，兴冲冲跑来，我停住，但它们那明亮得像黑珠子的眼睛一闪，还是机警地扭过头，箭也似的飞跑了。雪雾渐渐稀薄，一切都那样宁静，这时，我停下，回过头来看团山子。恰好太阳刚从云雾里出现，那样红的阳光，一下把个团山子照得通红发亮，在那红光中，家家屋顶上都升起袅袅的炊烟，而从集体马棚那个方向，传来吐噜噜的马的啸叫声。多么繁荣的、迷人的景象呀！××！你想到过吗？这时我的心境是多么开阔，多么幸福，我知道我亲眼所见的不只是一个团山子，我觉得我看到整个祖国在繁荣富强，飞腾前进。我想起果戈理那一段富有浓郁诗情的幻想，你还记得吗？他说："你不是也在飞跑，俄国呵，好像大胆的、总是追不着的三驾马车吗？地面在你底下扬尘，桥在发吼，一切都留在你后面了，远远地留在你后面。……在这世所未见的马里，是蓄着怎样的不可思议的力量的呢？唉，唉，你们马呵！你们神奇的马呵！有旋风在你们鬃毛上面吗？在每条血管里，都颤动着一只留神的耳朵吗？你们倾听了头上的心爱的熟识的歌，现在就一致地挺出你们这黄铜的胸脯吗？你们几乎蹄不点地，把身子伸成一线，飞过空中，……”这是多么久远以前一个作家对美好生活的渴望呀。但是，今天我想起它，我觉得我眼前所见，正是我们的祖国、我们的人民在风掣电闪的飞奔，我看到的不只是团山子，我看到的是一个新世纪的早晨。

××！马车在窗外等着呢，太阳已经把玻璃窗照得通明，鸡群静静地蹲在外面窗台上取暖了，我们也到了启程的时候了。现在，我只能利用这短暂的时间给你写这几句话了。你懂得我，每当这时，我的心又向遥远前程飞去了。那儿是什么？不管森林也好，矿山也好，无论是荒漠的原野，或是湍急的江流，但我们前面总是铺着一条充满阳光的大道的。那是红色的大道，那是社会主义大道。好了，暂时地再见吧！让我们也乘这三驾马车在那红色的大道上飞奔前进吧！

今天，北京的天空像一片蓝色海洋，阳光闪着白金一样的亮光。当我一个字一个字重新读这三封信稿时，我的全副心境又回到我们这个同时代的早晨。这些剪影，这些声音，——都是属于那个早晨的。今天，我相信，那儿一切都变化了，就像我们国土上每一片土地都变化了一样。太阳已经升上高空，也许，正是在这时候，我们更容易回想起我们那些启程的时日吧！我想象，在我们六亿人民的心里，如果问一下，谁都有那么一个早晨，那么可贵的早晨，从那时起我们的生活便闪光了。因此，当我们整个社会发生巨大的轰响向前行进时，我愿意，让我的心灵再一次地萦回在那太阳初升的早晨。

长 江 三 日

十一月十七日

…………

雾笼罩着江面，气象森严。十二时，“江津”号起碇顺流而下了。在长江与嘉陵江汇合后，江面突然开阔，天穹顿觉低垂。浓浓的黄雾，渐渐把重庆隐去。一刻钟后，船又在两面碧森森的悬崖陡壁之间的狭窄的江面上行驶了。

你看那急速漂流的波涛一起一伏，真是“众水会涪万，瞿塘争一门”。而两三木船，却齐整地摇动着两排木桨，像鸟儿扇动着翅膀，正在逆流而上。我想到李白、杜甫在那遥远的年代，以一叶扁舟，搏浪急进，那该是多么雄伟的搏斗，那会激发诗人多少瑰丽的诗意啊！……不久，江面更开朗辽阔了。两条大江，骤然相见，欢腾拥抱，激起云雾迷蒙，波涛沸荡，至此似乎稍为平定，水天极目之处，灰蒙蒙的远山展开一卷清淡的水墨画。

从长江上顺流而下，这一心愿真不知从何时就在心中扎下根了。年幼时读“大江东去……”读“两岸猿声……”辄心向往之。后来，听说长江发源于一片冰川，春天的冰川上布满奇异艳丽的雪莲，而长江在那儿不过是一泓清溪；可是当你看到它那奔腾的叫啸，如万瀑悬空，砰然万里，就不免在神秘气氛的“童话世界”上又涂了一层英雄光彩。后来，我两次到重庆，两次登枇杷山看江上夜景，从万家灯火、灿烂星海之中，辨认航船上缓缓浮动而去的灯火，多想随那惊涛骇浪，直赴瞿塘，直下荆门呀。但亲身领略一下长江风景，直到这次才实现。因此，这一回在“江津”号上，正如我在第二天写的一封信中所说：

“这两天，整天我都在休息室里，透过玻璃窗，观望着三峡。昨天整日都在朦胧的雾罩之中。今天却阳光一片。这庄严秀丽、气象万千的长江真是美极了。”

下午三时，天转开朗。长江两岸，层层叠叠，无穷无尽的都是雄伟的山峰，苍松翠竹绿茸茸地遮了一层绣幕。近岸陡壁上，背纤的纤夫历历可见。你向前看，前面群山在江流浩荡之中，则依然为雾笼罩，不过雾不像早晨那样浓，那样黄，而呈乳白色了。现在是“枯水季节”，江中突然露出一块黑色礁石，一片黄色浅滩，船常常在很狭窄的两面航标之间迂回前进，顺流驶下。山愈聚愈多，渐渐暮霭低垂了，渐渐进入黄昏了，红绿标灯渐次闪亮，而苍翠的山峦模糊为一片灰色。

当我正为夜色降临而惋惜的时候，黑夜里的长江却向我展开另外一种魅力。开始是，这里一星灯火，那儿一簇灯火，好像长江在对你眨着眼睛。而一会儿又是漆黑一片，你从船身微微的荡漾中感到波涛正在翻滚沸腾。一派特别雄伟的景象，出现在深宵。我一个人走到甲板上，这时江风猎猎，上下前后，一片黑森森的，而无数道强烈的探照灯火，从船顶射向江面，天空、江上一片云雾迷蒙，电光闪闪，风声水声，不但使人深深体会到“高江急峡雷霆斗”的赫赫声势，而且你觉得你自己和大自然是那样贴近，就像整个宇宙，都罗列在你的胸前。水天，风雾，浑然融为一体，好像不是一只船，而是你自己正在和江流搏斗而前。“曙光就在前面，我们应当努力”。这时一种庄严而又美好的情感充溢我的心灵，我觉得这是我所经历的大时代突然一下集中地体现在这奔腾的长江之上。是的，我们的全部生活不就是这样战

1947年作者在东北解放战争前线

1950年中国文化代表团抵达德里机场，英迪拉·甘地（右二）到机场欢迎（左一刘白羽，左三周小燕；右四丁西林）

斗、航进，穿过黑夜走向黎明的吗？现在，船上的人都已酣睡，整个世界也都在安眠，而驾驶室上露出一片宁静的灯光。想一想，掌握住舵轮，透过闪闪电炬，从惊涛骇浪之中寻到一条破浪前进的途径，这是多么豪迈的生活啊！我们的哲学是革命的哲学，我们的诗歌是战斗的诗歌，正因为这样——我们的生活是最美的生活。列宁有一句话说得好极了："前进吧！——这是多么好啊！这才是生活啊！"……"江津"号昂奋而深沉的鸣响着汽笛向前方航进。

十一月十八日

在信中，我这样叙说："这一天，我像在一支雄伟而瑰丽的交响乐中飞翔。我在海洋上远航过，我在天空上飞行过，但在我们的母亲河流长江上，第一次，为这样一种大自然的威力所吸慑了。"

朦胧中听见广播到奉节。停泊时天已微明。起来看了一下，峰峦刚刚从黑夜中显露出一片灰蒙蒙的轮廓。起碇续行，我到休息室里来，只见前边两面悬崖绝壁，中间一条狭狭的江面，已进入瞿塘峡了。江随壁转，前面天空上露出一片金色阳光，像横着一条金带，其余天空各处还是云海茫茫。瞿塘峡口上，为三峡最险处，杜甫《夔州歌》云："白帝高为三峡镇，瞿塘险过百牢关。"古时歌谣说："滟滪大如马，瞿塘不可下；滟滪大如猴，瞿塘不可游；滟滪大如龟，瞿塘不可回；滟滪大如象，瞿塘不可上。"这滟滪堆指的是一堆黑色巨礁。它对准峡口。万水奔腾一冲进峡口，便直奔巨礁而来。你可想象得到那真是雷霆万钧，船如离弦之箭，稍差分厘，便撞得个粉碎。现在，这巨礁，早已炸掉。不过，瞿塘峡中，激流澎湃，涛如雷鸣，江面形成无数漩涡，船从漩涡中冲过，只听得一片哗啦啦的水声。过了八公里的瞿塘峡，乌沉沉的云雾,突然隐去,峡顶上一道蓝天,浮着几小片金色浮云,一注阳光像闪电样落在左边峭壁上。右面峰顶上一片白云像白银片样发亮了,但阳光还没有降临。这时,远远前方,无数重峦叠嶂之上,迷蒙云雾之中,忽然出现一团红雾,你看,绛紫色的山峰,衬托着这一团雾,真美极了。就像那深谷之中反射出红色宝石的闪光,令人仿佛进入了神话境界。这时,你朝江流上望去,也是色彩缤纷:两面巨岩,倒影如墨;中间曲曲折折,却像有一条闪光的道路,上面荡着细碎的波光;近处山峦,则碧绿如翡翠。时间一分钟一分钟过去,前面那团红雾更红更亮了。船越驶越近,渐渐看清有一高峰亭亭笔立于红雾之中,渐渐看清那红雾原来是千万道强烈的阳光。八点二十分,我们来到这一片晴朗的金黄色朝阳之中。

抬头望处,已到巫山。上面阳光垂照下来,下面浓雾滚涌上去,云蒸霞蔚,颇为壮观。刚从远处看到那个笔直的山峰,就站在巫峡口上,山如斧削,隽秀婀娜,人们告诉我这就是巫山十二峰的第一峰。它仿佛在招呼上游来的客人说:“你看,这就是巫山巫峡了。”“江津”号紧贴山脚,进入峡口。红通通的阳光恰在此时射进玻璃厅中,照在我的脸上。峡中,强烈的阳光与乳白色云雾交织一处,数步之隔,这边是阳光,那边是云雾,真是神妙莫测。几只木船从下游上来,帆篷给阳光照得像透明的白色羽翼,山峡却越来越狭,前面两山对峙,看去连一扇大门那么宽也没有,而门外,完全是白雾。

八点五十分,满船人,都在仰头观望。我也跑到甲板上来,看到万仞高峰之巅,有一细石耸立如一人对江而望,那就是充满神奇缥缈传说的美女峰了。据说一个渔人在江中打鱼,突遇狂风暴雨,船覆灭顶,他的妻子抱了小孩从峰顶眺望,盼他回来,一天一天,一月一月,他终未回来,而她却依然不顾晨昏,不顾风雨,站在那儿等候着他——至今还在那儿等着他呢!……

如果说瞿塘峡像一道闸门，那么巫峡简直像江上一条迂回曲折的画廊。船随山势左一弯，右一转，每一曲，每一折，都向你展开一幅绝好的风景画。两岸山势奇绝，连绵不断，巫山十二峰，各峰有各峰的姿态，人们给它们以很高的美的评价和命名，显然使我们的江山增加了诗意，而诗意又是变化无穷的。突然是深灰色石岩从高空直垂而下浸入江心，令人想到一个巨大的惊叹号；突然是绿茸茸草坡，像一支充满幽情的乐曲；特别好看的是悬岩上那一堆堆给秋霜染得红艳艳的野草，简直像是满山杜鹃了。峡急江陡，江面布满大大小小漩涡，船只能缓缓行进，像一个在崇山峻岭之间漫步前行的旅人。但这正好使远方来的人，有充裕时间欣赏这莽莽苍苍、浩浩荡荡长江上大自然的壮美。苍鹰在高峡上盘旋，江涛追随着山峦激荡，山影云影，日光水光，交织成一片。

十点，江面渐趋广阔，急流稳渡，穿过了巫峡。十点十五分至巴东，已入湖北境。十点半到牛口，江浪汹涌，把船推在浪头上，摇摆着前进。江流刚奔出巫峡，还没来得及喘息，却又冲入第三峡——西陵峡了。

西陵峡比较宽阔，但是江流至此变得特别凶恶，处处是急流，处处是险滩。船一下像流星随着怒涛冲去，一下又绕着险滩迂回浮进。最著名的三个险滩是：泄滩、青滩和崆岭滩。初下泄滩，你看看那万马奔腾的江水会突然感到江水简直是在旋转不前，一千个、一万个漩涡，使得“江津”号剧烈震动起来。这一节江流虽险，却流传着无数优美的传说。十一点十五分到秭归。据袁崧《宜都山川记》载：秭归是屈原故乡，是楚子熊绎建国之地。后来屈原被流放到汨罗江，死在那里。民间流传着：屈大夫死日，有人在汨罗江畔，看见他峨冠博带，美髯白皙，骑一匹白马飘然而去。又传说：屈原死后，被一大鱼驮回秭归，终于从流放之地回归楚国。这一切初听起来过于神奇怪诞，却正反映了人民对屈原的无限怀念之情。

秭归正面有一大片铁青色礁石，森然耸立江面，经过很长一段急流绕过泄滩。在最急峻的地方，“江津”号用尽全副精力，战抖着，震颤着前进。急流刚刚滚过，看见前面有一奇峰突起，江身沿着这山峰右面驶去，山峰左面却又出现一道河流，原来这就是王昭君诞生地香溪。它一下就令人记起杜甫的诗：“群山万壑赴荆门，生长明妃尚有村。”我们遥望了一下香溪，船便沿着山峰进入一道无比险峻的长峡——兵书宝剑峡。这儿完全是一条窄巷，我到船头上，仰头上望，只见黄石碧岩，高与天齐，再驶行一段就到了青滩。江面陡然下降，波涛汹涌，浪花四溅，当你还没来得及仔细观看，船已像箭一样迅速飞下，巨浪为船头劈开，旋卷着，合在一起，一下又激荡开去。江水像滚沸了一样，到处是泡沫，到处是浪花。船上的同志指着岩上一片乡镇告诉我：“长江航船上很多领航人都出生在这儿……每只木船要想渡过青滩，都得请这儿的人引领过去。”这时我正注视着一只逆流而上的木船，看起这青滩的声势十分吓人，但人从汹涌浪涛中掌握了一条前进途径，也就战胜了大自然了。

中午，我们来到了崆岭滩跟前，长江上的人都知道：“泄滩青滩不算滩，崆岭才是鬼门关。”可见其凶险了。眼看一片灰色石礁布满水面，“江津”号却抛锚停泊了。原来崆岭滩一条狭窄航道只能过一只船，这时有一只江轮正在上行，我们只好等下来。谁知竟等了那么久，可见那上行的船只是如何小心翼翼了。当我们驶下崆岭滩时，果然是一片乱石林立，我们简直不像在浩荡的长江上，而是在苍莽的丛林中找寻小径跋涉前进了。

十一月十九日

早晨，一片通红的阳光，把平静的江水照得像玻璃一样发亮。长江三日,千姿万态,现在已不是前天那样大雾迷蒙,也不是昨天"巫山巫峡气萧森",而是苏东坡所谓的"楚地阔无边,苍茫万顷连"了。长江在穿过长峡之后,现在变得如此宁静,就像刚刚诞生过婴儿的年轻母亲一样安详慈爱。天光水色真是柔和极了。江水像微微拂动的丝绸,有两只雪白的海鸥缓缓地和"江津"号平行飞进,水天极目之处,凝成一种透明的薄雾,一簇一簇船帆,就像一束一束雪白的花朵在蓝天下闪光。

在这样一天,江轮上非常宁静的一日,我把我全身心沉浸在"红色的罗莎"——卢森堡的《狱中书简》中。

这个在一九一八年德国无产阶级革命中最坚定的领袖,我从她的信中,感到一个伟大革命家思想的光芒和胸怀的温暖,突破铁窗镣铐,而闪耀在人间,你看,这一页:

> 雨点轻柔而均匀地洒落在树叶上,紫红的闪电一次又一次地在铅灰色的天空中闪耀,遥远处,隆隆的雷声像汹涌澎湃的海涛余波似的不断滚滚传来。在这一切阴霾惨淡的情景中,突然间一只夜莺在我窗前的一株枫树上叫起来了!在雨中,闪电中,隆隆的雷声中,夜莺啼叫得像是一只清脆的银铃,它歌唱得如醉如痴,它要压倒雷声,唱亮昏暗……
>
> 昨晚九点钟左右,我还看到壮丽的一幕,我从我的沙发上发现映在窗玻璃上的玫瑰色的反照,这使我非常惊异,因为天空完全是灰色的。我跑到窗前,着了迷似的站在那里。在一色灰沉沉的天空上,东方涌现出一块巨大的、美丽得人间少有的玫瑰色的云彩,它与一切分隔开,孤零零地浮在那里,看起来像是一个微笑,像是来自陌生的远方的一个问候。我如释重负地长吁了一口气,不由自主地把双手伸向这幅富有魅力的图画。有了这样的颜色,这样的形象,然后生活才美妙,才有价值,不是吗?我用目光饱餐这幅光辉灿

烂的图画，把这幅图画的每一线玫瑰色的霞光都吞咽下去，直到我突然禁不住笑起自己来。天哪，天空啊，云彩啊，以及整个生命的美并不只存在于佛龙克[1]，用得着我来跟它们告别？不，它们会跟着我走的，不论我到哪儿，只要我活着，天空、云彩和生命的美会跟我同在。

"江津"号在平静的浪花中缓缓驶行。我读着书，一种非常珍贵的感情渗透我的全身。我必须立刻把它写下来，我愿意把它写在这奔腾叫啸、而又安静温柔的长江一起，因为它使我联想到我前天想到的"战斗——航进——穿过黑夜走向黎明"的想象，过去，多少人，从他们艰巨战斗中想望着一个美好的明天呀！而当我承受着像今天这样灿烂的阳光和清丽的景色时，我不能不意识到，今天我们整个大地，所吐露出来的那一种芬芳、宁馨的呼吸，这社会主义生活的呼吸，正是全世界上，不管在亚洲还是在欧洲，在美洲还是在非洲，一切先驱者的血液，凝聚起来，而发射出来的最自由最强大的光辉。我读完了《狱中书简》，一轮落日——那样圆，那样大，像鲜红的珊瑚球一样，把整个江面笼罩在一脉淡淡的红光中，面前像有一种细细的丝幕柔和地、轻悄地撒落下来。

最后让我从我自己的一封信中抄下一段，来结束这一日吧：

夜间，九时余——从前面漆黑的夜幕中，看见很小很小几点亮光。人们指给我那就是长江大桥，"江津"号稳稳地向武汉驶近。从这以后，我一直站在船上眺望，渐渐地渐渐地看出那整整齐齐的一排像横串起来的珍珠，在熠熠闪亮。我看着，我觉得在这辽阔无边的大江之上，这正是我们献给我们母亲河流的一顶珍珠冠呀！……再前进，江上无数蓝的、白的、红的、绿的灯光，

---

① 佛龙克：囚禁卢森堡的监狱所在地。

拖着长长倒影在浮动，那是无数船只在航行；而那由一颗颗珍珠画出的大桥的轮廓，完全像升在云端里一样，高耸空中；而桥那面，灯光稠密得简直像是灿烂的银河。那是什么？仔细分辨，原来是武汉两岸的亿万灯火。当我们的“江津”号，嘹亮地向武汉市发出致敬欢呼的声音时，我心中升起一种庄严的情感，看一看！我们创造的新世界有多么灿烂吧！……

红 玛 瑙

——一九六〇年十一月五日至七日的日记摘录

汽车轻快地奔驶着，驶过甘泉，驶过崂山，驶近延安。……这时间，对于像我这样，认为自己真正的生命是在延安开始的人来说，面前这一切都引起多少回忆啊！正这样想时，忽然，车窗外，墙壁上闪现出一行朱红大字：

地球是颗红玛瑙，
我爱怎雕就怎雕。

这诗句像通明的火光，一下照亮了我的眼睛。急忙往下看时，墙壁却一阵风一样一闪而过。车子又轻快地歌唱着向前飞驶了。尽管黄昏的阴影，已悄悄笼罩了陕北黄土高原，和一川碎石大如斗的河床，同车人还是把脸凑到车窗上，谁也不肯放弃对于延安最初的一瞥。这时间，那两句诗在我脑海中已留下不可磨灭的印象。一颗晶莹、透明的红玛瑙，愈来愈胀大，愈来愈光亮，这不正是我所走过来的和我正在经历的整个一个新世界吗？它，像鲜红的朝阳，使我欣快，使我感奋。仿佛我自己的全身也都被照透照红了。但是我的思路被身边一片喊声所打断，“杜甫川！”“七里铺！”就像当年每一次从前方回来，走到这里，闻到扑鼻的炊烟一样，这是一些多么响亮而又亲切的名字呀！我们已经到了延安了。我还记得当我还是二十岁刚出头的青年时，带着两肩尘土，一颗真心，踏破黄河两岸的冰雪，在这崎岖的小路上，第一眼看到延安，那一刹那间，我的眼睛充满了泪水。那是从黑暗中，第一次看到黎明的幸福的眼泪呀！是的，我们的庄严的、战斗的道路从这儿开始了。在那以后的一段时间内，我们在冰封雪冻的进军中叨念着它，我们在胜利欢腾的狂热中高唱着它。在困难中，它鼓舞我们战胜困难，在欢乐中，它要我们看望更欢乐的明天。我们念着它，去涤荡大地上的污垢；我们念着它，为一个光明灿烂的新世界开辟路程。现在，当我再来到它面前时，我将告诉它一些什么呢？……这时，一片明光闪烁，仔细看时，原来是电灯熠熠放明。回想从前延安夜景，从那一排一排、错落不齐的窑洞里透出来的千万灯火，像繁星一般迷人。而现今，这雪亮的电光真是一派新气象了。我从汽车里面跳出来，是多么急于想看一眼延安的新面貌呀！但，这深秋之夜，却像一道幕布一样把延安遮住。我想它是想在突然之间，给我一个崭新的印象吧！

早晨，我爬上山顶。这时，朝阳有如万道霞光，把眼前一切染上一层淡淡的红色。看，延河！那亮晶晶的蜿蜒的延河。看，那不是清凉山！而那高耸空中的宝塔，依然像一个守卫者，欣然看着这一个明朗的早晨。这时，各种嘹亮的声音，从我记忆深处升起：——这是那悲壮而又庄严的历史年代的声音呀！千千万万人的脚步，从全国各地聚集，从这古城中的石板路上响过去，从城门外那尘土飞扬的道路上响过去。我记得，一个黄昏，北门外路边上，一圈人影，一盏马灯，毛主席在跟青年人讲话呢。我记得，当时青年人的脸，都像早霞一样明亮，在读着马克思列宁主义的关于革命真理的新书。我记得人们高唱“黄河之滨，集合着一群，中华民族优秀的子孙”，在自由的灵魂里点燃起真理的火焰。而后，歌声从这儿冲破滚滚尘砂，飞过黄河，飞过长江，战火闪烁，战鼓雷鸣，人们用自己的鲜血与生命，染红了我们那英雄战斗的年代。可是，透过一切轰鸣，你仔细听一听，你会听到一种最优美的声音，那是一片雪白的羊群后面，一个头扎羊肚毛巾，身披半截老羊皮，有着红彤彤面孔、亮晶晶眼睛的陕北青年的声音，他把鞭子甩得噼啪一响，放开喉咙高唱："鸡娃子叫来狗娃子咬，当红军的哥哥回来了……"这是令人心醉的歌声，它给我们无比清新的快感。而后，在这宏伟的大时代的合唱之上，响彻了"东方红，太阳升"的歌声。这是黎明的歌声，这是延安的歌声。现在，阳光把一个新延安照得如此光明温暖，让我带着这记忆之中最最优美的歌声，进入这瞻仰革命圣地的旅程。

也许住过杨家岭的人，想问一问你住过的窑洞还在不在？也许到过枣园的人，想问一问今年梨树的收成？延河还那样清澈？谷穗还那样金黄？西红柿怎么样？波斯菊怎么样？你有没有去看看我们赶着毛驴去驮水的那条小径呢？我可以回答：延安变得更年轻了，延安现在是多么整洁的一个城市。从南市场到北门外贯穿着两条大马路，一座大桥联结着去东关和去杨家岭的道路。我可以数说：勘探的钻塔，工厂的烟囱，学校的校舍，桥儿沟的拖拉机站和柳林公社的秋收。深秋季节，早晨地面上已敷了一层薄霜，晌午太阳却又那样热烘烘的。当我在凤凰山、杨家岭、王家坪和枣园走着、看着、想着的时候，站在河岸上，听着延河缓缓低吟，穿过城中石坊，走向毛主席故居的小路，那一个庄严而壮丽的大时代便又回到我的眼前来了。是的，我们在这儿过过最美好的生活。在这些纪念馆里，我看到了陕北工农红军战斗的长矛和南泥湾开荒用的锄头，有纺车，有镰刀，有扁担，有白色原木钉制的办公桌椅，有马兰纸印的报刊文件，我像看到了最亲的亲人，这一切都在散发着当年生活的芬芳。这是开天辟地、创造新世界的生活。世界上难道还有什么比这更激动人心的生活吗？中国人民从战争炮火中，推山倒海地站立起来了，在黎明晨光中，带着血迹与征尘前进了。现在，当我们生活在充满着光明、洋溢着欢乐的社会主义社会之中，回想一下，那时，我们穿着灰粗布军衣，束着皮带，穿着草鞋，但我们的眼睛是多亮啊！在凤凰山、杨家岭，毛主席住过的窑洞里，我感到特别的亲切，因为我还深刻地记得，当时，在这儿见到毛主席的情景，特别是他谈着话，有时微笑，有时深思的面容。而我知道，就是在这静静的窑洞里，纸窗下，木桌上，毛主席度过了多少可珍贵的日夜。那是艰辛而又充满希望的日夜，他经常深夜不寝，等候着黄河两岸、大江南北来的战报。而当他把工作布置停当后，他又以多么欣悦心情，迎接着每一个新的黎明。我有多少次从他住的山脚下走过，望着他窑洞窗上的灯火，立刻得到了无穷的力量、无限的鼓舞。是在这里，他宣布："新中国航船的桅顶已经冒出地平线了，我们应该拍掌欢迎它。"

今天，当我在延安——这温暖的土地上走着时，眼泪又一次溢满我的眼眶。这一草一木，哪怕是一朵金黄的野花，都萦回着多少革命的、战斗的情怀呀！但，那真是令人永远振奋的年代：敌人要把中国革命陷于绝境，而我们用自己双手创造新生。滔滔黄河流不尽，漫天黄沙匝地来，而盈盈的春意在那时开始了。

那是一九四二年大生产运动的春天。我记得，延河里还漂着冰凌，可是你站在延河岸上向四处望一望吧！各处山巅上都在放荒火，白天青烟弥漫，夜晚红影憧憧。只要回想一下，我的心还忍不住激动。那是一场大战的前夜，不过那是人向大自然开战。到处一片紧张、忙碌。丈量了荒地，运来了工具，选好了籽种。到深夜，窑洞前的山径上，人们还提着马灯，走来走去。有一夜，落了几星春雨，隐隐响了两下雷声，泥土的气息弥漫空中。次日，天刚放明，满山满谷，晨雾迷蒙。每个人都把准备好的锄头扛在肩膀，爬上高山。向高山之巅望去，各个雾气笼罩的山峦上，都是一行一行的黑人影，这里那里，一下都响起"开荒啊开荒"的歌声，这是党发了号令，谁也不肯落在后面，奋力扬起锄头。

由于敌人封锁，那一年的冬天，我们没有穿上新的棉衣，每个人膝头肩顶都补着补丁。我们的伙食也相当困难，一盘洋芋汤上漂着几点油花。但我们是那样欢乐，到处是发亮的汗珠，到处是发光的笑脸，整个延安充满用自己劳力创造财富的革命精神。像我这样生长在城市的知识分子，手掌磨出茧，汗水透衣衫，但我第一次尝受到劳动的光荣，劳动的喜悦。就这样，延河里的水好像流得更畅亮了，蓝天上的太阳好像更温暖了。春风吹绽了深谷中的桃花、杏花、梨花、鲜红的野百合花、淡紫的马兰花。我们每早起来都先望一望我们的耕地。而后，碧绿的田野代替了荒山，多美丽呀，那是我们亲手织出的大地的花毯呀！这时，心中有说不出的舒畅。这一回，当我在又一个大时代，崭新的建设社会主义的大时代里来到这儿，我走着，沉思着，“延安风格万岁”这几个字从我心灵中涌现出来。这时我想到的，就是那开天辟地的风格，敢于从困难中打开胜利道路的风格，用自己双手创造新世界的风格。只要回想一下，今天我们社会主义的每一点光明，不是从那时开辟出来的吗？

让延河日夜不息地歌唱吧！我们喝过延河水的人分布全国四面八方，我们就像吃过母亲的乳汁一样，忘不了延河的声响。延河的歌是美丽的，但也是雄伟的。你看那春天的涓涓溪流，一到夏天，山洪暴发，它就白浪滔滔，直泻千里，奔向黄河，奔向大海。延河就这样从遥远的历史深处奔流到今天。

今天的延安已经是一个新的延安了，但又是一个保存着优良传统的延安。人们还记得出席一九四二年陕甘宁边区群英会的申长林吧？他已经六十八岁了，但二十年如一日，他一直坚持在农业生产第一线上，党的事业第一线上。今天，如果你到蟠龙去，你还会遇到申长林同志揽着生产队的羊群在行进呢。到现在，延安一些干部，还保持着勤俭持家的作风。常常把小行李卷一背，就下乡了。开完会如已夜深，把袄子一裹就在老乡家睡了。手里拎着根木棍，不管荒山野岭，拿起脚就走了。遇事跟群众商量，一蹲下去就是几月。还是一身棉袄，打上几块补丁，穿上几个冬天。现在，就让我们就近到杜甫川和少陵川之间的柳林去看望看望吧！

人们该还记得，就是出名的刘建章南区合作社所在地的柳林。在当年合作社作仓库使用的一孔大石窑里，如今是柳林公社柳林生产队的办公室。同志们生了一盆炭火，炒了一锅南瓜子。我们就围桌而坐听李有华同志谈了一段经历。他是延安地区头一批走合作化道路的一个。他还跟人们在延安时所见的农民干部一样，戴着一顶旧蓝布棉帽，脖颈间围绕一条白羊肚毛巾，他告诉我说：

"我家在横山，从小就是一个给人家揽活儿的人。工农红军到横山，我成了赤卫队员。后来白匪反攻，那些逃亡到榆林城的地主老财又赶回来收地、倒算，折腾得穷人一点活路也没有。后来我到延安来寻红军，才到了柳林。一看这里能安置，正月里回去引下婆姨娃娃，六口人背一堆烂铺盖，来柳林揽长工。一九四三年，毛主席号召'组织起来'。刘建章叫我搞变工，我说没农具，他答应合作社帮添农具，我组织了九户横山来的移民，一人两只手一把镢头，没有田地就开荒……"

真是星星之火，可以燎原，从那时李有华的九户变工队，经历了一段漫长的历史道路，柳林公社现在在我们面前呈现出一片繁荣景象。正像延安人跟我说的："你该还记得从前那烂袄袄、皮裤裤的年月吧！那年月一个劳动人民一辈子能买起几丈布？到三边去驮盐的人，晃荡着一杆鞭子，不都穿着白板皮裤吗？现在，你到农村里看看，到处干干净净，哪一个队员不是新布棉裤棉袄，妇女剪了头发，穿着花布袄，哪家炕上不堆着花花被子，咱们的人生活变了，精神面貌也变了。"

这是一个响晴天。我们从山峁上看了托儿所下来，转过小河那边。生产队的牲口棚里静悄悄的，前面那大场院上，却一片马嘶人叫，队员们正赶着打场呢！坪场里面这堆金黄的小山，是谷子；那堆焦黑的丘岭，是荞麦，红的高粱，白马牙玉茭，扬着风，一阵阵烟雾腾腾，马蹄嗒嗒响，石碾子咕噜噜转着跑，人脸晒红了，汗珠在眉峰上闪光，灰尘披满衣衫，声音却分外欢畅、洪亮。给暖洋洋的日光一蒸发，空气中弥漫着新粮食的香味。正在这时，我转过身，真使我惊喜万分，就在场院一边的土墙上，我又看见那火热的诗句，而且这一回，我看到了整首诗：

地球是颗红玛瑙，
我爱怎雕就怎雕，
按着毛主席的好图样，
驯服山河建天堂。

这时，就像电炬一下照明了面前的大道，突然，像浮雕一样把我重来延安的全部思想、感情都刻画出来了。是的，正是在这里，正是在那庄严、艰巨的时代，我们的党，我们的毛主席就一步进一步地雕着这一个晶莹、透明、通红、发光的红玛瑙的新世界了。而为了塑造这一个新世界，首先就雕塑了一批又一批能创造新世界的人。他们给共产主义思想阳光照耀后，像血一样鲜红，像火一样明亮，他们的灵魂，像红玛瑙一样坚固、纯洁、闪光。而这一切不正象征着我们整个中国革命、战斗的形象吗？

就在这天夜晚，我正对秋高气爽的夜空凝视，忽然，宝塔山上的宝塔，像一串珍珠、一簇缨络一样亮了起来，这简直是梦幻世界啊！当年，我看夕照，看曙色，看月光映出这宝塔，现在电灯却把它装扮得如此美丽。我不禁进入沉思："……如果说一个革命者，当他获得革命真理时才获得了真正的生命，那么，延安，在多少人心灵上点燃起那最初的一点火焰啊！而这火焰，从此便在你生活中永远熠熠闪光了。……"就在这个黎明之前，延安山城还沉在宁静的安眠之中，我又坐在汽车上登程了。又一次向延安敬礼告别。想到不知何时再来，心中说不出的依恋不舍。车轻快地奔驰着、奔驰着。我心中自言自语地勉励着自己："让延安这个灯塔永远在我记忆中闪光吧！要创造一个红玛瑙一样鲜红、通明的新世界，那就先努力把自己锻炼成为永远鲜红、通明的红玛瑙一样的人吧！"这时严霜在地，晨寒袭人。高原、山峁、河川、树林都还朦朦胧胧。这时我两眼注视着前方，前方无限辽远的地平线上突然出现了小小一点光亮，开始像一枚金红色小片，但随即扩大了，展开了，像火一样燃烧起来。我再向四周看时，不觉之间，黑夜已为晨光所代替，而新的一天就这样诞生、开始了。

樱花漫记

我们非常幸运，访问日本正赶上樱花时节。早从鲁迅先生的《藤野先生》中读到“上野的樱花烂熳的时节，望去确也像绯红的轻云”，就使我对日本的樱花怀有诗意的向往了。不过，我也曾提醒过自己：在今天我到底怀着怎样心情去日本看樱花才合宜呢？关于这个问题，我得感谢西园寺公一先生。当我们三月十八日离北京动身时，蒙受他的盛情，来为我们送行。他说：“樱花要开一下开起来，要落一下就落了，从前日本人通过它，阐明一种武士思想，说人生短暂，要干就轰轰烈烈干，要死就痛痛快快死。现在樱花还是从前一样的樱花，可是，日本人民已经变了，他们坚持不懈地进行了斗争。”他的话启发了我，使我的眼睛明亮起来。我看见正是这繁荣茂盛的樱花，如云似海，给人们带来阳光与温暖。它那种迎春风而怒放的精神，不是正蕴蓄着日本人民斗争精神与斗争热情吗？

一

到达东京最初的时日，只能是探询樱花的阶段。

三月二十四日，晴空万里。十二点三十五分，眼快的人从飞机左窗上，发现了积雪的富士山顶。人们都争先恐后拥到左窗前，谁也不肯错过这个机会。只见碧海青天之上，浮着一片苍茫云雾，云雾中突露出白皑皑的一个山顶。日本诗人称为“雪笠”，

1950年苏联驻华大使罗申授予作者斯大林文艺奖

1953年作者（左三）在抗美援朝前线掩蔽部内与战士交谈

我看像倒垂的白莲花。啊，这就是富士山了！这时，阳光射在山上，我忽然觉得那一道道雪痕，像是一条条皱纹。富士山！今天你怀有无限忧愁吗？你曾经爆发过火焰，而今天，你不是也饱含着多少烈火将要喷射出来吗？……这烈火就在这碧海、这大地、这棱棱山谷、这漠漠森林、这珊瑚礁般的海岸、这碧玉圈似的海湾、这上面的民族、这上面的人民。飞机下旋，海，激荡、浩渺，而又变幻无穷。整一点，飞机掠过城市上空。人们告诉我，“这是横滨”，“这是东京”。正在这时，忽然一片红色的海在动荡，仔细看时，却是机场上一片摇动的红旗了。

第二天上午，我从住处出来，头一次到东京街头，陪行的朋友把樱花树指给我看，树上还光秃秃的。我想春天的生命也许刚刚在树身中苏醒吧。

这时，我的注意力转向这奇异的东京。我用“奇异”二字——因为有许多奇异的传说，包围着东京。比如，人们说东京是一个乱得令人发狂的城市。我们的车子走走停停，一下拥塞在路口上，一下又卷到疾驶的洪流中。我们穿过银座，顺丸之内笔直的街道向前奔驶。这时年轻的日本朋友从前面车座上回过头来，就好像有一道明亮的阳光射进车来，不管他紧贴身就坐着一位警视厅派来的人，他热情洋溢地指点着外面，他说：

“看！这就是我们游行示威的地方，他们管这里叫‘皇宫广场’，我们管这里叫‘人民广场’。去年，二十三次行动，很多人是在这里集会、游行，到国会去请愿的。”——这时，我感到东京每一寸土地都在震荡着斗争风暴的回响。你只要看一看这青年朋友奕奕的眼神你就明白了——一个严肃、不屈的日本正在行进。高耸圆顶的国会大厦，出现在不太远的前方。他忽然说：“就是在这里，警察向我们的队伍冲来，殴打我们。”……当我回来的时候，又从国会跟前经过。蓦然间，从街口上出现手执红旗的人群。然后一小队穿着黑制服的日本警察，就像高尔基在《意大利童话》中所形容的:"他们好像是洋铁皮做的,……仿佛是带弹簧的玩具。"机械地跑着步,从我们汽车前头横跑过去。我这才发现国会门前,一群一群请愿的人像潮水一般拥过来。同行的青年朋友把国会旁一片栅墙指给我看,说:"学生当时就是从这儿冲进了国会的。"当天夜晚,我又驱车穿过东京街头,到达市中心时,夜空中给辉煌的灯光照耀出几片红色云霞。一转,又是国会。我看见国会门前,大约十几级台阶上,挤满骚动的人群:一面是警察在阻止,一面是请愿行列在向上冲。我们的汽车很快驶过,但东京人民的斗争给我留下深刻的印象。是的,我看见了一个真正的日本,——她不是银座街头灯红酒绿的日本,不是浅草裸体舞广告上的日本,不是警察派出所门前白牌上写着:"二十三日,死——七,伤——一六五"车祸的日本,不是池田统治的日本,不是美军基地镇压的日本,她是一个真正圣洁、庄严的日本。当那些高踞统治席位上的叛徒们,把一个日本降低到可悲的地位上时,另外一个日本,人民的日本,民主的日本,用他们双手把日本民族,在全世界人民心中升到空前未有的高度。这正是东京的现实,腐朽的与新生的,两种力量在冲击。我看到一幅法西斯黑卐字旗从几层高楼上垂下来,我看见电线杆上张贴着红黑二色的"爱国党"的恐吓标语,它们标志着——辱骂、暗杀、无耻与不义;但那个真正的日本在大踏步地跨过它们前进。

樱花尚未开放,但我已感到人们殷切盼望樱花的心情。我们到中野区小滝町去拜访芹泽光治良先生时,经过新宿区一条热闹的小街,发现这小街上充满浓郁的日本色彩。店铺门前悬挂着各色各样的日本纸灯笼,黑地上写着红的"寿"字的,是卖"寿司"米团的;白地上写着红色"烧"字的,是出售日本茶食的。酒铺门口遮着各种颜色的短幔,晶亮的橱窗里摆着盆景鲜花。这儿穿和服的人多了,木屐声音在人行道上响着。不知为什么,在东京,我每次走过这些小街,都感到——正是在这儿,日本民族正在对美国文化侵袭进行负隅顽抗。而这一切对真正爱日本民族的人,令人感到亲切。不过,这一天,在这小街上引人注目的,是街道两旁店铺门前一束束粉红纸剪贴的樱花,迎风招展,使得小街上春意盈盈。人们告诉我,"这标志着樱花节开始了"。我原以为这纸的樱花立即会招来满地樱花怒放,谁知真的樱花开放,还要经过一场那样大的雨雪。

二

这两天,东京真暖。一件薄薄的夹大衣,在人们身上也有点嫌重了。就在这样暖洋洋的天气里,轻悄悄地落起雨来。这一天我们按照约定的时间到世田谷町一条幽静的小巷。这时绵绵的春雨,愈来愈大。非常感人,阿部知二先生打了一把伞,穿一件玄色和服,趿着木屐,已经伫候在街边上了。他招着手,透过眼镜露出他那笑眯眯的眼光。这一带完全是日本式建筑,透过会客室那小巧窗棂的糊窗纸,隐约看见,雨滴从绿幽幽的藤蔓上滴落着。这是多么珍贵的、温暖的春雨啊! 这春雨使人想得开阔、辽远。当我们促膝倾谈时,阿部先生由即将开幕的亚非作家会议东京紧急会议,谈到他的一个美好的理想,这就是一个亚非"大家庭"的理想,他说这是一次从黑海到日本海的"大家庭"的相聚。让春雨不但渗进土地也渗进人们的心房吧! 在土地里滋润的是种籽,在心房里滋润的是友情。

当天下午,当我和山本健吉先生在旅舍内晤谈时,窗外变得雨雪交加了。将近四月,却落起茫茫大雪,这在日本也是很稀罕的事。山本先生说:暖和的地方,樱花该已开放了。再过一个星期,京都人就要坐在樱花树下红毡毯上过樱花节了。我说:我们北京人管这个时节落的雪叫"桃花雪",那么,东京这一场雪可以叫"樱花雪"了。从窗口看出去,雪一直在急速地降落着。我们谈文学，谈友谊，谈历史的阵痛，谈未来的希望。他说到一千多年来中国文学哺育了日本文学。我讲到明治维新后日本对中国输送了新的文化思潮。他说中国在解放后又走前了一大步。我说在新的斗争中日本文学正在茁壮成长。文化与友谊结成一条长河在我们之间潺潺流着。这温暖的友情，这迷茫的雨雪，奇妙地交织在一起，构成在东京这一永远令人难忘的日夜。雪愈落愈大，入夜，当我们到三鹰去看丹羽文雄先生时，东京变成一个冰雪世界了。潮湿的雪雾罩在汽车窗上，车灯照射之处只见雨雪缤纷，在一节小巷里，汽车甚至为积雪压弯下来的树枝所拦挡。就在这时，我仿佛一下接近了我所寻求的日本。这是在雨雪泥泞的途中，担负着忧患，也担负着希望，正跋涉前行的日本。这时，芹泽光治良先生一头白发，脸上显露着慈祥的微笑的形象出现在我眼前，他的话声震撼了我的心灵。我们是前一天见面的，那时他说："日本民族从明治维新以来，从来没有尝受过民族的不幸，因此日本民族是骄傲的，它不能体贴其他民族的心情。但通过上次不幸的战争和美国占领，产生了民族的苦恼和民族的灾难，如果说有什么收获的话，就是日本民族能够体贴其他民族的心情，他们认识到光靠自己是不能够获得幸福的，需要大家共同努力，日本民族开始需要东方民族的同情了……"我以为这是庄严的日本民族的良心。昂起头前进吧！正是现在，你是全世界人民心中的骄傲。你跋涉的也许是雨雪泥泞的征途，但真正的春天正从这一场雨雪中开始了。

雨雪逝去，阳光把天空和大地照耀得如此光亮、温暖。这一天，我已经移居到东极饭店一个朝阳的房间里，小桌上插了一瓶石竹花，花朵像血一般红。我来东京匆匆之间已经是第四天头上了，在我的头脑之中，一切庞杂的印象，有如潮水一般汹涌而来。我看到了"繁华而嘈杂"的东京，汽车骤然堵塞住整个街头，就像东京的心脏突然停止了跳动，而银座的霓虹灯又让你觉得东京忽然在旋转不停。但今天,这阳光扫除了阴霾的今天,我多么想坐在小桌前的沙发椅上,好好地宁静地沉思一下:真正的日本在哪儿呢?我多么想透过弥漫日本表面上的这层烟雾,而听一听日本,真正人民的日本,虽然他们饱经忧患,但他们将永远年轻而嘹亮的呼声啊!……这时,我忍不住站起身,走到大扇的玻璃窗前,我望着面前那一层层高耸的楼房。但我知道,战争时期,这一带都给炸毁了,特别是一九四五年三月到八月,轰炸得厉害。不过,那些用钢筋水泥筑成的,真正从事军火生产的大工厂,被美军轰炸机谨慎地保护着,就像日本皇宫里的一根树枝也没炸伤一样被保护下来,而那大片大片为大工厂承包加工的小手工业工场作坊,却给燃烧弹烧得一干二净。是的,那时世界上无数家报纸报导着:东京变成瓦砾,东京在燃烧,但美国人有意地保护了"法西斯的温床"。就这样,那些吮吸亚洲人民也吮吸日本人民鲜血的做军火生意的大资本家被保存下来了,而那些小工场小作坊里的人们的生命财产荡然无存了。这就是所谓美国战胜日本法西斯的秘密,——这秘密使得多少无辜善良的东京普通人在浓烟烈火中死去,这秘密直接的结果之一,就是几年之后,作为日本法西斯温床的军火工厂又在美国侵略朝鲜的罪恶战争中流了多少人民的鲜血,赚来多少黄金呀。我从明净的大扇窗玻璃上看下去,还没到下班时间,街道上还算安静,汽车还来得及急驶狂奔,行人也还可以川流不息。在这时,我忽然看见另外一个东京:

那天,我走过小石川区一条僻静的街道,当人们指给我看,原来前面就是德永直写过的《没有太阳的街》——那煤渣铺的小路上永远冻结着冰凌的街啊!

而在我的眼前,就在我窗下所望得见的地方,就是小林多喜二被屠杀的筑地警察署。

我的眼光不停地察看着对面楼房上一些光陆离奇的广告

牌,发现不少广告牌上画的是美国人,写的是美国字。当时给我的感觉是,在日本国土上,仿佛日本民族的精神在隐退,而美国生活方式在占领一切。作为日本人民的朋友,我应该说在那一瞬间我的内心是痛楚的。我想起德富芦花的书的名字:《黑潮》,是的,正是一股美国文化侵略的黑潮啊!但当我这样想的时候,我听到一个很坚决、很响亮的字:"不!"一个人,一个面容端庄而俊秀的人,从瓦砾与火焰,从烦嚣与混乱之中走出来,他那样年轻,浓浓的长发,睿智的目光,这是小林多喜二,这是日本无产阶级革命战士的勇敢与坚贞的化身。记得我还是一个十几岁的青年的时候,在夜晚偷偷阅读了在当时中国被列为禁书的《蟹工船》——现在我记得清清楚楚,那血红色套印黑色木刻的封面。日本无产阶级文学家,把一股强烈的革命风暴,冲击到我的心中。那海上的大风暴,被压迫者顽强的战斗意志,以及那浓郁的海鱼海蟹的海腥气息,永远永远留下深深的印象。谁想到,当我第一次到日本来,第一次宁静沉思时,我面对着的却正是小林多喜二被毒害的筑地警察署。现在让我摘录一段目击者谈他最后牺牲时的情况吧!"暮色渐渐降临到这严冬的寒冷的牢房。五间牢房里都挤满了我们这些被拘禁的人。大家都因饥饿、无聊和郁闷而静悄悄地默不作声……"这时警察把小林多喜二抛进牢房。"'给打得这样厉害……'同房的难友都大吃一惊。"

"我把他的头扶在我的膝上。他那苍白而消瘦的面孔已因痛苦而改变了模样,头发柔软的脑袋不时地从我的膝头上滑落下来。他一边呻吟着……一边挣扎着身子……这位同志的装束是藏青地碎白花纹的和服上罩一件和服外套。这与他面孔和手的白皙对照起来,给我留下特别深刻的印象。五官端正的容貌表现了高度的理性,秀丽的鼻孔里凝结着鲜红的血迹。手指纤细而柔软,一指头上留有经常握笔的茧子,说明了他是一个写文章的人。同房的难友有的为他舒胸,有的握着他的手,大家都想尽办法使他减轻痛苦。……这个同志的痛苦，说明了刚才他在这个警察署楼上的特高室隔壁的拷问室里受了怎样残暴的严刑拷打，同时也说明了这位同志多么英勇地经受了考验。”现在这个筑地警察署还在这儿，小林多喜二就在这里面由于被凶残的殴打而在当天下午七点钟左右牺牲了。当我立在这个晴朗的阳光之中，由于偶然的缘故面对着这个筑地警察署时，作为一个从精神上受过日本无产阶级文学哺养的人，我怎能无动于衷，我觉得小林多喜二还活在人们心中，而且他在跨着大步向前走。我记述他是为了不让人们被东京的表面现象所迷惑，人们看到荒淫与无耻，人们更应该看到庄严与战斗，东京！我要说：这是樋口一叶的东京，岛崎藤村的东京，夏目漱石的东京，石川啄木的东京，我尤其要大声地说：这是小林多喜二的东京。污秽可以染脏头脑，但污秽染不脏历史，历史总是在革命暴风雨冲洗下，年轻、壮丽，前进。小林当年的战友经历了多少年的风雪鏖战，而他手中的火炬却更多更多地燃烧在无数进步青年人手中了。“且喜雷霆惊宇内，万人歌处火茫茫”，这就是我为动荡、搏斗的今天的日本写的两句诗。

我平静下来了，我回到小桌边坐下，我的眼光不期而然地落在石竹花上。啊，这血一样鲜红的石竹花！一下使我想得那样遥远，我的思想，由熙熙攘攘的东京一下飞到浴血而战的巴黎公社的街垒，我想到巴黎公社被人称为“蒙马特尔的红色姑娘”路易治·米雪尔那首题名为《红石竹花》的诗的最后一段：

为了相互识辨，我们每人都佩戴红石竹花，
红色的花，你们再生长吧，
在未来的年代中将会有别的人来拿着你们，
而这些人就是获得胜利的人。

我想得真的很遥远吗？不，从历史的进程来说确实很远，但在革命战士的心灵上却很近。红石竹花总是鲜红的，红石竹花总要握在胜利了的人民的手里的。我通过窗口凝视东京，没有了风雪，没有了云雾，太阳好像拿海水洗过一样光明灿烂。我看见了真正人民的日本，从天空，从地面，发出一个轰鸣："我们要战斗！我们要前进！"

三

春风吹绽了樱花。

我第一眼看到樱花，是在琵琶湖畔的石山寺内，而且那是最珍贵的品种八重樱呢！

回到东京，东京的樱花也已灿如云霞，樱花节已至高潮。皇宫河边那片樱花林中，搭起彩棚，竖起长幡，入夜灯光如昼，召唤着游人。不过，不少更有雅兴的东京人，早到上野各地去踏青赏花了。一个民族的风习，总显示出一个民族的优美。这一节里，在记叙樱花节高潮时，我要把我敬重的中岛健藏先生作为管领春光的使者来写，他陪同我尽情地享受了樱花一日。

四月五日下午我们拜访了中岛先生。我们在北京不止一次会过面。在东京，他是照顾我们最亲切的一个，因此，我们都从心里尊称他为我们的长兄。在中岛健藏这里我感到一个民族的深厚与宏大。当然，无论从哪一方面，我们都会接触到日本的战斗激流。他头发闪着一抹银白色了，但他愈发成为一个坚忍不拔地站在斗争前线的战士了。他，在滔滔浊流中，代表着正气与良心。在若干斗争中，不但是维护者、倡导者，而且自己担当律师出席法庭。他的深沉的眼光，真挚的声音，使得一切违反真理与正义的东西无地自容。但，在朋友面前他的温厚的笑容总像春阳一样温暖照人。

这天，中岛先生和他的夫人热情地在门口迎接我们。在走廊与书斋里，可以说是一个书的世界，橱顶、案头都堆积如山丘。他把我们让进书斋旁一间会客室，通过大扇玻璃窗，可以看到布满阳光与浓荫的庭园草地。当我们坐下来谈论着日本、中国、亚非两大洲时，我觉得这广阔无垠的世界，就列在我们面前。我们看见非洲船夫迎着激流航进，我们听见亚洲母亲抚慰婴儿的歌唱。忽然，我们都停止下来屏息静气，把眼光落在一片阳光照亮的庭园草地上，有两只椋鸟，那样安闲自得地，在那儿轻轻地踱步……多可爱呀！中岛夫人说：

"只有我们这个院子里，它们最欢喜来。"

陪同来访的白土吾夫君说：

"椋鸟大概知道这院里住的是和平人士。"

我们都笑了。中岛先生也笑了。

中岛先生是个热爱生活的人。他在日本业余摄影家中，是第一个能手。他的书斋墙壁上一幅放大的照片吸引了我，那是"北京的清晨"——他微笑着、端详着说："你看，这一个朝向太阳走去的年轻妇女的姿态，不是象征着充满朝气的新中国吗？"他这样说时，对中国的爱自如地展现在眉宇之间。我们为一个新的提议而兴奋起来了，他和他的夫人要陪我们到井之头公园去赏樱花。夫人兴冲冲地作着出发准备。他忽然向我点点头，"来，你看看我的秘密。"他掀开一幅垂幔，把我引进一间小小的工作间。这里面一个工作台上摆满各种机械零件，墙上挂满钳工等工具，笑容在他的脸上震颤开来："这是我的工场，我工作累了，就到这里来修理各种机械。"凡是老朋友都知道他的爱好，知道他有一双灵巧的手。所以当我回到北京，和西园寺先生谈起中岛先生时，他头一句就问："你看了他的工场了吗？"

中岛先生邀我坐他的车，由他的夫人开车。原来他夫人经常关照着他，自己开车送他去工作去开会。不过现在我们是去看樱花。真难得的春晴啊！井之头公园在一片树林里，从繁华、嘈杂的市中心来到这儿，真令人心旷神怡。不过，我还不知樱花在哪里。当我们穿过树林，发现一个小湖，沿着湖边走去，忽然看见千树万树樱花完全盛开了，真是“春风扫尽茫茫雪，一片樱花耀眼明”，不久前我到苏州观赏过香雪海，这日本的樱花确实像一片无垠的雪海呢！你看，这一簇簇，一片片，压满枝头，开满晴空，你分不清花朵、花瓣、花萼、花蕊，只是一球球，一串串，在春风微荡之中，像银色的霜花，像透明的玉屑，像水洗的胭脂，樱花把日本的春光渲染得多么鲜明、浓艳啊。

我们走到湖的那面，来到一座小小的石碣前。我们仔细辨认，原来这上面刻着一首短诗：

日暮时分，
鸣叫着，嬉戏着，
停在芦苇上的苇滨鸟啊，
不想飞去了。

这是野口雨情的纪念碑。野口雨情是一位热爱大自然的诗人，擅长民歌，曾于大正年间徒步漫游全国各地，搜集民歌。他爱这里的景色，住在附近，给自己家起名为童心居。他有一句名言：“民谣是出自泥土的自然诗。”他每天早晚都在这湖滨上散步。抒情、优美、以意境动人的日本诗歌，使人理解到日本民族精神中淳朴的一面。我十分喜欢井之头这宁静的一角，立在一片斜阳之中，令人感受到无限诗的情趣。春天是新的一年的开始。这宁静，也许只是暴风雨前片刻的宁静吧？

我们在井之头公园门口，跟中岛健藏先生和夫人分手，我知道，这是“难得半日闲”，中岛先生又将投入他那繁忙的社会活动之中去了。

关于樱花，我还有许多值得珍惜的记忆，而这漫记我却不想延长了。因为樱花怒放，无限春光，从日本人民身上看到的昂扬的意志、战斗的友情，已经像春潮充溢在我的心上。我从富士山顶那一道道雪痕上，看出闪耀的笑容。每当这时，我总记起东京那一个难忘的夜晚。当我们在铁路附近的一条小街上，一座天花板不很高的房屋里，和西部地区的人们会见，这是这样普普通通的东京人——有从车间里来的工人，有从灶间里来的家庭妇女，有穿着黑制服的大学生，有整洁娴雅的女护士，有刚刚闭了店门而赶来的女售货员，有学者，也有机关职员，但，他们的眼睛是明亮的，是真挚的，是美丽的。当我们尽情畅谈的时候，谈文学，论爱情，谈中国的建设，论日本的斗争，我们的情感完全融合在一起了，我们都拥抱在一股温暖的激流之中，乘春风而前进。我愿意永远永远记着这个夜晚，这个东京！我要轻轻地告诉人们，我喜爱这个夜晚，这个东京。正是从这儿，有一条道路伸展向明天，正是从这儿，把整个日本的未来照得一片光明。樱花会随着春风来，随着春风去，但真正的春天永远属于人民，樱花，这绯红的云霞，便永远属于人民。不久以后，我们在我们最亲密的朋友龟井胜一郎先生陪同下出发到日本中部去旅行了。一路上樱花盛开，在富士五湖、在升仙峡、在松本、在筱之井、在金泽的兼六公园、在镰仓、在热海、在箱根，那垂樱、那雨樱、那夜樱，晶莹淡雅，各极其美，我就不再在这儿一一记叙，而都让它们化为余音袅袅，暂时留存在我的记忆之中吧。

平明小札

这里发表的是一些思索的片断。思索是随时随地都有的，而记录全在清晨。室外，一藤桌、一藤椅，晨曦乍上，清气袭人，这是我最酷爱的时间、最酷爱的所在，当然也有着我最酷爱的心境，故将这些片断统名为《平明小札》。

晨

淡淡的朝阳刚把树梢照亮。顺了石柱攀缘到三层楼上来的老藤树比来时茂盛多了，有些柔韧的枝蔓伸展开来，带着绿叶，向人轻拂，似在表达它的欣快之感。在露珠晶莹的树叶丛中，一只小蝉用稚哑的嗓门，轻轻嘶叫。愈来愈明亮的阳光却显示：将要来临的又是十分炎热的一天。但，不论回头怎样火热，甚或会从燠热之中来一阵风掣电闪，现在这早晨却如此清新、宁静。如若仔细地分析一下，这清晨之可爱究在何处呢？是这清凉，是这朝露，是这潮湿泥土的芬芳，是这淡淡早霞的幽静，是的，我想是这一切。但更重要的是它是一个新的起点。在一个人的生活之中，不知要经历多少曲折复杂的道路——他焦灼、困难、轻松、欢乐。而千千万万早晨之中的每一个早晨，当它到来的时候，都使你感到是第一次和它接触一样新鲜。它永远那样清新澄碧，而又永远那样鼓舞人意。人们在日常谈论中，常常用“朝气”与“暮气”这两个极端相反的字眼，评判一人一事，来说明那是生气勃勃的,还是气息奄奄的;这个"朝气"就是从永远给人清新之感的早晨发展而来的。朝气——使人想到:精力充沛、双眸明亮、两颊鲜红,向新的未来迈开脚步,——也许这未来之中充满莫测的事变,而那早晨总还是那样令人欣喜、令人振奋,以无限情意督促人们起步。今天早晨就是这样可爱,我望着它就像第一次看到早晨。那几片朝云,给阳光照得像嫩红的玫瑰花瓣一样轻柔、绰约、缥缈、悠然。病中,我常常感觉到:愈是在困难的时候,愈觉得清晨之可贵。因为我们战斗过了一天,而又展开一天新的战斗了。这一天的逝去与一天的来临,便标志着一次新的胜利。我现在浸沉于晨光的快感之中,我思索着,这个清晨像什么?很像早霞中升起来的一片白帆,也就是每一个早晨都在我们生活的航道上升起的白帆,——它是那样洁白,它是那样漂亮,但它标志着永远向前,而且标志着坚定不移的方向。在我沉思默想时,不知不觉的,那一片片的云由红色而变得发白发亮,像给强烈光线照得透明的、轻柔的羊毛卷一样,它们朝着蓝天远处冉冉飞去,就如同白帆朝远天航去一样。突然,一切一切,偌大的天空和地面都变得出奇的宁静,蝉声没了,人声没了,那赫然闪耀的宇宙中充满一种庄严肃穆之感,一个真正的早晨开始了。

歌声(一)

这些天,我反复地想到许多动听的歌声。

我沉思过,我深知:在我的心灵之中如果没有这些歌声,我真不知我将怎样生活下去。

是的,我们那个时代的青年,很多人是唱着歌生活、唱着歌战斗过来的。那歌声响彻高空,它就如同人们青春的火焰一样熊熊燃烧,吓得整个旧世界索索抖颤。那时人们生活在黑暗之中,但千万条喉咙一起唱着叛逆者的歌,千万只肩膀冲撞着那森然的“神圣不可侵犯”的牢门，然后在朦胧的黎明之中，人们像不可遏止的急流冲激开去……那是黑夜与白昼交替的年代，那是充满暴风雨的年代，——大地上，天空中，有枭鸟的阴险的狂笑，也有海燕的勇敢的鸣叫；有蛇的冰冷的眼色，也有鹰的英雄的长啸。那年代尽管有人要钳住人们的嘴，但谁又禁止得了心的歌唱。在人们聚会时，相投一瞥，然后用最严肃的心境，低声唱起那奴隶的歌。是的，“奴隶”，这个字眼，那时就如同一团鲜红的血，一道明亮的光，灼伤了我们的心，呼号着我们前进。

人们正和那个时代一样迈着英雄的步伐过来的。在革命斗争的洗礼中，人们的头脑渐渐清醒了，眼睛渐渐明亮了。一切肮脏、卑鄙的东西，在那崇高响亮的歌声前面，显得多么渺小而可怜呀！在那个年代里，高尔基的《海燕》、《鹰之歌》，鲁迅的《淡淡的血痕中》、《生命的路》，像火一样鼓舞人。于是一支歌、又一支歌，那时唱了多少歌呀！

在战争年月里，我有过一次不平凡的艰难而又壮丽的长途跋涉。当我攀上险峻的悬崖，渡过苍茫的激流，迎着秋风，淋着秋雨，望着红染的霜林，在黎明的薄暗中，在深宵的篝火旁，我和几个同代人，考验着自己的记忆，从头一支又一支歌唱下来。一支歌标志着一个战斗的年代，一支歌照亮了一页掀动的历史，我们唱了几天几夜，我深深觉得我们的漫长的道路，正像是花环铺的道路一样，它是用歌声铺的道路。当时，一个歌刚唱完，只要谁抢着接下去，唱一个字，提一个头，于是嘹亮的歌声便又飘荡起来了。那时我们的血液是怎样激流，两眼沉湎于甜蜜的战斗回忆之中。就在那一次，我记起我几乎完全忘记的一首歌：

不要皱着眉头，大众的歌手！
不要皱着眉头，大众的歌手！
要知道路途是多荆棘地，

铲除它呀，只靠我们还有双手，
提防着陷阱呢，跌倒了爬起来，
挺着胸膛走，黑夜有尽头，
等待着我们的，是光明的白昼，
大众的歌手，不要皱着眉头！

是的，就是这样的大众的歌手，就是这种创世的精神，就是这种天不怕地不怕，一定要捣破那窒息人的旧世界穹顶，而奔向清新明媚的新世界门坎的感情，尽管在心窠中也许还搅拌着一些旧羁绊的血泪，但人们决然甩脱历史因袭的重担，悦耳的歌声便像一条发亮的链子结串起那永远值得追忆的日月。

今早，在这幽静的、吹荡着晨风的廊上，我想着想着，——我紧紧地不肯放松地追索着：这歌声，从什么时候开始，又从谁人那里传来，而成为我们生命的一部分了呢？

当然，像火焰的反叛的歌，是从人类有着奴役、罪恶、无辜的流血、无声的死亡那一天就有了。但对于我们，二十世纪的这一代人来说，那冲锋陷阵的英雄的歌，是从巴黎公社开始的。我每一次背诵巴黎公社女诗人米雪尔在牢房中作的关于红石竹花那首诗中这几句：

红色的花，你们再生长吧！
在未来的年代中将有别的人来拿你们，
而这些人就是获得胜利的人。

我便情不由已地唱起："满腔的热血已经沸腾，作一次最后的斗争，旧世界打得落花流水，奴隶们起来起来……"

这雄壮的、永远震撼人心的歌，是从巴黎公社——全世界无产阶级第一次登上历史舞台时候诞生的。无产阶级的英雄们气壮山岳，奋臂疾呼，于英勇的鏖战之中，透过弥漫的烟尘、斑斑的血迹，在那战斗的街垒上，他们高唱出人世间真正革命的歌。于是那浇灌了工人阶级第一次战斗的鲜血的歌,渗透到我们心上来。巴黎公社这一场照明劳动者前途的弥天大火虽然被窒息了,但为它所冲破的旧世界的裂口却永远不能再弥合起来了。巴黎公社的血迹干了,但巴黎公社的声音再也不会停止。它响遍青山、响彻旷野,唱出俄国的十月革命,唱出中国的革命胜利。而且这歌声的滚滚急流呀!它在高扬、在激荡,在亚洲、在非洲、在拉丁美洲,在带着亿万人民,将不断唱出新的黎明、新的破晓。今早,我在这儿静静沉思,但心上的热血与激情却无边无际,它们沸扬震荡,像滚滚的长江大河,冲开朝雾,冲进黎明。是的,我们是这样的人,在欢乐时不忘战斗,在困难时不忘欢乐。我们不但在欢乐时唱歌,唱得动听,而且愈在困难时,我们的歌声愈嘹亮。我们就是这样的人,我们唱的就是这样的歌。

歌　声　(二)

难道我们只唱战斗的歌吗?

不,我们也唱抒情的歌。当然,这里没有世纪末的灰暗,而是新世纪黎明的歌。

毛主席最近发表的一首《蝶恋花》中有这样两句:

国际悲歌歌一曲,
狂飙为我从天落。

这,洋溢着何等英雄、悲壮的时代感。

人们在生活中,有时会遇到困难,甚至挫折,这并不是什么稀罕的事,问题在于打垮一次困难,便是一次前进。因而我们从来不回避困难。在激战的火线上,亲爱的同志,有时就在你身边,甚或在你怀抱中遽然逝去。他用尽了他最后的一点气力,他拼尽了他最后的一滴鲜血。他衰弱了,但他那样明智,他正视死

1958年作者（中）在苏联塔什干参加亚非作家会议

1961年作者在东京日本作家宫本百合子逝世十周年纪念会上讲话

亡，无所畏惧，但他对人间充满那样浓厚的爱。

我知道在抗日战争年代，有一个年轻诗人，在一次激战中中弹垂危。那时，从小屋的窗口，飘进春天的芳香。他的声音已微弱，可是他要求给他一点花，同志们摘了一捧鲜花搁在他胸前。那时，他的眼睛多么明亮呀，他完成了他的战斗的一生。

是的，不止一次，我们在逝去的战友面前唱悼歌。但，那与其说是哀悼，不如说是宣誓。那时沉痛的声音从胸底迸裂。可是那时，和那以后，一次加深一次，悲痛化为力量，它使人们变得更坚强，更勇敢。

我记不起是听谁说过还是在哪一本书中看过，列宁在他那艰难的革命生涯中，经常工作到深夜、黎明，在偶然停息下来的时候，他踱来踱去，那时，他喜欢哼唱着那样一支歌曲：

感受不自由，莫大的痛苦，
你光荣地牺牲了，
在我们艰苦的斗争中你英勇地抛弃头颅，
英勇，你英勇地抛弃头颅，
……

请你想想吧！满天夜雾，一盏明灯，这时，他，这个像烈火一样明亮的人，胸中翻腾着的是多么深挚的感情呀！他从精神上拥抱着每一个已经牺牲了的和正在战斗的人，那时他多么渴望更猛烈地投入新的斗争呀！是的，问题就在于，不论音调如何哀婉，到了革命者胸中，它不仅是悲哀的，而且是悲壮的。

我们更多地唱那优美的欢乐的歌。当我这样想时，我耳边便响起一阵十分幽美而又嘹亮的声音。那是中国承受着巨大灾难的年代，但每当延河上漂流着夕阳染红的流水时，无数青年男女，在一日工作与学习之后，都纷纷走到延河两岸上来，于是草地上、沙滩上、河流上，到处一片欢乐，那时，那悠扬动听的歌声就飞扬起来了。那时,我们歌唱过夜莺,歌唱过玫瑰,歌唱过爱情的坚贞、劳动的欢乐,歌唱过田野,歌唱过黎明。

不错,对于那正在从艰辛中创造这个新社会的大时代,回想起来,难道只是一片困难吗?不,就是在那个时候,人们穿得破旧,食得粗糙,流血,饥饿,但那个时代整个留给人们的是欢乐、是愉快、是壮丽。正是在那个时刻,革命者不向困难低头而向困难挑战,人们因而用火热而嘹亮的歌声,这创世的歌声,从荆榛之中冲开一条道路。

革命的人的崇高意志凝炼成歌。哪怕是走上断头台,哪怕是战到最后一粒子弹,那激情的歌声,总是吓得旧世界丧胆丢魂,对于捐献自己生命的人来说却是最豪情的欢乐,因为他坚信明天是属于自己的。这讲的是过去。至于今天,我们在建设幸福的生活,当我们在今天逢到困难时,我们就更知道,我们应该怎样对待困难,而从困难中震荡出更加动听、更加嘹亮的歌声。正因为如此,我们永远不能忘记,无论任何时间,在我们心灵中、血液中、生命中,都将震响着这样的歌。如若这歌声哪怕有一点点不够高亢,不够响亮,人们都将感到羞辱而痛苦。

红

马克思在答复若干问题的一份《自白》中,对于"您所喜欢的颜色"这一问题,他的回答是"红色"。

红,是激动人心的颜色。

红,是火的颜色,是阳光的颜色,是鲜血的颜色。

当医生由一个人静脉中抽出一玻璃管血液时,你看看,那血是何等的鲜红呀!红得很浓很艳,因为那是充溢着活跃的生命的鲜血啊!而一旦当这活跃的生命渐渐消逝时,血就渐渐变成黑色了。

当太阳在破晓时光，它呐喊着，打开了黑沉沉宇宙的大门。那时，它红得那样发亮、发烫，然后把红光普照大地。于是大地苏醒了，树叶从沉睡中扬起头，水波从凝静中张开眼，一切曾经被黑夜掩盖了的，都露出了鲜红的笑靥，花朵带着珍珠般露珠，在第一线战颤的阳光中，显得那样的鲜艳可爱。

这时你屏着气息仔细倾听一下吧！

给灌木丛遮着的小河边有静静的舀水声，丝毯般细软的草地上响过轻柔的脚步声，鸟在啾啾鸣叫，露珠轻轻滴落在土地上，而红色的黎明，开始了人生的新的一天。

但，就是在浓墨般的黑夜之中，红的光也能冲破黑暗，照明天地，那便是通红的火炬。

当然，这不是普通的火炬，而是高举在革命战士手上的火炬。对于这样的火炬，我有过亲身的体会。那是一个夜晚，暴风雨前的寂静笼罩着战场，我向前看，一片漆黑。突然间，在一个被严格规定了的时刻，如暴雷滚过大地，炮火从四面八方同时发射、爆炸。这时，我面前，一堆堆烈火就像一支支火炬一样迎风招展。这是革命战争的火，这是将旧世界的黑暗与肮脏燃烧净尽的火。火，烧吧！但是，使我震动的还不是这个，而是在前面一片火光通明的地方，忽然有更红更亮的火点着了，它像强烈的光倏然一闪。那是一个战士举着一面红旗从火光中冲过去。那是多么庄严，多么神圣，多么美丽啊！……

红，就是这一切红色，凝成人们生活中的欢乐。在胜利的日子里，当千百万面红旗，像海一样飘荡时，我们忍不住流出眼泪。你只要想一想那最艰难、最危急的时刻，你就明白了。四面全是逼近来的敌人，弹尽了，粮绝了。这时一个同志，身负重伤，但他不屈地挺着胸膛，他从怀中掏出一面由鲜血染得更红了的旗帜……这时一个年轻的、像火苗一样年轻的战士，硝烟熏黑他的脸，战火烧破了他的衣衫，但他是何等的虔诚、肃穆，他举手宣誓，在这生死存亡的关头，他站起来了，他成熟了，他勇敢地走入了无产阶级先锋队的行列。那么，此时此地，这一切都不是死而是生，这生者是真正的火中的凤凰。

是的，马克思最喜爱红色。

红色，是令人燃烧的颜色。

血与水

顺着昨天的思路，我想到：血与水。

血是水一样的液体，但血绝不是水。

还是在那份《自白》里，马克思答复另一问题"您对幸福的理解"时，他说道："斗争。"

那是在无产阶级革命的黎明期说的话，但它铮铮然响彻千古，考验着每一个战士。看一个战士是不是真正的战士，这里面最最重要的一点，就是他从斗争中感到幸福，还是感到受苦；是时时刻刻，为一种崇高的思想所鼓舞，忘我地投入斗争，还是厌倦斗争，逃避斗争，以至背弃斗争。不错，历史事实将就这样衡量着你配不配称为真正的战士。正如恩格斯所说：

"最彻底的马克思主义者，也就是最勇敢的战士。"

愈是在革命发展的转折点上，愈容易看出一个人，他的心，他的灵魂，到底是伟大还是渺小。

新的革命历程开始前，往往有一阵急风暴雨。在这种时候，就看你的态度如何了。你如果被这些暂时现象所吓倒，你的颈项便酥软了，就抬不起头来。市侩主义者总想回避困难，他在困难时牢骚满腹、怨天尤人，这样他只能从妥协走到屈服。在顺境中他曾经像个勇士，但只要天边有一点点乌云，他们便诅咒起革命来了。但真正的战士，总是在这种时候带领着人们前进。为了斗争的利益，他尽量设法减少困难，但当困难真的来临时，就像有什么呼唤起他心中沸腾的血液，它变成一种光、一种火，他精神抖擞，向困难宣战，一直到彻底地克服它、战胜它为止。因为他不仅仅看见貌似强大的困难，比起这，更吸引着他的是战胜困难后的雪亮的明天。

我承认这样的人，他血管里流着的是真正的血，真正战士的血，革命家的血。可是，当一个人一旦用自己的行为背弃真理时，那么整个情况便改变了。当他在敌人面前奴颜婢膝，在尖锐斗争面前，懦弱，卑怯，而背叛自己的阶级，自己的战斗队伍时，你会想到："在这个人的血管里流着的还是战士的血液吗？"

战士，——和战士一道生活过的人，都该会记得他们那响亮的一句话："在最困难的时候考验我吧！"而后，他们在革命斗争的艰险关头，走在前面，承担了应当承担的革命义务。那么，在那以后，他们的血流到哪里去了？流到我们正在继续战斗的人的血管中来了。于是我们的生命里有着他们的生命。血，依旧在奔流，在闪光，在呼唤。

不错，从一个人的语言、行动中，我们可以看到他的血管里流着的到底是血还是水。正因为这个缘故，我常常思考着鲁迅那句话：

"从喷泉里出来的都是水，从血管里出来的都是血。"

但我觉得最最重要的，是你要经常使你的血液浓而且亮，而决不能让它悄悄地变成一种掺了红色颜料冲出来的水。同志！那是不行的。一个人，可以衰老，可以病死，那是自然法则，人们并不畏惧，但人绝不能在肉体还活着时而灵魂却已经枯死。

无论到什么时候，不要忘记革命，不要忘记斗争，革命是从斗争开始的。

我想人们除了记得马克思主义者的理论之外，也记得马克思主义者的实践。我在下面抄录两则重要文献：

在李卜克内西的《忆恩格斯》一文中记载着："恩格斯参加了

三次搏斗，也参加牟尔克城下的决战，所有在火线上看见过他的人，很久以后都还在谈论他那种镇静和漠视任何危险的精神。”

在弗里德里希·列斯纳的《一八四八年前后》一文中记载着：“钟表匠约瑟夫·莫尔诞生于科伦，中等身材，长得很结实，以机智而有魄力见称。凡属效命无产阶级利益的事情他从不畏缩。一八四九年巴登起义爆发时，他毫不迟疑，冲上了火线……敌人的枪弹结束了他英勇的一生。一八五〇年恩格斯在《新莱茵报·政治经济评论》上一篇文章中写道：‘我失去了一个老朋友，党失去了一个最英勇和忠诚的不屈不挠的战士。’”

那是在共产主义真理的黎明刚刚照临的时候，那时像我们今天这样的社会主义生活还只是人们的理想的“天国”。那时人们正在拿一滴滴血和一滴滴汗为这个“天国”开辟途径。现在，全世界亿万的人已经进入这种理想的“天国”，还有亿万的人为进入这种理想的“天国”而奋斗，我们就有一种神圣的责任，保卫革命，不准背叛。我们所有的人迎朝霞，沐阳光，欢乐，歌唱，但我们必须珍惜我们从最早时期便已开始的战斗，必须准备好更前进一步的新的战斗。要知道正是在当初一颗血珠通红发亮的地方，有无穷无尽的人觉醒了，而在将来，何尝不是在我们今天战斗的地方，有更多更多的人来继续战斗。正如同我们对前人的伟大变革产生无限景仰，将来的人会羡慕我们今天是多么雄伟的时代呀！我们要活得与这个时代相称。我们愿意骄傲地宣布：在我们血管里流动着的是这样的血液，是一代又一代战士生命凝成的血，我们不使它们凝滞，而使它们更加活跃，留给我们的后代，这是我们所有宝贵的东西之中最宝贵的东西。

路

大约十年以前，我在自己的记事本上，写过一首关于“路”的小诗。

当时我在一列疾驶的火车上，凭窗望着遥远的地平线上不断出现的一株树、又一株树……我忽然想到，在为祖国而战的年代里，我们就是这样望着地平线，走啊，走啊，到了那一株树下，抬头一看，前边依然像是粗炭条画了一道线，那线上依然耸立着一株树、又一株树……是的，就从这一株到那一株树下，蜿蜒着我们的小路——一夜"嚓嚓——嚓嚓"不停的脚步声响，天亮一看，路上印着一双一双血的脚印，——那时，我们淌着热汗，急急奔跑，闪电一般前进了。而在我们后边留下多少无名的小路呀！在辽阔无边的大地上，留下多少无名的小路呀！因此每当我来到旷野，望着天边的树木时，我心中总怀着无限深情。

路，我们走过多少路啊！

黎明之前，小路那样清凉、湿润。它穿过草原，穿过密林，在那垂拂双肩的树枝和打湿两脚的草叶上，滚落下大把的露珠，那时天地为一种宁静的暗灰色所笼罩，而不久，一线晨光，在你的睫毛前晃荡一下，然后像发亮的柔丝的细网向四面撒去，一会儿，它却像火烛一样在东方燃烧，一切暗夜朦胧，倏然逝去。那时人们奔走的脚步忽然变得多么轻快啊！没多久，在山岗或渡头，总之是一个开阔所在，人们看到那红珊瑚球似的冉冉升起的太阳。一瞬间，天地沉静，万籁无声，仿佛一切都为光明的诞生而沉醉了。但这是真正的一瞬间。于是，小路旁一枚草叶抛下它所负载的露珠而跳动了一下，于是从那面深深树丛中传来鹧鸪的鸣声，那时那小路明亮而且弯转向前。

可是生活的道路并非从来都是这样明亮。

暴风雨震撼过暗夜啊！我们是从黑夜里走来的。我回想起童年，那充满罪恶的古老城市中，无数阴暗偏僻的深巷。巷子那样狭窄，那样漆黑，走了不知多久，才在一个路角上看见鬼火般一点阴凄凄的火影。这盏油烟熏得乌黑的灯，是天断黑时，由一个乞丐似的路工,捎一面破木梯,爬上去,划根洋火,点燃的。那时,电灯,还是稀奇罕见的事物。而那路灯上的玻璃,不是这边破了,便是那边碎了。于是这充满肮脏腐朽的深巷,便只是那么一点绿荧荧火亮儿,给冷风一吹永远瑟瑟欲熄。那时,我一个人走这种深巷,心总是怦怦跳动,仿佛黑地里随时会有鬼怪出现,而后面又总有一片冷气落在背颈上,不过最最可怕的,还是你自己的脚步声,在那空虚荒寂之中,啪啪响得那样孤单,也很使人胆战呢!你仰头看看,两面墙头之上,像刀裁一样露出狭狭一道天空,闪着鬼眏眼的几粒寒星。你停下脚步听听,有醉鬼的呻吟,弃妇的悲泣,打更的梆子迟钝地响一下、响一下,一若这世界正在崩裂沉落的声音。

真是一条黑暗的道路呀!但那时代的勇敢的青年,凭着他们心灵里那要追求光明、要开拓道路的一团火,无论旧世界多么黑暗,但火焰那样圣洁地照明了前进的道路。正因为如此,鲁迅说:"路是从没路的地方践踏出来的。"

是的,马克思主义真理像探照灯一样照明前进的方向,人们从荆棘中踏出了道路。但无论荆棘怎样割破肌肤,刺出鲜血,人们终究踏出道路。有的走过监狱的路,有的走过战场的路……是的,这样或那样千万种复杂的路,而后我们走到了,而且走进了为早晨的阳光所照明的道路。人们似乎不必在这一个或那一个黑夜或白昼为暴风雨所震醒了。可是事情并不这样简单,——走啊,走啊,难道我们已经把路走完了吗?……不,我们取得这一个里程的胜利,不正是那一个里程的新的开始吗?谁要把胜利理解为只是在热烘烘的炕台上睡觉,在丰盛的餐桌边吃黄油、吃甜面包,以为再不会有什么风吹雨淋,谁就失去了革命斗志,谁就不能再奋勇前进、在新的地平线上看到那可爱的小路。

只要我们想一想,狂暴夜雨中去开堰放水的农民赤脚走的泥泞的路,翻崇山逾峻岭去探寻宝藏的路,还有在茫茫夜雾之中,江海急流之上,掌握着方向盘,而探索着前进的航路,我们就将觉得在我们血管里那拓荒者的滚热的血液是怎样跃动着了,更何况我们自己心灵上的路,也还需要巨大的勇敢与智慧去开辟呢?……总之,革命是永不停止的,在我们的地面上,旧社会崩溃了,但新的路上,并不是没有斗争,没有风险;"全世界无产者联合起来"这一行通红发亮的大字在号召着人们,在世界上还有许多腐朽的而又顽固的旧堡垒,有待于我们一一去粉碎。因此我们永远要踏碎荆棘、开荒辟莽,永远要付出血汗,辟路前进。

启明星

像有一阵热浪冲到身上将我推醒,我走出屋外,天将破晓,东面一片红雾迷蒙,再往上看,暗蓝色高空中闪耀着一颗又白又亮的星。

突然,这眼前一切,同我所熟谙的生活之间,产生了一种奇妙的联系。那红雾使我想到正在鏖战的战场,而那颗星却使我陷入更深沉的思索,我的心境庄严肃穆,我从这颗星想起一个人。

是的,我想起一个人。那是解放战争年代,在决定战局的一场战斗之中。也是这样时刻,夜色深沉,天将破晓。我在前线指挥部的掩蔽部里,借着摇晃的烛光,看见一个满面红光、青春洋溢的年轻人。他脸上,十分惹人注目的,有两只黑白分明,明亮而又快活的眼睛。地下室里充满浓重的泥土气息,从出入口那儿,透进露水淋浇过的草的清香。我目不转睛地看着他。他在指挥员面前接受着即将开始的突击任务。但就在那极其严峻的时刻,他的眼瞳还像快乐的火花一样闪亮呢!后来,他们就出去了。

我跟着出来，看他们的背影消失在暗夜之中，不久，就连脚步声也听不见了。我一个人站在露天之下。记得那一夜晚也是这样燠闷，——前面相当远的地方有一点战火闪闪发光……周围那样寂静，一丝风声都没有。我不时看看夜光表的绿荧荧的表针，表的"嗒、嗒"声，应和着心的跳动。

风暴，我预期的风暴时刻到来了。像天崩地裂、宇宙轰鸣，我们所有的大炮猛烈发射了。我感到我脚掌下的大地像奔驰的马背一样颠簸颤动。我从我所在的高地了望着，我知道，下一步，就该我们的步兵发起冲锋了。这时我脑海里边总闪动着那一双黑白分明的眼睛，不知为什么，我总觉得他是冲锋在最前面的一个。他一定在蹚过河流吧？那河水该是非常清凉的吧？……是的，不管怎样，这是千钧一发的时刻，他们必须衔接紧凑，趁炮火一停，敌人还来不及反击，立刻冲上去，打开缺口。我记得那天黎明时真是闷热得不得了，气压甚低，海上的浓雾突然都郁积在这盆地里来了，望上去一片乌黑，就像一堵黑森森的城墙。我听得见掩蔽部里传来的消息，那儿有人守住通前沿的电话，他们报告：

"第一个突击队上去了。"

我观测着，我谛听着，可是一分钟，一分钟，又一分钟……

一种焦灼之感上升着。

怎么？一点动静也没有，难道是在茫茫夜雾中迷失了方向？

雾愈来愈浓愈厚，连炮火燃起的火光都消失在浓雾之中了。

怎么办!?

炮兵不敢再发射，不知我们的人运动到哪里了；派人去查明，可时间又怎么允许呢!?

我心情紧张极了。我从高地俯瞰下去，整个战场就像茫茫一片漆黑的大海。云雾和闷热笼罩着这个世界，简直逼得人透不出气。

突然，我看见有蚕豆粒那么小一粒火光，真是太小了，甚至一转眼珠就看不见了。可是它那样大胆地在那儿闪烁。不错，就是那么一点点火光，它给人带来希望，就像谁从黑暗中举起一盏指路的明灯。事情果然是这样，迷失在迂回辽阔的河流之上的人们，谁也没说什么，就都朝那火光奔去。然后，整个战场上的人，都朝那火光奔去。那真是人心振奋的一刻，我仿佛听到雪崩一般的轰响，我受了它的吸引，也立刻向前奔跑，——人们像怒潮从突破点上冲进敌阵。我一面前进一面寻思：

"是谁在那黑茫茫夜雾下，寻找到炮火轰开的缺口？是谁冒着暴露在敌人火力下的危险举起一个火把？"

我踏过夜路，按着枪声密集的方向，去寻找鏖战中的前哨部队。当我在河流中湿透了衣裤，才第一次感到一丝黎明的凉意，这时，我遇到迎面下来的第一批伤员。他们有的在担架上，有的被人扶持着，但他们都在闹哄哄地谈论着。我就站在激流里，听到他们的谈话：在那大雾弥天的一刻，熊熊燃烧的大火突然熄灭了，突击队摸索着，找不到前进的道路。真是危急的时刻啊！人们都伏在河滩上不动了。……这时，一个同志，镇定地辨别了方向，他一个人迅速地向前爬去，找到了突破口。为了给整个攻击部队送个信号，他就着地下一点火烬，将自己衣衫烧着。为了让后面的人看得清楚，他就不能不在那雨点一样密集的枪弹中高高挺立起来，就是这样，他整个像一个火人一样站立起来了。当然，在战争中，这不需要几分钟，而只要几秒钟就行了。这火光，——就是那像蚕豆粒样大小的火光，——在整个战役中起了人们意想不到的决定作用。伤员们在我身旁杂乱地谈着，蹚得水花哗啦啦泼溅，就走过去了。我心里想："那个同志怎么样呢？"但回头望望，只听见一片潺潺的流水声，早已看不清那些谈论者的形影了。但从刚才的谈话中，还清晰地听到他们讲到那同志的名字。而那个名字是和我记忆中那一双黑白分明、明亮而又快乐的眼睛联系在一起的。是他，——就是他！然而使我惊奇的是他们说连一块碎弹片也没打在他身上。这时间，那一双生命力更加洋溢的眼睛，闪动在我的面前。

前方烟火弥漫，枪声鼎沸，我连忙蹚过河。临上岸，抬起头，就像今天早晨这样，我看见天刚破晓，望过去一片红雾弥漫，再向上看，暗蓝色高空中闪耀着一颗又白又亮的星。……

今天黎明，这样宁静，我从清新的空气中闻到由于露水浇湿而特别浓郁的树脂香。我深深思索着，我发现了：这又白又亮的星不就是那双眼睛吗？……当我这样想着的时候，天就完全放明了。

急　流

今天，我久久地沉思着。……

我自己仿佛回到了闽江边上。不错，四年前我曾经沿着闽江走了一日。头一眼看到江，是在天刚刚亮的时候，使我非常之惊奇的，是那江水的绿，绿得浓极了。时已深秋，但那浓绿，却给人春深如海之感。原来雄伟的山，苍郁的树，苔染的石壁，滴水的竹林，都在江中投下绿油油倒影。事实上是天空和地面整个绿成一片，就连我自己也在那闪闪绿色之中了，这真是："醉人的绿呀！"不过马上使我从那一团浓绿中惊醒的，却是闽江的险峻的急流。你看它碧绿盈盈，但仔细看时，倒真吸了一口冷气。江流迂回于悬岩峭壁之间，突然，像风一样激荡着滚滚波涛，向前冲击而去……尤其惊心动魄的，是江心无数礁石，森然林立，每一波澜都聚集在那儿，万马奔腾般喧嚣起来。看上去，那江水和礁石，那礁石也和江水，正在拼命地搏斗。它们喷射起高高的浪花，如雪如雾，浪花尽管在空中跳荡回旋，而那江水，还是那样浓绿的江水，却像疾风骤雨横扫着那险滩，奔流而下了。这江流有那样一种气概，无论什么礁石，无论什么险滩，总之，无论什么艰难险阻，它都十分藐视它们，而只管汹涌直前。江流之速真是间不容发，你一错眼珠，它已经风掣电闪般远了去了。这时我早已忘却去欣赏那浓绿，虽然那湿润的绿、鲜明的绿，愈加可爱了。问题是那江流吸引了我。恰好在这时，我看见一只顺流而下的木船。这种船恐怕也是特别适宜通过闽江急流的船，——它又尖，又窄，又薄，看上去就如同一片窄窄的木片。但就这窄窄的木片，出没于峻涛骇浪间，一下埋入波涛之中，一下浮升波涛之上，如若说那急流像风，那么这船真是风中之箭了……你注视着它，那实在是惊险万分呢！面前是嵯峨的礁石，是沸腾的漩涡，水急、浪急、风急，而在这一切力量冲激沸荡之间，只要稍为有半点差错，那船和船上的人就都要撞得粉碎，无影无踪。可是，你看，那船不就那样笔直地朝那黑森森的乱石冲去了吗。眼看浪花已在礁石上飞溅，而这时那船上的人，镇定、勇敢，毫不迟疑地顺着急流划去。就在一瞬之间，小船紧紧擦着礁石一转飞过去了，而后它又在波澜壮阔的江水中悠然前进了。

那时我目不转睛地盯着那只船，我却深深想到：在那转瞬之间，是急流勇进还是急流勇退呢？

闽江上的英雄水手告诉我们：在那转瞬之间，只能勇进，凭着人的力量，借着水的力量勇进。在这紧急关头，只要你稍微一怯弱、一动摇，那船便会冲到尖利的石岩上去。那时那险峻的急流，那激烈的浪涛，“哗……”的一声响，就像嘲笑你一样，一刻不停，旋卷而去。而后面更险峻更激烈的江流，紧跟着又汹涌而来，澎湃而至，然后又立刻旋卷过去了。

今天，当我静静地望着深远的夜空和灿烂的星群时，我理解到：那江流上有一条平安的道路，这道路是属于勇士的。勇士乘那奔腾澎湃之势，追风逐电，翱翔自如，转瞬千里；而懦夫还没有进入急流，早已为那煊赫的声势所威慑，丢魂丧胆，低头退却，而结果他只能使自己和自己所驾驶的船只一道被击沉撞碎。

在战争中我两渡天险急流。

一次是在黄河之上。当黄河从上游冲击而来，风声水声，真是“黄河之水天上来”呀！我们乘一方形巨舟，先顺岸边向上拽，拽到一定程度，解缆而下，那速度实在惊人，刚刚觉得波涛翻滚，倏然之间，已抵彼岸。

一次是在长江之上。也是只见黑色巨浪一阵掀腾，雪白浪花一阵飞溅，向前看，向后看，到处是风帆，风急帆峭，却都像凝然不动。谁料想眼睛一眨，我们已渡过江涛高处，竟没来得及体会一下天险的滋味，上了岸回头看看，还有些怅惘呢！

只有在闽江这一次，它绿得发浓，流得飞快，我却从这急流得到了勇气。今天，那浓而且亮的江色似乎又闪动在我的眼前，是急流勇进，还是急流勇退？是知难而进，还是知难而退？生活在革命斗争浪涛中的人，应当做乘长风破万里浪的能手，因为急流是永远不息前进的。

今天，我久久地沉思着。……

巍巍太行山

一九三九年春天，我从延安到太行山。山中绿阴扑面，万花飘香。当时，欧洲上空火药气味愈来愈浓；在我国华北战场，日寇的“扫荡”和我们的反“扫荡”频繁交替地进行，整个世界上，战争风暴一天紧似一天。没有多久，日本侵略军就向晋东南发动了一次大“扫荡”。我随同八路军总司令部，向峻峭的高峰和茂密的森林辗转行军。开始风和日暖，忽而大雨滂沱，山山岭岭都隐藏在黑灰色浓云密雾之中。漳河水猛烈暴涨，有如万马奔腾，挡住前进道路，后面逼上来的敌军隆隆炮声愈来愈近，形势万分紧急。一天下午，朱德总司令站在高高陡岸之上，漳河水在他面前像风雷怒吼。当时，从阴霾的西天上露出一线斜阳，正照在朱总司令的身上。他了望着，指点着，决定着作战行动。他那样从容镇定，给人一种泰山崩于前而不变色之感。第二天，云散日出，水位下降了些。队伍强渡漳河，在这里同滔天的浊浪展开搏斗。当我们渡河登岸，就看见总司令笑容满面站在那里，向每个人招手。漳河突破了，敌人合击扑了空。我们在总司令的领导下，迂回于绿森森的悬崖陡壁之间，攀缘而上太行绝顶极峰。总司令有时走到山顶上，大家望着他的背影，受到莫大的鼓舞。就这样，我们到达太行山高峰上砖壁和烟里两个小村庄住下来。

在太行山顶上，朱总司令的住处是一间农民的小屋。在土炕上搭一块门板，床头摆一条炕桌，他借着窗口幽暗的光线，批文件、读书，马列主义的书总是摆在桌上。

朱总司令追求真理,孜孜不倦。从辛亥革命起,中国革命屡受挫折,总司令亲历了几十年的风风雨雨。当十月革命一声炮响,把马列主义送到东方,他就决然抛弃了过去的生涯,走向锲而不舍探索真理的途程。他远涉重洋到了德国,在柏林,由周恩来同志介绍加入中国共产党。从此,他为实现共产主义而奋斗终生,从未停止对真理的进一步追求。在太行山,总司令拿一只小板凳,和大家一道坐在一个梨园中,听讲辩证唯物主义和历史唯物主义的课程。他是一个优异的马克思主义宣传家。一位参加过井冈山斗争的同志说过:"从前我们不懂什么辩证法,当时,总司令就到处讲;开个会呀,请他来讲,他就来。他一天经常出现在连队里,开党的小组会,他也来,会上向他提出许多问题,他就讲。"在太行山,总司令有一次说:"对马列主义,初次接触就如同迷信一样,宣传起来,比现在还热烈,懂得不多,就同人争论。"另一次他又说:"我们的工作人员一讲都在一堆,那些话印到他们脑海中,再去传播。这一套,直到现在都是好的。可是我感觉到现在人都不那样爱讲了,好像大家都懂得了,不知道是环境不同了,还是怎么一回事情!"我们的总司令正是从思想上觉悟而献身革命,成为一个大无畏的伟大的无产阶级革命家的。

朱总司令在太行山写的一首诗中有这样两句:"北华恢复赖群雄,猛士如云唱大风。"但这样的大好革命形势,是经过艰苦卓绝、甚至危机万分的战斗得来的。这里摘录总司令讲过的开始创建工农红军的一次战斗:井冈山时期,有一次,毛主席和朱总司令各带一部工农红军在乌径会合。天快黑了,总司令到队伍里讲了话,又开了会,就在酣睡的战士身旁睡下。夜深了,只有高空的群星照着他们,四周一片寂静,但听见一片鼾声。谁知白匪的追击部队出现了,准备发动进攻。村里的地下党员赶紧送来报告。于是一个紧急命令,一个叫一个,一个拉一个,肃静无声地一下脱出险境。总司令谈起这事,微笑着说:"这一次红军

1961年作者与巴金在日本亚非作家会议东京紧急会议开幕式上

1964年作者（右七）陪同毛泽东、刘少奇、周恩来会见外国作家

非常危险，如果那块儿没有地下党组织，那一下就被敌人消灭了，党是红军的血脉呀！"但白军还是紧紧尾随不放，红军每天一百里、甚至一百多里地奔走着。很多战士的两脚走肿、发乌，这样到了大柏地。毛主席、朱总司令考虑到必须给追击的敌军一个歼灭性打击，才能扭转战局，大柏地在两座大山中间，正是打仗的好地方。部队埋伏在两面山上树丛中，可是夜间敌人没来，拂晓时枪响了。那是一场激烈的生死搏斗。一个报告从火线上送来："子弹打光了，敌人又在增援！"这是胜败关键时刻，朱总司令屹立不动、坚毅如钢，他命令："子弹光了，等敌人靠拢来，拿刺刀杀！"下完命令，总司令就亲身跑上火线，从这一端走到那一端，一路走一路讲："同志们！一定打！没有子弹，拿枪托砸，用拳头打，谁也不准退，死也死在这里！"整个部队像一个人一样跳跃起来，用枪托砸败了敌人，把敌人消灭在大柏地，由危局变成胜局，大柏地遍地是枪枝弹药。这时全部红军接受一项新命令：背枪！朱总司令两个肩膀上背了好几枝，一路走一路磕碰着响。毛主席《菩萨蛮》一词写道："当年鏖战急，弹洞前村壁。装点此关山，今朝更好看。"就是第二次再到大柏地时回忆上述这场战斗而写的。朱总司令一九三九年在太行山讲述它是有深远意义的。因为毛主席在井冈山指出"星星之火，可以燎原"，而这时，八路军已经威武雄壮、声震遐迩。可是不论我们如何强大，一定不能忘记我们胜利来之不易，谁要忘记这艰苦的传统，那就意味着背叛。

就拿晋东南抗日根据地的开辟来说，也是经历了一番艰难险阻的。一九三八年，春节后不久，日寇进攻临汾。朱总司令率领部队向晋东南转移，在这里他遇到抗日战争中一次重大危险。在前进途中，突然与一股日寇遭遇，他们是从东面进攻临汾的一路。这时，朱总司令身边只有两个警卫连。兵力悬殊，避而不战，可免危险；但如阻止敌人，可使临汾的军需品从容转移，可使背后的友军从容撤退。总司令以大局为重，不顾个人安危，决定以两个警卫连应战。二月二十五日上午八时，与敌人一个旅团进入战斗，狙击一天；次日，除了总司令部的守卫和通讯员，一律都投入火线参战。日寇侦察到只是朱总司令和仅有的警卫部队，于是派遣十几架飞机，想一举炸平总司令所在的古县镇。可是日军指挥官从地图上错找到另一个沁县以东叫作古县的地方，把那里炸成一片火海。总司令却在安泽县附近的古县镇坦然自若地指挥战斗，以极少兵力阻止强大敌军四五天之久。这期间，外界完全失去了朱总司令的消息，国内国外很多人焦急地向武汉八路军办事处和《新华日报》社纷纷探询：

"朱德将军有无危险？"

总司令稳如泰山，指挥若定，牵制敌人到第三天，才离开大路，继续从侧翼攻击敌人。这两连部队，又争取了一天时间，这时由后面上来两个新兵连，没有枪枝弹药，每人只有两个手榴弹。但是总司令充分运用、充分发挥这两个新兵连的作用，取得决定性的胜利。敌人几十辆卡车冲到面前了，新兵连的手榴弹一齐投向卡车，轰然一声，火光冲天，在这最后一击下，炸死炸伤无数敌人，拿他们的枪枝弹药武装了两个新兵连。估计临汾撤退已毕，总司令才脱离战斗，安然向太行山前进。这一场战斗充分说明总司令大无畏的精神，也说明他高度军事指挥的艺术。接着而来的是粉碎了日寇的九路围攻，从危局中创建了凭据高耸云霄的太行山的晋东南这一坚强的敌后抗日根据地。

抗日的烽火燃烧在太行山上，燃烧在整个中国大地上。总司令部紧张繁忙，有条不紊，日夜工作。电报从黄河两岸，大江南北，像雪片般纷至沓来。朱总司令每天吃过早饭就到作战科去，他坐下来，慢慢戴上老花眼镜，拿着一支钢笔，平心静气地批阅电报。作战科里非常肃静，总司令全神贯注，一动不动。有人来找，他也要把电报看完，再来谈话。总司令胸怀广阔，他的心

时刻和整个中国辽阔无垠的战线上的每一个战士联结在一起。在太行山他写了一首诗,正说明他的伟大无产阶级革命胸襟:

伫马太行侧,十月雪飞白。
战士仍衣单,夜夜杀倭贼。

那些日子,我们吃的是黑豆野菜,喝的是老乡土窖里积蓄的雨水。总司令在艰苦之中更显现出乐观主义精神。一个跟随总司令长征的年轻同志说过:"过草地最困难的一天,我实在支持不了,流了眼泪。总司令立刻跟我谈话,说:你有点悲观失望!一个人要克服困难,就要在困难中想办法,……哭就表示悲观失望。——革命的人只流血,不流泪,要克服困难,不要向困难低头!"这个同志说:总司令就这样用革命道理教育我们,这些话帮助我从困难中看到光明。总司令乐于也善于接近群众,每天下午他总是到各部门、各单位走走、看看、谈谈。吃过晚饭,他走到篮球场边,如果场上人已经满了,他就等在旁边,等打倦了的人下来,他再补充上去。在球场上,他并不是随便活动活动,而是一个认真的运动员,打得激烈时,他也和一般球员一样,为了一个球的差误而争论着,他常常一直打到黄昏。他也常常和大家一道讨论问题。有一天,司令部人员坐在松林下草地上,开始讨论战斗条例中"迂回和歼灭"一节。朱总司令坐在人群中间。他可不是一开头就讲演的人,他一声不响,眼光从眼镜上边注视着发言的人,仔细倾听着。他是和大家一道受教育。大家无拘无束,辩论得很热烈,意见也有分歧,有的讲话很漂亮,有的还相当调皮。朱总司令发言是慢慢的,却是一针见血的,指出哪些方法不是辩证唯物主义的,哪些方法是辩证唯物主义的,于是混乱的讨论一下子就澄清了。

日寇大"扫荡"彻底崩溃了。秋天,总司令部迁移到王家峪一条幽静的山沟。这儿有密密的松林和参天的白杨,还有静静的溪流。在这个地方，总司令花了不少时间，跟我谈他自己的一生经历，也就是一部红军史。留给我最突出的印象，是谈话中流露着总司令对毛主席深厚的情谊、无比的崇敬。每当讲到毛主席时，他总是停一停，虔诚地沉思着。他那饱经战争风霜的脸上泛出那样动人的笑容。朱总司令和毛主席在井冈山会师，这是总司令革命生活中辉煌的一页。朱总司令曾经讲过：在和毛主席第一次会面的庄严时刻，他就感到毛主席精神的崇高和思想的伟大。是的，朱总司令是毛主席亲密的战友，他们的战斗，开辟了中国无产阶级革命艰巨而伟大的道路，通过这条道路，创立了红色的社会主义新中国。他确确实实以自己一生的战斗经历直至生命的最后一息，无限忠于党、忠于马克思列宁主义。

令人永远不能忘记的，是总司令的那间小屋。王家峪有不少明堂瓦舍，都让给机关人员办公，总司令找了一间小屋住下。屋里摆着老乡的腌菜的缸，盛粮的囤，装碗盏的柜橱。他不允许人们挪动它们。只在老乡贴的红红绿绿的年画旁，挂满军用地图，这就成为这小屋的惟一的装饰品了。

一九三九年总司令诞辰时，在太行山上没有举行什么庆祝活动，却有无数同志、战友、干部、战士纷纷写信给他，表达对他的衷心的祝贺和敬爱。下面是总司令一位战友的信：

“我记得：在离开我家一百多里地的地方，第一次看见你，使我觉得你——红军总司令——是一个极平凡的人，平凡得像一般的农民一样，当时我很奇怪，其实那正是你伟大的特征。

“我记得：井冈山红军下山时，你同士兵一样的生活、行动、吃饭、宿营，人们常常说：‘苦是苦，毛委员、朱军长和我们一样，还有什么话说！’军队一住下，你便和农民谈话，帮他们做些平常的事情，这更影响了全军都爱护老百姓。

“我和你相处多年，我觉得你无时不以国家、革命为重，凡事不顾自己的利害，人们不能忍受的事你能忍受，人们所不能干的事你去开辟。我又觉得在每次与敌人的作战中,事先你周密精细的计划,战斗开始以后,你却镇静地把握整个战局,争取最后胜利。就是战争暂时受挫折,你也和平日一样地告诉我们:同志们!要相信我们的前途是光明的。"

朱总司令写信回答了致信的同志们,这是其中一段:

"你们不必庆祝我,我要庆祝你们。我的一生革命中,从封建、半封建、帝国主义压迫三层黑暗的社会里斗争到现在,才算摸到了一条道路。遇到推翻君主专制,有些人认为目的达到便心满意足了,但我认为革命方开始。以后又打倒了一部分军阀,一些人又满足去作革命成功的官了,但我还得前进。愈革命愈觉得要革命。起初我们人数不多,团结不坚固,又没正确的革命理论作指导,只凭着满腔热血、正义。现在抗战建国,要做的事情不是单独几个人在摸索了,而是成群成行的人,有领导,有组织,只要永远地把握着革命的方向前进,就可以造成伟大的事业。我要告诉你们的,就是无间断地,时时刻刻地和你自己脑子里非革命的自私的意识思想作斗争。"

从一九三九年到现在,已经过去三十八年了。朱总司令的忠诚和蔼、大公无私、胸襟开阔、意志坚强的伟大形象,总是历历如在目前。去年七月六日,一个噩耗震惊亿万人民心灵,我们敬爱的朱总司令遽然和我们永别了!"四人帮"这批鬼魅,在朱总司令一生革命功勋的伟大丰碑面前吓得发抖。他们拼命封锁限制,使得多少人想最后向总司令遗体告别,洒一掬热泪,都不可能。但这一点也不能损害总司令的伟大,总司令是从中国劳苦人民深处生长起来的,他身上充满革命的浩然正气。"四人帮"妄想只手遮天,是绝对办不到的,任何势力也阻止不了广大人民无比的热爱与无限的崇敬、万分的悲哀与巨大的沉痛。一个黎明,我抬起头来,向远方遥望。我想到朱总司令,立刻想到太行山。还是一九三九年在太行极巅那些日子里,有一次我站在一处悬崖之上，向下看去，夕阳将千山万岭照得一片通红。鹰飞得是很高的，往常看鹰总是仰看，这一次我却不得不俯视了，一只雄鹰在我脚下面矫健地盘旋。这是多么辽阔、雄壮、气象宏伟、万仞摩天的太行山啊！在这一刻，我深深觉得，我们敬爱的朱总司令正如太行山一样高大，深厚，刚强，稳重。万山逶迤驰奔马，高天坦荡走飞云，朱总司令永远永远像巍巍太行山耸立在我们面前！

昆仑山的太阳

黄河之水天上来

细雨濛濛的秋天,我从北京乘飞机到兰州,机上即兴吟诗一首:“十年未可乘长风,一羽凌霄上碧空,拂去云烟十万里,来看黄河落日红。”

不过,说实在话,兰州的黄河令我失望。黄河在我记忆中永远是奔腾呼啸的激流啊!第一次给我的印象特别深,那是四十年前了,我从风陵渡口眺望黄河,滚滚狂涛冲着巨大冰排,天崩地裂,万雷轰鸣,一泄而下,那是何等惊心动魄的气概呀!兰州的黄河未免太安逸平静了。

到兰州后,一连落了几日雨。一个下午,我静静地望着窗口,窗中间巍然耸立着碧森森的皋兰山,这整个窗口就像给烟雨淋得湿濛濛绿茫茫的一幅画,一阵惊喜微颤过心头,这是一幅多么美妙的东山魁夷的画呀!的确,生活有如迂回曲折的画廊,一下是幽深的峡谷,一下是开阔的原野,谁知当我埋怨兰州的黄河平淡无奇的时候,就在兰州,黄河向我显示了雄伟壮观的景象,这就是刘家峡。

雨霁初晴,西北高原阳光格外灿烂。也许是延安生活在我心中的再现,我总觉得空中响着牧羊人的嘹亮歌声。汽车时而在碎石如斗的山谷之中,时而在辽阔的高原之上。远望刘家峡,层峦叠翠、静谧安详，谁料当汽车转折而下驶到刘家峡电站大坝下，突然冲入淋漓大雨之中，我非常惊讶，天上晴空万里，哪儿来的暴雨狂风呢？我下车转身一看，怔住了，我看到的是什么!?如乌云乱卷，如怒火，如狂飙。这些乌云先是从下面向上喷射，喷到半空，又跌落下来，化成茫茫银雾，这一卷卷云雾，给阳光照得闪亮，又飞上高空，乌云白雾，上下翻腾，再向上，如浓墨，如淡墨，直耸高空，像原子弹爆炸的蘑菇云，亭亭而上，巍然不动，这场景真有点惊人。原来接连落了几天雨，水位陡增，水电站提起溢洪道一扇闸门，刚才所见，就是黄河之水从溢洪道口喷射而出的情景。我再举首仰望，只见巉岩壁立，万仞摩天，峡谷之内，烟雾缭绕，浪花飞溅，发出千万惊雷翻滚沸腾的轰鸣。我到坝顶俯视，才看清黄河有如无数巨龙扭在一起飞旋而下，在窄窄两山之间，它咆哮，它奔腾，冲起的雪白浪头竟比岸上的山头还高，是激流，是浓雾，旋卷在一起，浩浩荡荡，汹涌澎湃，远去，运去，再远去，整个黄河都为白烟银雾所笼罩。

我却没有料到，我真正一览黄河雄伟神姿，却是在从乌鲁木齐飞回北京的飞机上。地面一片飞云骤雨，升上高空，忽然一道灿烂阳光透过舷窗射在我脸上，急忙向下看，云雾里巍然耸立着雪峰，雪峰白得像冰霜塑出的，像是那里刚刚落过一阵大雪，雪峰高低不一，层次分明，这是何等雄伟的冰雪的海洋啊！

飞机继续上升，下面出现了莽莽云流，向后飞速驶去，望眼所及之处，有一道整整齐齐的白云线，云线上悬着一条蓝天。飞机再上升，下面完全是旋卷沸腾的云海怒涛了。

又过了一段时间，云海忽然逝去，下面展现出一望无际的深褐色大地，阳光从上面像千万道聚光灯照亮了大地。一种出乎意外的梦幻一般的奇景突然出现，实在惊人，我想一个人一生一世也许只有这样一次吧！我们所生存的地球向你一露神奇的风采。在这茫茫大地之上有一条蜿蜒盘旋的长带。这个长带有的段落是深黑色的,有的段落是银白闪光的。开始我茫然不知这是什么!仔细看时,才知道这是黄河。这苍莽无垠无际的母亲大地啊,是它的乳汁,从西北高原深深地层中喷涌出这一道哺育着千秋万代、子子孙孙的河流,它纵横奔驰,滂沱摇泄,呼啸苍天,排挞岩谷,这条莽荡的黄河,一下分散作无数条细流,如万千缨络闪烁飘拂,一下又汇为巨流,如利剑插过深山,势如长风一拂、万弩齐发。多么辽阔无垠的西北高原啊,高原上空,无数美丽的发亮的银白色云团,飘忽闪烁,如白玫瑰花随风飘浮。我发现,云影遮罩着的地段,黄河是深黑色的,阳光直射的地段,黄河就闪着银光。这广大的高原的奇景,使我惊讶得无法形容,如科学发现了宇宙的无穷,如思想探索到人生的奥秘,如艺术施展出富有的、奔驰的幻想的巨大魅力。这时那一曲牧羊人的歌声又嘹亮地响起,不过,这一次它不是在空中,是从我心中飞出,飞下长天,飞下黄河,在随惊涛骇浪而飞扬,而回荡。

祁 连 雪

欧洲中部蜿蜒着阿尔卑斯山脉,它那终年积雪的白峰,给欧洲增添了多么动人的姿色呀。我曾隔着一个碧绿的小湖眺望阿尔卑斯山,真不能不为那迷离梦幻的景象所迷醉。可是,我看到比阿尔卑斯更美丽、更雄伟的雪山,却是在我国西北,从祁连山联接天山,雪岭冰峰,绵亘千里。

由兰州搭机西飞,有幸与关山月、黎雄才两位画家结伴。飞上空中,关山月一看舷窗外雨雾弥漫,大失所望,说:

"可惜,看不见祁连山了!"

人们说祁连山顶上开放着雪莲,赋予这祁连山以无限诗意,就更引起我一览祁连山的渴望。

登嘉峪关,却只见一派黄沙漫漫,天是黄的,地是黄的,未能一识祁连山面目，倒使我想起范仲淹词句："塞下秋来风景异，衡阳雁去无留意……千嶂里，长烟落日孤城闭。"谁料第二天，倒是一派清明天气。当我乘车赴红柳沟，即昨日从嘉峪关头，遥望中所见的那片黑蒙蒙山峪中的一条峡谷。祁连山千峰万岭突然展现在我的左方，一层云雾被朝阳照成玫瑰红色，再往上，就是银白的雪峰。中午从红柳沟折回，此时云消雾逝，祁连山一座座山似雪、雪似银，闪闪发光，像是明眸皓齿嫣然微笑。祁连雪既已闪现，在酒泉这一日夜，我一直没离开祁连雪。

下午五时，我乘车来到数十里外的戈壁滩上，这儿一片辽阔，视线无阻，可见祁连山全景。黑色的戈壁滩衬托着白色的雪峰，格外分明。此时日光从西方射来，正好使我领略了祁连山的另一侧面。在这柔和光线下，雪却更加清晰，每一山峰上层层峦岭，道道峡谷，像雕刻出的缕缕冰纹，交相映错，而群山却是雪的锋、冰的剑，森然罗列，浩渺相联。

我立在千古苍莽、万籁无声的戈壁滩上，极目驰思，仿佛听到古代行旅的驼铃悠悠微响……

这天刚好是中秋节前夕，碧海青天，一轮明月。月光下祁连山会不会别有一番景色呢？我怕这个盼头也许落空，故而埋在心里没跟谁说。深夜二时披衣外出，夜是那样幽静，月是那样皎洁，我走到一片开阔之处，啊，祁连雪峰竟如此之美！山上冰雪褶皱十分清晰而又十分朦胧，夜色如同遮了一层细纱，祁连山静得像个睡美人。本来西北高原之夜就使人有伸手摩天之感，而这一片月夜冰峰，真令人联想到"琼楼玉宇，高处不胜寒"。我深为看到平生难得一见的景象而心满意足，回到床上便酣然入睡，准备一早登程离去。哪里料到生活中竟有这样异峰突起的事，清晨起来，我无意间向祁连山方向一瞥，祁连山显现的绝景实在是"叹观止矣"！太阳刚从东面地平线上射出第一线光明，莽莽平畴还沉在灰暗之中，而突露高空的祁连雪峰却照得一片鲜红，特别是峰巅，有如红玛瑙熠熠闪光，向下降是紫红色，再向下降则是深黑色的，这些色彩，缤纷交错，构成一幅艳丽的画图。我屏息静气、目不旁瞬。不久，东方天空浮出一片红霞，刚才所见的一切倏然消失，群山变得雪白，像是洁白晶莹的雪花石雕塑而成，从这白的峰岭上缓缓地、轻轻地飘浮过一种柔和的淡红色。

这时，我想起昨天人们指着祁连山告诉我的话：当年中国红军曾在这里鏖战，有一部分部队进入祁连山，忍饥受冻，流血牺牲，活下来的一批战斗者，由一位卓越的领导人带着，历尽艰辛，穿过峡谷，突围而出。这样一想，我记起昨天下午从戈壁滩上捡到的一块石片，它赤红如血，它，也许是那些先行者在这又荒凉又美丽之地洒下的鲜血所凝成的吧？

敦煌秋日

在大戈壁滩上驶行一日，迎着灼热的太阳、灼热的空气、灼热的风，遥望远处常常有一片晶光闪亮的湖泊，到跟前一看却依然是黄褐的沙砾。敦煌住所门前有一架葡萄碧绿森森，一下扫去身上脸上的炎尘热气。

次日上午和关山月、黎雄才两位同游月牙泉。这儿四周全是沙山，每座沙山像一座埃及金字塔，阳光从山的尖顶起照出阴阳两面，黑白分明，风吹得山的棱线像刀裁的一样齐崭而又弯转曲折，构成一幅沙漠图案。据说山上流沙，飒飒作响，入夜声传达敦煌城内，有如丝弦鸣奏，故最高一山名鸣沙山。山那面就是敦煌洞窟，山这面群峰环抱着一个碧绿的小湖，形似一钩弯月，泉水不断向水面浮出泡沫，水清澈底，一群群小鱼在人影一晃时便飞速翔入墨蓝水藻。在净琉璃般湖面上，映着黄沙山的倒影，真是幽美。站在这里环顾一切，不能不惊叹造化的无穷魔力。我们一步一陷踏着流沙，爬上一个沙山岭角坐下来。

人们说此地古名渥洼池。人们还说汉武帝至此，见沙岭之巅有野马飞驰而去，乃有“天马行空”之说。《汉书》云：“马生渥洼水中。”汉《天马之歌》云：“天马来，从西极。”我不知这些典故传说是否属实，但它给这沙漠长空增添了缥缈神奇的色彩。

几十年没领略过西北高原秋日之美了，天高云淡，清气爽人，早晚阴凉，晌午却还笼罩着一股热流。我们下午访问，不，应该说是朝拜了敦煌莫高窟。我虽然是个无神论者，但是对这人类艺术宝库，实不能不令人浮起一种虔诚之感。当我徘徊于彩绘斑斓，雕塑明丽的洞窟之中，就恍如进入神话天堂。在一个洞窟中，我环顾窟壁和穹顶，画满千千万万的小飞天，你愈看愈活，一个个千姿万态、凌空飞翔。一刹那间，你自己也仿佛两腋生风，随飞天而飘舞；在另一洞窟，我为一尊泥塑所吸引，那慈祥的眼神、智慧的微笑，特别是那圆润的臂和柔美的手，你感到有生命、有血脉，手指就像在微动，我应该说我的整个心灵为这艺术的奇妙所迷醉。这一夜，梦寐中仿佛听到飞天飘舞的微声，看到雕像温柔的微笑。第二天上午，我们又奔赴莫高窟，攀缘于回廊复道之中，留连于岩窟洞天之内。洞窟的每一角落都充满彩绘，真是珠玑满目、金碧辉煌，特别是以青绿山水糅合精致线条，构成繁复绚烂的画图。在这雕塑林立的地方，有多少无名的米开朗琪罗啊，如果说梅迭契墓上的“日”与“夜”表现了西方气质，那么，敦煌的雕塑则展示了东方的风度，但共同之处是创造者赋予艺术以生命。

古敦煌为丝绸之路上的繁华城市，被称为“华戎所支一都会”，“日市数合”，意思是这个中外驰名的热闹都市，贸易集市一天分晨、子、午三次。这里又是一个咽喉要道，从此出玉门入新疆，经于阗为丝绸南路，经楼兰为丝绸北路，漫漫长途直通伊朗，将丝绸输往欧洲。唐安史之乱，与长安隔绝。西藏小吏张议潮，团结汉人，以敦煌为中心，督河西走廊一带，成为一个富强独立的国家。一个洞窟内有巨幅壁画就是张议潮出行图，旗飘飘，马萧萧，甚为壮观。感谢画家常书鸿，他为了保护开拓这一祖国艺术宝藏，在荒芜祁连山下度过四十几个秋冬，到现在他每晚还是点着煤油灯工作，我说他是玄奘一样的大师，经他们发掘、修缮，敦煌现在修复一千多个洞窟，成为世界上最宏大的美术展览馆，据说把这些壁画接为一线长达二十五公里，它有如满天红霞照亮了整个世界。这两天我从北魏、隋、唐、五代、宋、元相叠观赏下来，回到敦煌城中住所，站在庭中，仿佛遥遥听到古代市集喧哗和鸣沙山流沙的微响。我对敦煌实在有无限惜别之感！

离敦煌前夕，书鸿来旅处话别，我们一九五〇年同访印度，垂垂近三十年了！他赠我敦煌壁画摹本珍品，上面写了一段跋语：

“二十八年前与白羽同志同游天竺时曾约西出阳关共赏敦煌宝藏今如愿以偿欢喜赞叹用以敦煌第一百二十窟摹本相赠敬请指正一九七八年中秋后一日。”

阳关西去

我没准备走访阳关。傍晚，关山月、黎雄才两位归来，盛赞阳关之美，黎雄才还送我一块灰色瓦片，我想这也许是古陶残片吧？这一切吸引了我，第二天一清早就驱车直访阳关了。

幼年每背诵王摩诘“劝君更尽一杯酒，西出阳关无故人”辄感苍凉，谁想今天我却得一睹阳关，千百年历史早已风吹云散了，又怎知今日阳关是何等面貌？我的心底波澜随着车的飞速而动荡。不料我却停车于森林之中。几天来戈壁荒漠，骄阳灼日，这碧云天、芳草地，就像一副清凉饮料沁人心脾。我向路边黑板报一看，才知这是南湖公社。板报上写着一首诗，这无名诗人却像和王摩诘挑战：“左手提起太行头，右手牵着王屋走，高山见我忙让路，河水跟我脚东流，昔日愚公能移山，今日愚公绣地球。”原来正是这种志气在这荒凉沙漠之上营造出这一道绿色长城。

公社一位同志知我们迷了路，便欣然跳上车来。随着他的指引，我们穿过森林，眼前一下豁然明亮，淡黄色沙漠一直拉向天边。这里没有路，当然，也到处是路。几辆车在广阔的沙地上，分头向一个高高沙丘驶去，这沙丘名叫墩墩山。山顶上有座残破古老的烽火墩，“白日登山望烽火，黄昏饮马傍交河”的诗句立刻浮上我的心头。

我立在烽火墩前，看到烽火墩从颓败的黄土断层中，露出古色斑斓的大段风化了的砖壁，我如同立在埃及的人面狮身像、印度的塔姬玛哈陵、中国的长城之前，两鬓似乎吹拂着冷冷的天风。那些咏诗的人只留下一二诗句，而被吟咏的烽火台却经历了人海横流、沧桑千古，像历史老人一样，在他面前你不能不肃然起敬。

我在同伴的扶掖下奋力登上烽火墩，半路上就拾到一块古陶残片，器里是朱红色的，外皮是暗绿色的，有几条波状棱线。公社陪人随手又拾了一样东西给我说：“汉砖。”这汉砖断块，色泽黑润，质坚而轻，与不久在古于阗遗址所见的砖饰相同。我登上烽火台，极目一望，真是美得惊人。此刻，明亮的阳光照在大漠之上，这里沙漠十分奇特，染出各种颜色：这边一片碧绿荧然，那边一片赤如鸡血，另外一边白得像洒了一层白霜，像有一位神奇的画手，作出非人想象所能及的描绘，使沙漠闪现出色彩、光焰与诗意。公社那位同志见我非常珍爱那两件古器，他向渺渺茫茫沙漠前方一指说：“那儿有一道川，人叫古董川，遍地都是古物……”仿佛走过一道山又是一道山，他的话，把我引向又一可望而不可及的去处。遥远遥远的沙漠天际，蒙蒙云雾之中，又看见闪着雪光的祁连山。面前一条山脉为当金山，当金山下一道灰茫茫大川，据说古阳关就在那个地方。我车转身眺望，只见一片苍茫绿海，这就是我们来时穿过的林带，林荫深处流水淙淙，有如瑟瑟秋风，唱出一折阳关新曲。

这天夜晚，我离开敦煌。大戈壁上车驶如飞，到柳园已近午夜，凌晨二时登上去乌鲁木齐的列车。阳关印象有如一支优美的小夜曲悠扬于我的思绪之中。醒来早已进入新疆，为时九月下旬，穿过吐鲁番"火焰山"，整个车厢还炙得火热熏人。出了吐鲁番盆地，近午反而一片清凉。窗玻璃上闪过雪白的影子，走到窗前一望，又是雪山，不过已不是祁连山而是天山了，一股喜悦的激情涌上心头，吟诗一首：

晴沙昨日访阳关，一夜轻车出玉门，
才别祁连山上雪，又看天山雪似银。

天池

古人云："人在画图中，"我到天池就有这种感觉，仿佛自己落入深蓝色湖面倒印着雪白冰峰的清澈、明丽的幻影之中了。这一天之内，我觉得风是蓝的、阳光是蓝的，连我这个人也都为清冷的蓝色所渗透了。

早晨，从公路转入崎岖山谷、盘旋上山。山上林木变化，分为三段：山下开阔河床中，冲激着冰凌般潺潺急流，在这里，老榆成林，一株株形状古怪，如苏东坡所说："如猛兽奇鬼，森然欲搏人；"到山腰却是密密层层的杨、柳、枫、槐，秋霜微染，枝头万叶如红或黄的透明琉璃片，在阳光中闪烁摇曳，在这里，天山雪水汇为悬空而落的飞泉，在森然壁立的峡谷中一片涛声滚滚；到了山顶则是一望无际的墨绿色挺立的云杉，植物适应着温度高低而变化，可见其山势之陡峻了。

我走到山坡别墅，在洒满阳光的阳台上坐下来，我的面前这时展开整个天池，这不像自然景色，而是一幅油画。你看，这广阔的湖面，为满山云杉映成一片深蓝，这深蓝湖面之上，又印上雪白的群山倒影。这时我才恍然我并未到山之极峰。你看，天池那面，还有层层叠叠更高的白峰，人们告诉我最高一山，名叫博格达峰。这天池，显然是更高更高天山的雪水在这里汇集成湖。偶然一阵微风从空拂拂而来，吹皱一湖秋水，那粼粼波纹，催动蓝的、白的树影山影，都微微颤动起来。同游的人们都欢欢喜喜奔向天池边去了，我倒希望一个人留在这阳光明亮的阳台上，沉醉于湖光山色之中，让我静静地、细细地欣赏这幽美的风景。在我记忆里面，这天池景色，也许可与瑞士的湖山媲美，但当我沉静深思着，把我自己完全融合在这山与水之中，我觉得天池别有她自己的风度，湛蓝的湖水、雪白的群峰、密立的杉林，都显示着深沉、高雅、端庄、幽静。的确，天池是非常之美的。但，奇怪的是这里并不是没有游人欢乐的喧哗，也不是没有呼啸的树声和啁啾的鸟鸣，但这一切似乎都给这山和湖所吸没了，却使你静得连一点声音也听不见，如果让我用一个字来形容天池之美，那就是——静。

从第一眼瞥见天池到和她告别，我一直沉默不语，我不愿用一点声音，来弹破这宁静。但在宁静之中却似乎回旋着一支无声的乐曲，我不知它在哪儿？也许在天空，也许在湖面，也许在林中，也许在我心灵深处，“此时无声胜有声”。不过这乐曲不是莫扎特，不是舒曼，而是贝多芬，只有贝多芬的深沉和雄浑，才和天池的风度相称。是的，天池一日我的心情是凝静的，这是我最珍爱的心境。山光湖色随着日影的移动而变幻。午餐后，睡了一会儿，一阵冷气袭来，就像全身浴在冰山雪水之中。我悄悄起来，不愿惊醒别人，独自走到廊上，再次仔细观察天池：雪峰与杉林，白与黑相映，格外分明，雪山后涌起的白云给强烈阳光照得

作者（中）与诗人李瑛在老山前沿战壕里听取连长介绍情况

1980年作者作为中国作家代表团团长，在法国巴黎中国抗日战争文学讨论会开幕式上，与会议主持人会见

白银一样刺眼。在黑蓝色湖与山的衬托下，一片金黄色的杨树显得特别明丽灿烂。我再看看我的前后左右，原来我所在的红顶房屋就在云杉密林之中，我身旁就耸立着一株株高大的云杉，一株一株挨得很紧，而每棵树都笔直细长冲向天空，向四周伸展着碧绒绒枝叶，绿色森然。太阳更向西转，忽然，静静的天空飞卷着大团灰雾，而收敛的阳光使湖面变成黑色，震颤出长长的涟漪。不知为何，我的心忽的紧皱起来，我不知道如果狂风吹来暴雨，如果大雪漫过长空，那时天池该会怎样呢！？……幸好，日光很快又刺穿云雾而下，湖光山色又变得一片清明，只不过从杉林中从湖面上袭来的清气显得有些寒意了。我们就趁此时机，离开天池下山。

山路崎岖弯转，车滑甚速。一路之上，听着飒飒天风、潺潺冰泉，我默默冥想：天池风景，是那样宁静而又变幻多姿，是那样明朗而又飞扬缥缈，我觉得在天池这一天进入了一个梦的境界。待驰行到山下公路上回头再望，博格达峰在哪里呀？群峰掩映、暮霭迷茫，一切都沉入于朦胧的紫色烟雾，天池也在“夕阳明灭乱山中”了。

昆仑山的太阳

在新疆，特别到南疆的时候，有一个奇异的感觉，就是太阳显得特别大。因此，不论是空气、灰尘、大地、河流、岩石和生物，都被太阳的光和热涂上强烈色彩、酿出浓浓的甜蜜、发出郁郁的芳香，我到南疆，确实到了一个五彩缤纷的世界。而这一切都来自太阳，我觉得我已站在茫茫地球之巅，我距离太阳太近了。

飞机从乌鲁木齐起飞翻越天山。天山雪峰云岭气象森然，就如同一望无际的大海，在奔腾叫啸之时，突然一下凝固，因而至今山山岭岭还像黄的波涛，银的浪花。我们横越天山之后，阳光一闪,一下现出亮晶晶一片绿叶,原来这就是被称作"沙漠之海"的博斯腾湖。跋涉沙漠的行人,遥望见这一片翡翠,该是多么高兴啊!从空中俯视这辽阔的绿洲,如同丝绒般的绿地毯,其中蜿蜒着一条闪闪发亮的孔雀河,真是漂亮。飞机掠过博斯腾湖的碧波折而向西。我的一位同行者是踏遍天山南北、对新疆怀有一颗炽烈热爱之心的人,他跟我讲了多少令人神往的故事呀,"你向西遥望,拜城那里的千佛洞,艺术珍宝,琳琅满目","这下面出盐,有盐河、盐湖、盐山。第一个国庆节,新疆人从这里发掘出一块一百多公斤的盐岩,它像水晶一样透明"……

飞机忽然震颤起来,我们已开始飞入著名的塔里木大戈壁,南疆雄伟壮观的景色从这儿才真正向我展开,大戈壁给太阳晒得黑油油的,当强烈的阳光从戈壁滩反射上来,一股热浪蒸腾而上,就是这炎炎的热流冲击得飞机颠簸颤抖。我却觉得这油黑油黑的戈壁下,会埋着滔滔油海或茫茫煤山以及其它珍奇的宝藏。太阳的光与热给万物以生命,我就不相信在这里只制造石砾和泥沙。我们在塔里木盆地上空飞行近一小时。黑褐色戈壁滩过去了,接着摊开浅黄色沙漠,风吹的沙窝匀称而齐整,如一幅图案画。

当我从飞机上翘首仰望,就在这一刹那间,像有一道闪光一下震颤我的心灵。我看见的是何等雄伟、浩瀚、瑰丽、神奇、云浓雾密、莽莽苍苍、巍巍然横空出世的昆仑山了。拂御着飒飒天风,横扫着茫茫云海,我向下俯视,从昆仑山上冲激下来两条汹涌澎湃的巨流,东面一条是玉龙喀什河,又叫白玉河;西面一条是喀拉喀什河,又称墨玉河。它们势如奔马,宛若游龙。它们发源于帕米尔原始森林之中,直冲昆仑山而下,水流湍急,转眼飞逝,现在在灼热阳光照耀之下,迂回旋卷有如碧玉连环。对这绿得可爱的河流,流传着多少神奇的传说,《汉书》记载于阗出玉石。据说这河流中有玉,每当月明星稀就闪闪发光。……

我们降落在玉田，这里就是“万方乐奏有于阗”的于阗故国，它是丝绸南路上一个经济繁荣、文化昌盛的重镇。第二天早晨，我们就驰车访问了于阗遗址买利克瓦特（维语为“繁荣的王城”），在一片原野上站下来眺望，远处一条浅白色山岭是西沙山，旁边缓缓流过玉龙喀什河。这时太阳已经灼热炙人，我们流着汗水，跋涉过一段段废墟残垒，向南北二十余里，东西十六里的遗址深处走去。忽然前面地面像落满红云，走近看时却是朱红色古陶残片，有些残片上刻有精美的花纹，还有满身绿锈的五铢钱，黄金的碎屑，我们中国真是遍地珍宝，闪耀着古代灿烂的艺术光辉。在这里，我想同时说说丝绸北路。当我由喀什飞返乌鲁木齐途中，曾在库车停留，其东就是轮台，岑参诗云：“轮台东门送君去，去时雪满天山路。山回路转不见君，雪上空留马行处。”现在是广阔的绿洲。库车附近有十数洞窟，彩绘凋零，无人修整，且由于烟熏火燎已毁其一部。即使顽石铁铸亦将随着年月消残侵蚀，今天是到了该修复从敦煌开始的丝绸之路的南北两路，让这些瑰宝光明重现人间的时候了。叙一番于阗，记一笔库车，不仅是发思古之幽情，也为了纠正一种说法，人们只说新疆荒凉苍莽，我说新疆绚烂多彩。

从玉田飞喀什，由昆仑山面前横掠而过，我不想再记述那雄浑壮伟的声势了，但喀什的炎热的尘雾，火红的骄阳，却使我的心情从古代回到今天。在碧绿森森的林荫路上，闪现出妇女头上鲜红的头巾，简直是一束束火焰，装点着南疆生活之美。白髯的老人骑在小毛驴上策策而行，妇女身上飘动着白地花条的丝袍，英吉沙的银鞘宝刀，喀什精美的织品，微风一样透明的纱巾，花朵一样彩绣的小帽，人们红褐色的皮肤，浓浓的黑眉，雪亮的大眼睛，都描绘出南疆一片迷人的色彩。但我觉得红铜一般灼亮的阳光，在以它的光和热酿成甜蜜的汁液洒向人间。小拳头一样大的无花果甜得那样浓，水晶珠一样的绿葡萄那样肥嫩芳香。你巍巍的昆仑山啊，在这儿又飞出一条叶尔羌河，浇灌、肥沃了这广阔的绿洲。但我认为昆仑山的宝藏还未苏醒，打开昆仑山的钥匙刚掌握到我们手里。有一天，黑色石油之流会汇成波涛滚滚的大河，稀有金属的矿石会长风一样旋出地面，原木将随溶解的冰河冲激而下，棉花会像雪花绒绒铺盖大地。我们在前进！我们在奋战！你，永远金光闪闪的昆仑山呀！你抚育过多少万代人民，你阅历过多少沧桑变幻，但你何曾见到像今天这样的人，这在灵魂里闪着共产主义光辉的人，是比金刚石还坚硬，比水晶还透明，比火焰还炽热，他们就要以无穷的智慧与威力，把今天的梦幻变为明天的现实。你，昆仑山啊！在过去你不得不为人间的愁苦而流泪，今天你不得不为人间的欢乐而畅笑了。

我离开喀什，但我的深情永远留在南疆，因此这篇文章也不需要什么结束。不过我必须作一个题解，我在这里歌唱的不是燃烧在昆仑山高空的太阳，我写的是昆仑山怀抱着的人间的太阳，这太阳就是新疆。我说新疆富饶美丽，它永远像太阳发热发光。

伊犁河谷

从南疆喀什到北疆伊犁，就像从炎炎流火之中来到飒爽清风之下。

天山密密层层，不知怎么在这里却留下一条富饶美丽的伊犁河谷。当含着甜蜜芳香的微风拂面而过时，你会感到这收获季节是何等愉快、何等欢畅。伊宁市是个整洁幽美的花园。街头到处是碧绿浓荫的树，芳香鲜艳的花，特别每条路边都有潺潺的溪流在吟唱。南疆妇女穿着长大的丝袍，伊犁妇女则是西装革履，形成南北两疆各自特色。年轻的妇女像是爱美，也像是骄傲，头上都扎着红的、绿的、黄的各色细纱巾，特别那种绣金丝的最为人艳羡，这就更增加了花园城市的风貌。阳光虽不像南疆那样炎热，但伊犁河谷的土壤还是黑油油的。在这儿，我吃到一种黑紫色葡萄，大如龙眼，真是人间珍品。如果说伊宁市是个花园，整个伊犁河谷则是个大果园。每家屋前都有一架葡萄，碧绿浓荫，果实累累。我从霍尔果斯边防站归来访问过十月公社，从哈什河水电站归来访问了五一公社。好客的主人木特力甫，在葡萄架下，铺了地毯，正中折垫了一床锦缎棉被，按照维族风习把我让坐在被垫上。大家围坐之后，主人剪下一串一串葡萄让我们品尝。汩汩畅流的伊犁河水经过灌渠流入每户人家，这可爱的潺潺小溪带来阵阵清凉。宽敞的院落里长满一丛丛艳丽的鲜花，后面有园，为住户自留地。买买提把我们让到他家，盘膝围坐在地炕上，满桌绿的葡萄，红的西瓜，嚼着香甜的馕，喝着浓酽的奶茶。在五一公社我们拜访三个社员家庭，都是那样整洁干净，室内宽敞明亮，白泥铺的地面擦拭得像明镜一般发亮，墙上挂着色泽艳丽、图案精美的壁毯，桌上摆满各种漂亮的装饰。当然，我不能告诉读者，新疆所有的农民都这样富裕，如果那样我就掩盖了生活中还存在的缺陷。像我在喀什访问过的依布拉音白合提老人就还在困苦之中，老人断一腿，拄着双拐坚持劳动，他家除了墙上挂着一张奖状，几乎什么也没有。老夫妇拉着我的手说："在旧社会，像我这样残废人，还哪里有活路，现在从北京来的同志还到家来看望我们……"两位老人激动地流下热泪。请问：为什么叶尔羌河奶汁，喂不肥这里的劳动者？原来这就是经济濒于破产边缘的缩影，当然这也说明我们还远没建设好社会主义社会经济。美丽的东西是美丽的，我们可不能拿它遮着我们双眼；我们的道路是宏伟的，但我们的目标还需我们艰苦奋斗，才能实现。伊犁河谷水电站已使电灯光照亮一些农家房舍。我看见一个年轻姑娘在一间小屋里操纵着配电盘。正在田地里秋翻地的拖拉机的吼叫，给这宁静的村庄增添了繁忙气氛。这里的农民是走在农业现代化前列的人。从天山上来的雪水快快奔流吧！天山的伊犁河，昆仑山的叶尔羌河，你们汹涌澎湃向前飞赶吧！

现在我要记述一下一九七八年的十月一日，这是我一生中有着特殊意义的一个十月一日。这个节日，我是在我们社会主义祖国最西边疆一个哨卡上，和我们保卫边防的英雄们度过的。意想不到的是伊宁市，在这国庆之夜，竟向我展示了那样色彩艳丽的场景。天黑的时候，忽然响起一阵阵冰雹骤落的咚咚——嗒嗒的手鼓声，赶到街上一看，整个城市披上了华丽盛装，每一座建筑物上都亮着成串电灯，雪白的灯光有如千万颗明珠，整个城市照耀得如同白昼，街上人如潮涌。在广场一座楼顶上有人敲响着手鼓，咚咚、嗒嗒——咚咚、嗒嗒，忽急忽缓，或密或疏，于是广场上、街道上，人们翩翩起舞了。黑黑的发辫在飞旋、鲜艳的衣裙在飘舞，少女的明眸，小伙的笑脸，有一个白须老人也耸着双肩，展开两手，一下跳进人群旋转起来，你尽情地欢笑吧！你尽情地歌唱吧，你，美丽的伊犁河！

一个黄昏，我们漫步到伊犁河，河床广阔，河流湍急，河的两岸有草原，有树林。两面天山高峙，形成长三百公里的伊犁河谷，山上遮满密密的森林，天山的雪水分流为特克斯河、巩乃斯河、喀什河三条河，在野马渡汇合成浩浩荡荡的伊犁河。采伐的林木就顺着河水漂流到伊宁。两岸原木堆积如山。这时夕阳闪烁，雾霭迷蒙，我们走上大桥扶着栏栅，极目了望。人们告诉我，那一群暮色苍茫的高峰是乌孙山，是古乌孙国所在地，我想那里该是"天苍苍，野茫茫，风吹草低见牛羊"一般苍凉景色。但人们告我那里非常美丽，春天草原上开满花朵，简直是个花城。一阵清风徐徐吹拂着我们，我感到伊犁河谷之秋是如何舒爽啊！让这清风永远永远地飘扬吧，让天山的冰雪永远不停地消溶吧，让伊犁河水无休止地奔流吧。这碧绿的伊犁河水呀,到了阳春时节你也会飘浮着乌孙山的花瓣、荡漾着乌孙山的芳香吧!? ……当我凝思时,我心中又响起咚嗒嗒——咚咚嗒嗒的手鼓声,这响亮清脆的鼓点,像催着这春日早早到来。……

罗 马

一

罗马，我心灵上的罗马！年轻时我唱着"黑暗快要收了，光明已经射到古罗马的城头"的歌想念它，而今天，我要投身于它的怀抱。新奇、敬仰、爱慕，我的心情十分微妙。感谢主人作了精心的安排，到罗马，住的是达·芬奇饭店。文艺复兴三杰(芬奇、米开朗琪罗、拉斐尔)，仅仅这些名字，已经使我心头荡漾着幸福之感了。走廊上，餐厅里，到处都悬挂着芬奇的素描画。我的房间里挂的是一幅少女的头像，灵活而洒脱的线条，勾画出青春的微笑，这是芬奇的微笑，文艺复兴的微笑，意大利的微笑。……

按照约定时间，刚吃罢早饭，安娜就出现了。安娜是一位年轻的、有成就的汉学家，她翻译了鲁迅的书。她是一个热情而爽朗的人。当我们跟她走出门口，湿淋淋的地面说明黎明时洒过阵雨，而现在阳光特别明亮。登上游览车，安娜就说："这几天罗马都下雨，今天却晴了！"意大利语本来动听，安娜讲话又朗朗如清泉流水，语声中还夹杂着笑，又笑得那样天真，这使我那悠然故国之思的肃穆心境，一下变得活跃起来。

到处都是古城残堡的罗马，给太阳照得像披着一件灿烂的新装。我们先到了圣彼得教堂。司汤达写过："这座大教堂现在的大门口倒可以当作一个戏院的入口。”这话对我来说，很合适，因为我不是把它作为一个圣殿，而是作为一个博物馆。我迈进大门，进入一个迷人的艺术之宫。但，我们还是先在教堂前的广场上留连一阵吧！教堂十分巍峨，特别惊人的是教堂两翼上半拱形的四排石柱，使教堂显得格外壮观。这柱廊是罗马城建筑师贝尔尼尼的杰作。广场中间，高耸着埃及方尖石碑，它本来装潢着太阳城赫力阿波里斯，古罗马皇帝把它搬了来，安放在广场中心，确实使圣彼得显得格外的庄严。当年凭着木架、绞索，把巨大的石碑竖立起来是艰巨的，这是隆重的宗教仪式。在这样的仪式中，谁说句话就是犯罪。可是有一个人眼看绷得紧紧的绳索要断，就喊了一声。由于这声喊叫救了无数人的性命，这个人也就没受到惩罚。

听着嘹亮的钟声，走进圣彼得教堂，恍如面对着一座高山，觉得人是那样的渺小。据说这是世界上最宏伟的教堂，它的高度只比埃及金字塔少五米。里面像幽深的森林一样，到处都是精美的雕塑。安娜带我们到费勃莱圣女玛丽亚小祭坛，找到了米开朗琪罗的《母爱》。这是米开朗琪罗二十五岁时的作品，但他已创造了一座艺术的高峰。圣母玛丽亚横抱着从十字架上取下来的耶稣的尸体，她右手搂着耶稣上身，左手微微伸开，低首望着儿子，从整个神态流露出无限的慈爱与悲哀，那样含蓄，又那样动人。凭借着小祭坛朦胧的光线，那光洁圆润的雕塑显出活的生命。米开朗琪罗这个作品在这里展出之后，立刻受到外国来访者赞扬，那时米开朗琪罗尚未成名，有人说是米兰的戈波的作品。米开朗琪罗觉得这太不公平了，夜里他拿着凿刀进入教堂，这就是我们现在看到圣母玛丽亚胸前衣带上镌刻着米开朗琪罗的名字。就这一件艺术品已经满足了我的美的享受的渴望了。

安娜又带我们看了教堂中心的大祭坛。祭坛是贝尔尼尼设计的，是拿从万神庙取来的黄铜铸成的，祭坛上的穹顶则是米开朗琪罗的创作。从穹顶周遭的玻璃窗上投射下来的一束阳光，把祭坛照得黄灿灿的，那样辉煌。

我们穿过许多古罗马的建筑，下了车，走进一条小巷，到了那渥辛广场。这个广场不大，妙在场中心那座石碑四周有巨大石雕，流出四股喷泉，象征着尼罗河、多瑙河、恒河、巴拉那河四大河流。这也是贝尔尼尼设计的。广场静静的，只有一些鸽子在踱着，飞着。无数喷泉装点着罗马，水晶般透明的水花，几乎在每个街角都有，潺潺流水在阳光里变幻出霓虹般颜色，透给人清凉和幽静。

二

台伯河亘古不息地流过罗马，恺撒看过它，斯巴达克思也看过它，它那褐黄微绿的急流，现在还是滚滚向前，在阳光照耀下，波光荡漾，有如无数细碎银片在水面上回荡。

我们追寻古罗马踪迹，来到莫尔西亚山谷中的大角斗场。

有人说："谁要不到大角斗场，谁就等于没到罗马。"这话是很有道理的。当我站在淡黄色巨石砌成的宏伟的圆形建筑面前，我仿佛一下回到古老的往昔，仿佛听到角斗士短剑相击铿锵作响，我的心头掠过一阵轻微的颤动。我静下来默默地站立了一会儿，那高耸的围墙，历尽风霜，残缺不全，不免令人肃然起敬。我觉得它好像是活着的正在沉思的巨人。我不愿惊断巨人的沉思，悄悄放轻脚步，从一个拱门进去，走上两层石阶，在我面前豁然展开古色斑斓的圆形广场。据司汤达记述，这广场可容纳十万七千观众，周围有半公里之阔，是罗马第一个国王老泰尔克维尼乌斯为纪念耶路撒冷的毁灭而建筑的。圆场底层中心，是角斗士与猛兽搏斗场地，地面早已破坏，露出了关野兽和关角斗奴隶的地窖。四周一层层看台，一直排列到顶。强烈阳光把每块石头都照得发亮发热。我奋力又爬上两层，去看了石头雕塑的“包厢”，这就是当年古罗马最高执政官、元老们的座位。抚摸着那古老石墙，你可以想象当年贵族们身上红宝石、金纽扣的闪光。他们正是从这儿，凭视角斗士和猛兽在死亡线上搏斗厮杀、热血飞溅而纵情欢笑。我但愿从久远历史深处吹来的风，已吹逝了那吃人的年代，而让这森严的古建筑艺术长存。罗马人说：“大角斗场存在世界就存在，大角斗场不存在世界就毁灭了。”

从大角斗场出来，站在门前高地上，正好一览古罗马广场中心。在森然罗列的残垣断柱之间，两座小山上还残存着两座圣殿，一座是方顶，一座是圆顶，都围绕着整齐的圆柱，这一切之上，仿佛还飘浮着古罗马的繁华梦。

我没有得到满足，因为我从遥远亚洲来，怀着敬仰之心，想追寻到奴隶时代起义英雄斯巴达克思的痕迹。当人们告诉我，这大角斗场不是斯巴达克思角斗之处，我是多么失望呀！可是当我沉默不语、无限怅惘坐在缓缓行驶的车上，安娜突然指着窗外说：

“斯巴达克思在这里！”

急忙看时，那已是一片荒凉的空场，只在一角上残存着一座小小危楼。这使我立刻想到意大利小说家乔万尼奥里在《斯巴达克思》一书中所写的斯巴达克思的一段话：“我希望毁灭你们这个腐败的罗马世界，希望在它的废墟上看到各民族独立的花朵。……我希望用压迫者的血来偿付被压迫者的呻吟，我希望粉碎系在罗马的胜利之车上的不幸的人的铁链。……我希望看到自由的太阳辉煌的照耀，可耻的奴隶制度在地面上消灭！我一定获得自由，我渴望自由，我要争取自由……”

是的，这儿的一切已荡然无存，历史竟残酷地磨平一切，但是广场上的萋萋芳草不正闪露出亘古不灭的斯巴达克思精神的火花吗?

罗马在一片起伏山峦之中,我们登上一座山顶,上面满是橘林,橘子开花时,这儿一片浓香,这是游罗马的人必到之处,因为从这里可纵览全城。我深深感谢罗马的太阳,它像火一般炽热,将罗马照得如此明亮。我屏住呼吸,想把罗马一下深深印在我的心里。整个罗马城有一个统一色调,是一座橘红与橙黄的城,使你感到庄严、宁静。在这彩色背景上,我看见高耸空中的加里波第的雕像,他率领红衫志愿军,经过胜利与失败、失败与胜利,终于实现了意大利的独立与统一。加里波第骑在马上,他说过:"不得罗马,决不生还。"现在,这座雕像凝然遥视着远方。这一刻,我的头脑中突然出现一种奇异的幻想:在这个伟大爱国者背后的橘红与橙黄,都像火焰一样在微微拂荡——整个罗马像火焰一样在微微拂荡……

三

一位艺术家说过:米开朗琪罗的出现,像飓风一般把意大利的那种沉静和优美的艺术风格吹走了。带来的,则是豪壮大的罗马风格的艺术,它显示了古罗马的后裔——意大利人的英雄气魄。

我在达·芬奇饭店幽静的房间里,温习着米开朗琪罗动人的经历。因为,不了解米开朗琪罗的心灵,也就无法了解他的艺术的伟大,意大利的伟大。米开朗琪罗的伟大悲壮之处,来源于他的现实生活。当西班牙王与教皇克雷门提六世联合进攻佛罗伦萨时,诞生于这个城市的米开朗琪罗与人民一道进行了反侵略的战斗。他成为战斗的一个指挥官,他用雕塑人的灵魂的心,构筑了保卫人的灵魂的防御工事,可是,佛罗伦萨终于陷落了,米开朗琪罗又被迫为他的仇敌克雷门提六世从事艺术工作。他怀着亡国的悲痛,受着屈辱与羞恨的袭击,这使他的杰出的艺术创作,发出了无声的呼啸,这种强烈的心灵的震撼,体现在西斯廷教堂的壁画《最后的审判》上。

我们到西斯廷教堂,先看了名震全球的穹顶画《创世记》。这画一完成,整个罗马的人都蜂拥而来,到正式揭幕时,世界各地许多人都赶来观赏。米开朗琪罗以伟大而崇高的精神,完成了不是神而是人的创造。我又挤过摩肩接踵的人群,立在高五丈阔三丈的《最后的审判》大壁画前,久久凝视不能离去。一种强大而猛烈的艺术力量紧紧抓住了我的心身。我除了目不旁瞬的凝视外,还能想什么呢!? 画的中心是站在云端的耶稣高举有力的右手,在发出最后判决:右侧下面这一大群人像是被判为永远幸福者,他们络绎不绝向上飞翔,升入天堂;左下侧则是被判落入地狱去的犯罪者,纷纷下降。这充满二百多裸体的形象,恐怖与希望交错,就像乌云与阳光的交错一样,处处在颤动,处处在闪烁——突然,像有一道强烈阳光照亮我的双眼:这是控诉。这是人与神、正义与邪恶、光明与黑暗的搏斗。米开朗琪罗借教堂壁画,强烈地画出失去自由而狂乱的人的战斗。

下午,我们到新罗马城,在作家出版家协会的招待会上,我抑制不住内心的激情作了一个讲话:

“罗马,在人类文明史上是一颗闪闪发亮的明星。

“如若没有文艺复兴,我们不知道人类将处在一个什么境地。现代文明,追根溯源,我们应该向那些伟大先驱者致以崇高的敬意!

“今天,中国作家与意大利作家的会见,意味着两个古老文明古国的新的拥抱;我想这也意味着欧洲与亚洲的文明的拥抱。在古代,经过漫长的‘丝绸之路’,中国文化传入意大利;而意大利文艺复兴的光辉也照耀到了中国。我觉得早有一种友谊之路，在精神上已经穿梭般地把我们的思想感情交织在一起了。历史与地理，不论怎样都不能把友谊之路隔离，而且与日俱增。当中国人民处在抗日战争的水深火热之中，意大利人民反法西斯的搏斗给了我们巨大支援。友谊之树是常青的，这常青之树应该长出新的枝桠。

"我要说，我们是怀着敬仰与虔诚的心情到这里来的。我永远记得：但丁大气磅礴、如火如荼地抨击黑暗残暴的诗句；芬奇说过：'让劳作跑到思考之前的人，一定是个拙劣的画家。'他的神奇的绘画，表达着活生生人的思想；米开朗琪罗充满英雄精神的艺术，宛如怒涛一样袭击着我们的心灵；是佛罗伦萨桂冠诗人彼德拉克，首先提出'人学'和'神学'相对立；他们都歌颂人，人的自由。正是这种哲学、文学、艺术的魅力，像阳光一般吸引着我们到这里来。他们开辟的道路是无限广阔的，我们应当更加紧密地携起手来，为了驱散乌云与暴雨，邪恶与罪孽，为了创造更加灿烂的新的文艺复兴而努力奋斗！"

我永远记得，意大利作家工会总书记雅科在这会上讲到发展意、中作家永恒友谊的美好的讲话。

当我们从招待会出来，驶车经过圣保罗门，我看到古罗马断墙上镶着一块石牌，在下面墙脚下，放着一个已经枯萎了的花圈。我问安娜能不能看一看，她立刻叫司机停车，我们走到跟前一看，大理石牌上镌刻着一行字：

纪念 43 年 9 月 10 日抵抗运动中牺牲的烈士

安娜告诉我："九月十日，就在圣保罗门这里，开始了打击希特勒的第一战。打了两年，我们才取得胜利。我们的总统佩尔蒂尼，就是当年游击战争的组织者之一。"安娜平时快乐的声音变得庄严肃穆，她指着另外一面，说："你看，在那个小金字塔后面，埋葬着意大利共产党创始人葛兰西。……德国法西斯占领了罗马，蹂躏了罗马，也就践踏了、刺破了意大利每一个人的心。我们在流血啊！德国法西斯在罗马进行的大屠杀，非常冷酷，非常残暴，有一次把几百人绑上炸药，一起推到一个大坑里炸死了……”

“这地方在哪里？”

“在郊外。”

这两天一直沉默而又勤劳地陪伴我们的司机从旁插话：“不远，我们到那里去。”

我的心是激动的，无意之间，我看到人民的意大利，战斗的意大利，从斯巴达克思到这些战斗者，从米开朗琪罗到这些战斗者，从加里波第到这些战斗者，中间贯穿着一座精神的桥梁。如同去访问我自己经历过的战场，当汽车在相当远的一段途程中行驶，我的血好像凝固了，我的心好像静止了。这时，天已黄昏，整个罗马沉浸在苍茫暮霭之中，只有一片夕阳把西天照得血一样鲜红。我们来到郊外，远远看见有三个白色巨石雕像耸立前方。三个人被捆绑在一起，每个人都仰望着长空。一股英雄气息把我惊醒，我跳下车来。由于时间已过，铁栅门上挂了一把大铁锁。但我们总是到了这里——阿尔别地内街 174 号，这座英雄墓地。我看到门口石牌上镌刻着：“纪念为祖国独立自由牺牲的烈士”——这是一句诗，一句最强音，发出千千万万意大利人心声的诗。雕塑是一九五〇年树立的，作者是菲利甫·利恰。我通过铁栅看到里面三百多个墓碑上面，覆盖着一整块平方的墓顶，它象征永恒的团结，永远的战斗。

当我们顺着公路向市区行驶时，忽然出现一个奇异景象，两边都是辽阔原野，左面一轮圆圆明月从山顶上升起，在一条平行线上，右面悬挂着同样一轮圆圆的垂落的太阳。这是罗马最后留给我永不磨灭的印象，日月同辉，罗马永生。

翡冷翠

一 我感到一颗伟大心灵微微的颤悸……

一个早晨,我们从罗马乘火车赴佛罗伦萨。佛罗伦萨,中国诗人徐志摩曾译为翡冷翠,我为这富有诗意的名字而向往,不过我以为这也许是诗人的诗化,不料我到意大利后,听意大利人发音确实是翡冷翠。

坐火车旅行是愉快的,通过玻璃窗可一享大自然之美,何况意大利也确实美得惊人。田野、丘陵,收刈过的麦田,明朗的阳光,从稠密的森林里流出一泓小河,遍地遮满葡萄园,这一切全是碧绿森森、充满生气。安娜说:"今年春天来得晚,春花刚刚开放。"你看,那满山遍野的鲜花组成一片花的地毯,鲜红的野罂粟花蝴蝶般迎风招展,一串串迎春花简直像灿烂黄金的编织品,还有细小而繁茂的白花,就像细碎的冰凌。几乎每一座山顶上,都有中世纪的古城堡,灰色城堞上耸立着高高的钟楼。通过大片大片的橡树林,我们惊奇得欢叫起来,眼前出现了一个大湖,湖光那样柔美,湖后面的山笼罩在银线织的雾一样的阳光里,更加朦胧可爱;然后,一排排塔松一闪而过,远远山坡上橄榄树涂出一抹灰绿色,我一直守在窗口,我陶醉在欧洲风景之中,我仿佛闻到土地的芳香,我还仿佛闻到阳光的芳香。

古老的圣玛丽亚教堂是翡冷翠王冠上的宝石。我们在旅馆里放下行囊,就到那里去。它是但丁时代已经筑起的教堂,而且是在但丁诗中描写过的教堂。它真是建筑艺术中的杰作,借用文艺复兴时代人的话说:“这是有神性”的创造。洁白大理石的大教堂旁耸立着洁白大理石筑起的钟楼。整个建筑由长方格窗构成一个完美整体,而每一方大理石上都镂刻着精巧细致的雕饰,雪白大理石上覆盖着红色的顶穹,就如同戴了一顶红玫瑰花环。

走进教堂,教堂穹顶是一幅彩色玻璃镶嵌的圆画,阳光一照,使你感到彩色缤纷、眼花缭乱。一座米开朗琪罗的雕塑,却那样动人,这个与罗马《母爱》同一题材的雕塑,米开朗琪罗却更多表现了悲怆、痛苦,圣母抱着刚从十字架上取下的耶稣,她悲痛欲绝,似乎失去力量,耶稣的好友尼科德姆斯就从后面用力支撑着耶稣遗体,帮助圣玛丽亚。米开朗琪罗雕塑它,是为了安放在自己长眠的陵墓上,这一点也许说明它真正反映了艺术家的心意,后来它却成了这座大教堂的主像。安娜引我们仔细寻觅,终于寻找到了,在这满是神像的殿堂的一角,珍藏着一幅但丁的画像。但丁穿着红色长袍,头戴桂冠,站在画幅中心,左手举着他的诗卷,右手微微伸开,但丁正在沉思凝想,他身后正面是“天堂”,右侧是“地狱”,左侧是“人间”。这幅画不大,光线又昏暗,由于全世界来的游人,都想看这画像,就不能不设置了保护线,但画的上端,那象征光明的彩虹与晨星,还跃然在目。把罗马的圣彼得教堂与翡冷翠这座教堂相比,前者凝重,后者玲珑,而后者更加像一座艺术品。

出于对艺术的崇拜,到翡冷翠的路上,我一再向安娜提起米开朗琪罗的《夜》与《昼》、《晨》与《暮》那一组雕塑。自从接触米开朗琪罗的艺术以来,我觉得这一组雕塑最富于诗意。

从圣玛丽亚教堂出来,安娜示意我们要到一个重要的地方去。到了那里,我们先进入一座豪华的厅堂,我正在惊奇,以为这是古代贵族的宴会厅,经安娜说明,才知道这就是翡冷翠大贵族梅迪奇家的祭堂,整个都由五颜六色的大理石、宝石镶嵌而成,光彩夺目。安娜带我们穿过一道门,进入另一房间,啊!我几乎惊喜地叫起来,安娜用满意的眼光朝我笑了一下。这便是梅迪奇家的陵墓。这陵墓就整体来说是白色大理石的,显得庄严、肃穆,屋顶上四面窗口投下明亮的光线,白大理石地面上无数墨蓝色菱形组成图案,正面是祭坛,两侧是陵墓,四座大理石雕塑,左侧是《夜》与《昼》,右侧是《晨》与《暮》。这是米开朗琪罗作为战败者之后,怀着痛苦与悲愤心情完成的。四座雕像凭着肌肉、神态,表现着一天的四个不同时刻,《夜》的沉睡的女像的松弛的肌肤,使你觉得这静静的沉睡,是连梦也没有的,你只感到她那酣睡的微息。当这组像完成后,米开朗琪罗的朋友斯特罗基看了惊叹不已,就给《夜》题了一首诗:

女神沉睡在安静的夜晚,
这块石头像天使雕塑的那样美,
这天使就是我们的米开朗琪罗,
她睡着因为她有生命,
如若不信你可叫醒她,她会同你细语。

米开朗琪罗自己怀着亡国之痛,也给《夜》写了一首诗:

睡眠是甜蜜的,成为顽石更是幸福,
只要世上还有罪恶与耻辱的时候,
不视不听,无知无觉,于我是最大的欢乐,
不要惊醒,呵,讲话请讲得轻一些吧!

为了人与神的搏斗,但丁写了诗,米开朗琪罗作了雕塑,而米开朗琪罗的每一雕塑,都发出诗的声音。我放轻脚步,凝然不语。自从踏上意大利国土,我一直在追踪着文艺复兴巨大觉醒的艺术之美,在这儿,我不知是由于注视过久,还是泪水朦胧,我寻求到伟大的雕塑,伟大的诗,我感到一颗伟大的心灵的微微的颤悸。……

二 在这浓酽绿色之中,立着一株冰雪般的白玉兰,这是何等的美丽……

下午,我们乘汽车登上新的途程。我带着《夜》的酣眠的甜蜜,在车上睡了一觉,醒来时,但见亚平宁原野上的群山有如怒海狂涛,我们很快就到达了地中海滨的维亚莱焦。

意大利有三大文学奖:维利斯奖,罗马奖,而历史最悠久的,从一九二九年就开始的,就是维亚莱焦奖,今晚要在这里举行授奖大会,也就是维亚莱焦的狂欢之夜。

维亚莱焦是一片海滨天然浴场,现在正是游人众多的季节,我们住在皇家大饭店,我走进我的房间,头一件事就是打开门扉,走上阳台,面对着汹涌澎湃的蓝色大海,静静的、静静的,没有思索,没有激情,我仿佛消失了,我与大海融而为一,大海的每一朵浪花,就成为我心灵的每一呼吸。

我们到后不久,奖金委员会先举行了和我们的见面会。主席奥尼达·雷帕契身材瘦小,白发萧然,两眼却炯炯有神,这个反法西斯老战士,响亮的声音,倾吐出全部热情。我说:我希望我们是第一只燕子,将带来中、意作家间友谊的春天。在相互致辞之后,我和雷帕契紧紧拥抱了,会场上响起一片掌声,气氛十分热烈。紧接着好几个老游击队员走过来和我拥抱。有一位在我的名片上写了一句话:"我们都打过游击战,应当紧密团结。"当我们的脸紧紧贴在一起时,想一想,多么悠久的四十年呀,穿过硝烟战火、雨雪风霜,远方战友骤然相抱,是何等激动人心。如果说在罗马我向死去的战友致以哀思,现在我为活着的战友流出欢悦的热泪。维亚莱焦！维亚莱焦！我一生一世永远难忘的维亚莱焦！

欢腾的大海，似乎把语言不通的陌生人，紧紧地连结在一起。在皇家饭店的大厅里、走廊上，从世界各地而来的人彼此那样亲近，特别是一位仪表堂堂的老人，几次遇到，总是老朋友般点头，他的眼光，他的微笑，非常亲切，我了解这是对新中国的致意。像在罗马一样，人们争着告诉我们："前几天总下雨，今天可特别晴朗，"好像上天也在为我们的到来祝福，当然，这话也表达了海滨人胸中的欢乐。入夜，海边灯火辉煌，我们沿着海岸长街，步行到一个大剧院。维亚莱焦文学奖在这里举行授奖仪式，这是一个既隆重又欢乐的场面，一阵乐声之后，雷帕契主席用他特有的铿锵的声调作了讲演，当雷帕契主席宣布有中国作家代表团参加会议而向我们致意时，全场的人都站起来，我们也站起，暴风雨般掌声经久不息。电视广播台向全意大利转播了这个节日盛况。第二天到了翡冷翠，安娜高兴地告诉我说："全意大利的人都看见你们了！"我才了解到主人多么精心地安排了一次中国作家和广大电视观众的会见。那以后，在米兰、在威尼斯，连饭店的服务员也一见面就说："我们在电视上见到你们了！"于是向我们露出了那样热情的微笑。授奖仪式结束，狂欢之夜开始，我们从热烈的会场中出来，特别感到地中海之夜的清凉与舒畅。回到饭店房间里，我久久凝望着黑茫茫海的夜空，不能入睡，我觉得意大利人没有那么多精巧而华丽的言辞，但意大利人就像意大利灼热的太阳一样真挚、朴实、热烈，我从心里热爱意大利人。雷帕契亲手把维亚莱焦文学奖章送给我们每人一枚。灯光之下，我打开盒盖，看到在蓝色丝绒衬垫中镶嵌着雕刻了文艺女神的金黄色像章。我轻轻取出，翻看背面，镌刻着一行小字："第五十一届维亚莱焦奖——1980 年"，这一枚奖章深深结下了意大利作家与中国作家的友谊。深夜，我在海涛絮语中睡去。黎明,我又在海的呼啸中醒来。

我们告别维亚莱焦,进入的丽约大森林,整个上空都遮满浓荫,一片绿影带来清新气息,拂在脸上,沁入心房,偶尔有道朝阳像金黄链条横在路当中,我们穿过大森林,又驰上亚平宁原野,到比萨去。

远方,早晨的阳光闪烁之中,忽然看见矗立高空的白色的比萨斜塔塔顶。不久,我们就进入比萨古城,在一个广场边下了车。广场中心是一座大教堂,教堂前圆柱形的斜塔,一共七层,顶上还有一个钟楼,每层都围有好看的廊柱。教堂和斜塔都是白大理石筑成的。教堂一〇六三年开始兴建,至一二〇〇年建成,建塔是一一七四年,花了九年工夫完成。这塔建成就倾斜了,这确是世界的奇迹,塔的倾斜角度很大,可是历经了这样悠久的年月,这精美雕塑的古塔,还那样完整、坚实,就像从天空把一根圆柱深深插入地底而露在外面的一截。我默默观赏时,一轮火红的太阳刚好升上塔顶,给这古塔饰上金黄灿烂的光圈。

比萨是美丽的,最美的是阿尔诺河,特别是河两岸的路灯的圆柱和菱形灯罩,全是黑铁铸成的,保留着古老油灯样式,和巴黎协和广场上吸引了世界游人的灯一模一样,不过,协和广场的路灯只围绕了广场一匝,而比萨阿尔诺河两岸的路灯则一直伸展向远方,一到夜晚,华灯启处,星星灯火,闪闪波光,该是多么美妙。

出了比萨,我们不像来到原野,而像进了花园,也可以说是花的原野吧!在绿得发黑的葡萄园背景上,那白的、粉的、红的、黄的玫瑰,在洒满金色阳光的大道旁,人家墙垣上攀满怒放的蔷薇,汽车沿着阿尔诺河奔驰,可以说我们跟随着阿尔诺河流向翡冷翠。前方左侧出现了一座山,山顶上有古老城堞。很快我们驰入山脚小镇,红的屋顶,绿的百叶窗,小镇行人寥寥,十分幽静。不知为什么,所有百叶窗都紧闭着,好像不愿把窗内宝藏的古老的隐秘向人展开,我们突然来到一个小小广场。

“看!薄伽丘的塑像!”

啊,我连一点精神准备都没有,一下来到以《十日谈》闻名世界的薄伽丘的故乡。薄伽丘的像,身穿长袍,头披方巾,那微微俯首沉思的神态很有深意。薄伽丘是文艺复兴时的一位人文主义猛士,他那样无情地揭开蒙在圣徒们脸上的面纱,他又那样深情地歌颂了人的美,他描写女人“细长的棕色的”“淘气的眼睛”、“放在紫色披风上美丽动人的手”,他还用动人的笔墨描写了故乡美丽大自然的风貌。我真想爬上山头,在薄伽丘的故居住上一夜,可是我们的车沿着山脚驰过了。我回过身来久久仰望,山顶上是一片相当广阔的古城堡,有残破的城堞,林立的古堡,有手指一样直指天空的钟楼,可是山回路转,薄伽丘的故乡就渐渐为树影遮没了。树林那样郁郁葱葱、绿得发黑,我从来没有看到过这样好看的绿色,在这浓酽的绿色之中,立着一株冰雪般的白玉兰,这是何等的美丽。……

三　人与神的搏斗,还在继续进行,还必须继续进行……

我们从一座古城门进入锡耶纳,已近午时。原来我也没有想我将要到的是个什么地方,当我们走到锡耶纳中心广场,那里黑压压挤满人,就像浪花一样,在人海头上飘荡着红黄的、黄蓝的、绿白的、绿黄的旗帜,旗上绘着各色各样的画,我看到有太阳、海马、贝壳、鹰、长颈鹿……这时,我突然想起,这不是美国作家赫尔曼·沃克的小说《战争风云》中描写过的锡耶纳赛马的那个地方吗?

我们被引进广场正面古城堡样的市政厅——锡耶纳是中古时期一个古国,这个市政厅是一二三〇年筑成的——在会议室里坐下来。我看到一幅画,这是一幅很有意思的画,它可以告诉你什么是锡耶纳。画的正中是古锡耶纳保护人,画像手持金框,框中心为绘有金十字架的黑色太阳,画像后面是堆满红色鲜花的原野,画像下面是十名骑手扬鞭奔驰,再下面是翘首仰望的人群,最下面是锡耶纳十个区的旗帜,就是刚才在广场上那些起劲地摇晃、飘荡的旗帜。

从十五世纪起,锡耶纳每年举行一次赛马,今天我们刚好赶上隆重的授马仪式。那欢乐的气氛简直无法描述,也许可以用狂热两字来形容。尽管我对市政厅中十四世纪的壁画看得津津有味,但我毕竟不能不为广场热烈人群所吸引,我们一卷入人群,立刻和他们一样欢乐起来。市政厅红石砌的钟楼高耸云霄,在它下面楼窗上,悬挂着十个区的彩旗,下面一个木台,市长和锡耶纳名人坐在一排长桌后面,宣布这个狂欢节的开始。先是穿着红衣裳、绿坎肩的中古服装的号手走到台口吹号,号声一停,由一个装饰华丽的小孩,去摇转一个手摇机,从那里面落下马的标签,决定哪个牌号的马归哪一个区。每当牌号悬挂墙上,得到好马的那个区就热情地欢呼、蹦跳,把帽子扔向空中,吹口哨。我发现老人和青年、妇女把孩童骑在脖颈上,除了挥舞旗帜外,他们颈部、腰部都围着彩旗,迎风招展。广场密麻麻挤满人,广场周围一层层木板看台上,三面楼房阳台上,都挤满人,一阵一阵热浪汹涌澎湃,沸腾回荡。直到十个区的马分光了,群众才从广场上纷纷离去。

广场静下来了。蓝天、白云,阳光强烈刺目,在阴凉地方,微风却柔和宜人。椭圆形广场跑道上,新铺了朱红色的土。刚刚给人群吓跑的鸽群现在又飞回来了,在你头上飞,在你脚边啄,仿佛它们也在为节日欢乐,而且兴犹未尽,纠缠着远方的来客。我们找了广场边一处露天饭馆坐下来。安娜不见了,隔一会,她出现了。她把一幅绘着各区标旗的丝绸旗帜送给我,我高兴极了,这是锡耶纳人把他们的狂欢分给我的一份。

由于长途跋涉和刚才的一阵狂欢,这顿锡耶纳的午餐吃得特别有味。饭后,我们漫步一条条深深曲巷。石砌的街道都是狭窄而又陡峭,又没有石阶,我只好和同伴挽着臂膀,战兢兢走下走上。这时,我才恍然大悟,就像我们一路看见无数山头古堡一样,锡耶纳也是一个山峦上的古国。小街两旁都是壁立的古色古香的楼房。忽然,从两厢楼房豁口,看见一座美丽无比的教堂,它不给人以神的感觉,只给人以美的感觉,白色大理石中间,横界着一条条碧绿大理石,这样就使这建筑像雪白皮肤上披着绿纱的亭亭玉立的美女形象。从教堂旁一个陡坡下来,我才发现广场上的节日活动并未结束,而是把一份份狂热带回各区。我凭着一座穹门,看到下面一队穿着艳丽服装的人群,敲着鼓、摇着旗在游行。拐下另一条险峻的石路,又看到一条小小横街上,一群人在举着酒瓶欢饮……

我们乘车出了罗马门——由于它面向罗马而得名。我们绕着古城墙,在起伏山峦中行驶,我才觉得锡耶纳相当大,而且在古城外又发展了新的城区。意大利得天独厚,它伸展在地中海与亚得里亚海之间,滋润的海洋气候,使得这儿的树那样繁茂,绿得那样浓郁,花朵那样肥大,色彩那样娇艳,就像太阳把特别多的光和热给予了这美丽大地。

傍晚,我们回到翡冷翠幽僻街道中那个幽静的饭店。由于整天奔波,海风吹,阳光晒,一进住房,我就卧倒床上,没再动弹。但在睡意朦胧中,听到窗外传进悠扬、嘹亮的钟声,使我眼前又再现了米开朗琪罗《最后审判》壁画上在纷纷飞翔、跌落的人形。这钟声告诉我:从文艺复兴到今天,人与神的斗争还在继续进行,还必须继续进行……

四　在我心中只凝然化为一句诗，也许是最美的一句诗：翡冷翠之夜……

我们登上翡冷翠山顶的米开朗琪罗广场，石砌地面上夜露未消。这一天，我们在乌菲齐画廊欣赏了乔托、帕托切利、芬奇、拉斐尔……的杰作，特别使我感动的是看了米开朗琪罗著名的雕塑《大卫》，这些我不一一叙述了，但我无论如何要记下两个令人难忘的翡冷翠的夜晚。

从锡耶纳归来那天，吃过夜餐，安娜和翡冷翠作协主席吉诺·杰洛拉，陪我们去欣赏翡冷翠夜景。我们先到希米奥利亚广场，这个市中心广场是翡冷翠艺术精英集萃之地。照明灯把整个广场照耀得如同白昼。红褐色市政厅大楼上高高耸立着一座钟楼，建筑结构十分精美。市政厅前立着好些塑像，特别左侧三座穹门连结的长廊上，立着十座希腊神话的石雕，神魄动人。从市政府门前往左拐，忽然进入没有灯光的街道，两旁是巨厦，巨厦底层一排石柱撑着长廊，幽暗之中，石壁上雕塑琳琅，却看不清楚了。由于没有灯光，杰洛拉一直扶着我的胳臂。他是一个非常纯朴、厚实的人，瘦长脸膛上有深深皱纹，两道长鬓角，耸立的浓眉，聪慧的双眼。这两天，到维亚莱焦、比萨、锡耶纳，他一直陪伴我们。他给我的第一个印象，我觉得他像欧洲古典作品里的农民。谁知我猜中了，他告诉我，他是意大利北方阿尔卑斯山脚下的农民。他每年要回到农村去两个月。他送给我一本小说，就是写农民反封建剥削斗争的。这时，他向两旁巨厦指了指，告诉我，我们正走在乌菲齐画廊下面。我们穿过这段静寂的暗路，来到一条横街，就像一下到了另外一个世界，游人摩肩接踵，汽车如水如龙，我们寻个空隙，横穿过街，啊！这是多么迷人的阿尔诺河夜景啊！河上灯光倒影，随着波浪微微摇曳，灯影挨着灯影，一直浸入夜的深处，这时我胸中荡漾着一曲歌，一幅画，一首诗。我们卷入人群，随人群而旋转。许多青年坐在河墙上弹着吉他，唱起歌，这时我才懂得意大利歌手的《小夜曲》为什么那样甜蜜醉人。安娜和杰洛拉惟恐我们失散，手牵手带领我们挤来挤去，挤向著名的老桥。老桥很像我们江南水乡的街桥，桥上两边都是商店。杰洛拉指给我看桥头几家黑铁门窗的木屋，说："这是中世纪保留下来的店铺。"这桥街是买卖金银珠宝的繁华之地，入夜商店都关了门。人如潮涌，我们只有跟着潮涌向桥中心。这儿豁然开朗，切开两旁店铺，留个空隙，这里安置着第一个使用望远镜观察天体的大科学家伽俐略的雕像，河上的风正好在这儿自由吹来吹去，就像伽俐略从宇宙间引来清风。桥中心确是看河景的好地方，两岸灯火汇成一片金的织锦，真是"疑是银河落九天"了。

从阿尔诺河边回来，穿过几条窄得只能走过一个人的深巷，楼壁上挂着黑铁框菱形街灯，那光线自然幽静。

我以为翡冷翠的夜晚已经过去了。第二天晚上，主人邀我们外出用餐，谁知一下又来到了中心广场，这真是不夜之城啊！广场边上支撑着许多颜色艳丽的遮阳篷，是一家家咖啡馆，一处处餐厅，遮阳篷给广场镶了美丽花边。这一夜，广场中心挤满人，那座红褐色市政厅前，有白色石雕的喷泉前，搭了个台子，有美国来的一个乐队正在演出，乐声引得一些游人翩翩起舞。我们被引到广场边一家饭店。我们在长餐桌旁一面吃，一面谈文学，谈社会，……一位白衣裙的女青年谈得十分热烈，她讲到现在一个重大社会问题，是青年人缺乏理想，不知未来，只想今天，有点"今朝有酒今朝醉"；可是这样评论也不确切，人们也在苦苦思索，因此，青年人读哲学比读文学更有兴趣，想从苦闷中找条出路。……我在听，在沉思……

忽然，有一个那么瘦弱的姑娘一下映入我眼帘，她走路轻得几乎连声音也没有，她走到每一个餐桌前，伸出苍白纤细的手，举着一枝用玻璃纸包的红石竹花问："买花吗?"可是没人回答她。我听她的声音那样微弱，我见她的两眼那样木然，她是那样静悄悄，在桌与桌之间穿来走去，我的眼睛一直跟踪着她。不知为什么，我心深处在盼望着，盼望着，盼望她能卖几枝花。可是我失望了，她最后消失在人群中不见了，我说不出的怅惘，甚至有点哀伤。我周围葡萄酒、香烟、咖啡、熟菜的气味浓浓地浓浓地不散。谁料到当我们夜餐将尽，无意间一瞥，我又看到那个姑娘，这次却好，当她走向一个圆桌时，终于有人买了她一朵花，我心中掠过一丝安慰，引起一点希望。

欧洲夏夜来得迟，因此，夜黑得愈浓，灯就照得愈亮，乐队还在那台上吹奏，我却听不到乐声，人们在挤来拥去，我却觉不出移动，我融化其中，超乎其上。总之，这里一切，在我心中只凝然化为一句诗，也许是最美的一句诗：翡冷翠之夜……

九百个火炬

列宁格勒,我带着朝圣者的心情,走进你这震撼过世界的殿堂。

可是当我进入我所住的列宁格勒饭店八楼的住房,一下却被窗上迷人的景色吸引住了,整幅大玻璃上是多么美的涅瓦河图景啊!河水就从我的窗下荡漾而过,阿芙乐尔号巡洋舰就停泊在我的眼前,彼得保罗要塞尖尖的塔顶闪着金光,几只白色的海鸥像一支温柔的回旋曲在缓缓飞翔,涅瓦河浩浩荡荡一直向天际流去。我轻轻拉开窗上的纱幔,将脸儿紧紧贴在玻璃上,一丝往事浮上心头。

那是二十九年前的一个冬夜,涅瓦,你曾驻留过我的心窝。不过那次"……我来也匆匆,去也匆匆,但我的内心实在充满依恋之情,想最后再看一眼涅瓦河。到涅瓦河边,我走下车,在冻雨中仰望涅瓦河,河水滔滔向波罗的海奔流,灯光在水波上轻轻摇曳,天空是那样开阔,河这面低垂的云层给灯火照得发红,河那面是黑压压一片黑夜,涅瓦!涅瓦!我在这儿向你告别……"(一九五八年日记)谁知一别竟如此长久,今日再来我已白发萧然,但迎接我的,却是金秋阳光,如此明媚。

我们沿着花岗石砌的堤岸,转入彼得堡式古老的大街,穿过青铜雕饰的桥梁,啊!多少座桥梁联结着多少个岛屿,多少条河道荡漾着碧水清波,我禁不住惊喜地叫出来:

"威尼斯!威尼斯!"

长着一双灵活的浅灰色眼珠的薇拉立刻说：

“是的，人们管这儿叫北方的威尼斯。”

不过，这明亮的阳光在提醒我，让我寻觅二十九年后比二十九年前，有什么更新的探求、更新的理解。不错，我要寻觅的，我终于得到。不过，它来得那样突然，而且使我心神欲碎，由震撼落进悲哀，陷入沉思。

薇拉领我们走进一座建筑群，开始她没告诉我这是哪里。我发现我们站在一圈石雕的围墙之中，正中间有一座青铜群雕那样摄人神魄，中间一个形容憔悴的妇女横抱住一个饿得奄奄一息的妇女，这妇女的右臂还能勉强支持自己，仿佛还听到心脏的颤悸，但生命的光泽已从长发上渐渐消失；左面一个红军战士扶持住低垂的面孔掩在低垂围巾下面、嘤嘤啜泣的老母亲；右面一个年轻的母亲抱着骨瘦如柴的孩子的尸体，孩子的脚趾都令人感到一阵冰凉，她紧锁双眉，仰首苍天，倔强地不让眼泪流出，而把火种种向心里。这是多么渗透人心的形象啊！——难道她们只是不会言语的雕塑吗？不，她们用她们的血、肉、生命、灵魂，在向今天、明天、向永远诉说。我明白了，这围墙象征着德国法西斯对列宁格勒的包围圈，而在围墙上燃烧着十四支熊熊火炬，这永恒不熄的生命之火，投射向正面一个巨大的缺口，人们正是从这个缺口冲开了包围圈，取得正义，取得胜利。在这前面，如同竖立着一支长剑，一座卫国战争纪念碑直耸云天。我从纪念碑后面踏着石阶走下地下的纪念殿堂，这里光线朦胧晦暗，充满深沉与肃穆、悲壮与英雄的气氛。在这里给我感受最深的，是整个甬道和大厅的上端象征围困九百天的那九百支荧荧燃烧的小火炬，我凝望着那一簇簇火焰，我觉得九百个火炬正是那难熬、难度的九百个日日夜夜中无数生者和死的灵魂在跳荡。当我一步又一步轻轻地走过这庄严的殿堂时，我明白，尽管我在对涅瓦河最初一瞥时，我就激情地向涅瓦河敞开我的胸怀，但，在这时，只有在这时，我才真正迈过历史的门槛，走向列宁格勒心灵之门。

在有着浮雕穹顶、大理石圆柱的彼得堡式古老大厅里，我们和列宁格勒的作家会见。这里有格拉宁、雷特海乌、卡列茨基、库图佐夫、杰米坚科，还有年轻的女诗人巴雷索娃。礼仪性的会见很快过去了，我们立即展开了交谈。谈话十分自然地引向围困，因为那九百个猩红的小火焰在我灵魂里一刻不停地在燃烧着、燃烧着。不过，对于主人这也许是痛苦，那是生活中极为悲惨而又极为壮烈的一幕。维诺格拉多夫告诉我们："当时我是一个工程兵，我从前线上来到列宁格勒，列宁格勒在燃烧、在爆炸、在粉碎。我看到满路冻僵了的尸体，停在轨道上不动的电车，从冰雪里露出冻死者的手。人走着走着就倒在地下，人们没有东西可吃，饥饿像燎原大火紧紧扼住人的咽喉，人们用爬犁拉着死尸；寒冷又像死神一样凛凛逼人，有人挣扎着去弄一点木柴，可是拉着、拉着，拉不动就死了。"杰米坚科那时才十二岁，他告诉我，他吃过草、老鼠和蛇。但深深镌刻入我的灵魂深处的，是死人冻结在涅瓦河的冰层里，人们从河上走过，透过玻璃一般透明的冰，还看得见，那既没有悲伤，也没有痛苦，而睁着的一双圣洁的眼睛。维诺格拉多夫说："我常常在思考的是这些大人、妇女和孩子，在他们死亡的那一刹那想的是什么？"

我的情感在我血管里激荡。

我的泪水在我眼睛里饱涨。

是的，——数百万人口的列宁格勒，仅仅饿死的就有七十万人，七十万人在他们瞑目时他们想的是什么！？

在这样想的时候，我望着格拉宁。他是一个十分纯朴的人。他所坐的长椅的金色锦缎靠背似乎与他不甚协调，他深灰色的西装里穿着一件敞口的蓝线衫，他的脸型很有特点，鼻子和下巴都向前翘起，嘴巴就像月牙一样向里弯着，在又浓又长的眉毛下有一双灵活的眼睛。不过，他有时叉着两手，几乎是闭目沉思，讲话时圆溜溜的眼珠又炯然一亮。关于围困，他说得非常简练而又引人向往，他说："战争时我在前线，常常步行到列宁格勒，我原以为对围困很了解，等我看见亲身经历围困的人时，我才觉得自己并不了解围困。"真理总是朴素的，但正是这朴素的言语，给我以启开闸门的钥匙，使我找到通向列宁格勒人精神世界的途径。

我的思想已经展翅飞翔，离开这个谈论的会场。

我飞翔向格拉宁《围困纪事》[①] 里动人的、杰出的篇章。

关于列宁格勒的围困，在苏联文学中获得了充分的反映，有小说，有诗歌。但格拉宁的《围困纪事》却以亲历围困的真人的内在自白，陈述出别人无法想象的动人的真实，——不加任何艺术的虚构与修饰的，最单纯、最朴素的真实，有着深深渗透人心的力量。我虽然只读了第二部的部分篇章，但我要说，当我读到年轻的母亲利季娅·奥哈普金娜为了保护两个年轻的、可怜的孩子不在饥饿、严冬和空袭的爆炸中死去，她承受了只有母亲才能做到的无法想象、无法预见的所有的折磨与苦难，这个母爱的深情一下攫住了我的全副心身。"我早就没有奶了，乳房完全瘪了下去，无影无踪了，因此，我用针在肘部上方扎了一个眼，让女儿的嘴紧紧地贴到这个部位上，静静地吮吸着，渐渐睡着了。""孩子也瘦骨嶙峋。看着他们干瘦的小手小脚和忽闪着一对大眼睛的苍白的小脸，我心如刀绞。"她知道她随时可能死亡，但是"我暗暗盼望死神同时降临在我和孩子们头上。因为我担心，万一我在街上被打死了，孩子们将会拼命哭喊妈妈，妈妈，然后在冰冷的房间里饿死"。利季娅·奥哈普金娜已经精疲力竭，奄奄一

① 《围困纪事》系阿达莫维奇与格拉宁合写的作品。

息，但正是这种母爱的献身精神激励着她无所畏惧地去奋斗。可是，瓦砾在垂哀，风雪在哭泣，她终于面临绝境，她喃喃自语："我实在受不了了，上帝呀，求求你，让死神降临到我们头上吧！不过得让我们一起全死。我再也活不下去了……"正在这时，她丈夫托人从前线带来一个包裹和一封信，瓦夏写道："亲爱的莉达……"读到这里，我实在忍不住，我双手掩面，热泪滂沱。

我们离开古老而又华丽的列宁格勒作家协会大厅时，格拉宁邀请我们三个人晚间到他家做客。

在汽车驰行中，我想着：

这也许不是一次作家之间的会见，

而是和列宁格勒心灵的会见。

多么温暖而幸福的俄罗斯家庭啊！在家里，格拉宁成了另外一个人，只穿了一件蓝布夹克，显得年轻了许多，生动、自然、舒畅，在他的脸上一直流露出聪敏而幽默的微笑。他的夫人丽玛·米哈伊洛夫娜是个慈祥温厚的人，永远闪着温柔的笑意，她穿了一件宽大的红白条相间的毛线背心。我跟格拉宁说：战争时期我在哈尔滨住过三年，我非常喜欢俄罗斯房屋，墙壁很厚，窗门很严，给人一种坚固、宁静之感。不过那儿从前年第一场雪一直到第二年春天冰雪才融化。格拉宁说：列宁格勒也是这样。我们围坐在沙发上，我和格拉宁各自啜饮着浓郁醇香的格鲁吉亚白兰地。当我们谈到《围困纪事》，丽玛讲到格拉宁在这部书里倾注了心血，格拉宁一笑打断她说："你不要老说丈夫的好话吧！"丽玛说："为什么呢？我不是也说你的缺点吗？"她转向我们："我们两人各有优缺点，他含蓄，我激动；他散漫，我严谨。"格拉宁将话头转向《围困纪事》说："……最困难的是选择什么？不只单纯的记述，就是说要有一个道德的主题，成为内在旋律，那就是是什么精神力量使列宁格勒人经受住了这场灾难，原来都

作者在巴金家中与巴金（中）、吴强（右）合影

1981 年与汪琦合影

以为知识分子是软弱无能的力量，只能说不能干，事实上，九百个日日夜夜，内心世界最丰富的是知识分子。愈是想救人的人愈给留下来了，这不能说不是一个新的发现，从医学各个方面看，这人应该经受不住这场考验，应该死亡，可是道德帮助了他，因为他像一个人一样活着，而没有变成野兽。围困过去三十五年了，人们写回忆录里常常夹杂着编造的痕迹，而在亲身经历那日日夜夜当时写的日记，是那样坦白、真诚……"

丽玛说："在写《围困》之前，他们通过无线电广播，请求活下来的人把他们的日记奉献出来，很多人纷纷响应，有的干脆把日记寄来，这样就出现了《围困》第二部里克尼亚泽夫、尤拉和奥哈普金娜三个人的日记。"

格拉宁说："到一九四一年隆冬时节，围困生活达到最残酷的地步。我们在前线以为我们很了解围困的生活，看了这些逼真生动的材料，我才知道，我们根本不理解围困生活，可以说一无所知。因为对战争我有亲身经历。"格拉宁在大学是学机电的，战前是基洛夫工厂的设计处主任工程师、动力实验室研究组长。战争爆发了，他立即投身前线。从一个普通列兵当了重型坦克连连长，他流过血，负过伤。"可是围困是另一回事了，一个家庭、一个工厂、一个人，随时发生着心灵里最细微的悲剧性的东西。一个人如果把所有粮票丢掉，那就意味着死亡，周围的人知道了，对他怎么办呢!？大家都非常困难，每个人自己都要活呀！有的分给他一点粮食，有的装作不知道，因为如果明天又有人丢掉粮票该怎么着？这是深刻的悲剧，有人到现在还承受着良心的责罚。有一个母亲，由于她的儿子丢了两本粮票，她就把他赶出门去，儿子饿死了。战后，邻居们都责备她：'你怎么能那样呢？'这个母亲说：'谴责人很容易，可是当时面临死亡的人怎样保持道德呢？'"我觉察出这不是格拉宁一个人心灵的隐秘，而是几十万、几百万列宁格勒生者和死者的心灵的隐秘。他收敛笑容,短促而艰难地说出一句话:"我们不知道在这种情况下该怎么做,所以我们很难责备这个母亲。"

丽玛最理解丈夫的心灵曾经受过多少次、多么大的冲击,她连忙把话头转了开去。当我们称赞她一定为这珍贵的书出了不少力,她温厚而又真诚地说:"我出了不少力呀!那些材料简直像大海一样拥来,我是一个统计经济学家,我给他们分门别类制成卡片,按字母表排列了次序,他闭住眼要伸手拿什么就拿到什么。"

格拉宁眼珠一转,笑了起来:

"是呀,要不是你,我们会淹死在材料里的。"

我们的谈话漫无边际,我们都披敞了自己的胸怀,可是已经到了夜深时候。

当我们向主人告别时,格拉宁突然愉快地说道:

"如果天气好,涅瓦河美极了。"

他坚持要亲自送我们,我们无论如何请他留步,他却说:"我爱夜间散步!我常常夜间散步!"说着他已在过道里穿好了一件深蓝色的风衣。我们几个人手臂挽住手臂,从瓦西里耶夫兄弟大街(因《恰巴耶夫》电影导演瓦西里耶夫兄弟而命名)走出来。这时灯影朦胧,夜街幽静,走过一处兀立的穹门,转过几条曲曲幽巷。我非常喜爱这种彼得堡式的街道,我们一面走一面闲谈,而我的脑际却像幻影一样闪烁。上次,我曾走到普希金决斗后,用雪橇拉回,睡卧的长榻跟前。这回,我又在陀思妥耶夫斯基吐血去世的房间,在桌上面看到他女儿柳芭写的一个纸条:"亲爱的爸爸我非常爱你。"我不由从沉思中醒转,问格拉宁:"这儿有没有果戈理的故居?""可惜没有保存下来。"这时,我们突然来到彼得大帝铜像跟前,灯光凝照着这位骑士的英姿。原来格拉宁为了让我们尽量欣赏列宁格勒之夜,特地弯路兜了一圈。我来的那个白天,曾仔细观察了这座青铜雕塑,我发现了我一九五八年没有发现的，从后面看到彼得的骏马踏着一条蜿蜒迤逦的巨蛇。当现在灯光照得闪闪发亮时，我忽然发生一个奇思，你能设想，叶卡杰林娜二世修筑这座神魄非凡的铜像时，能想到在一百五十九年之后，列宁格勒人，竟如此砸断踩烂德国法西斯这条最凶猛的毒蛇。当希特勒遥望着彼得堡教堂的金顶，准备好要在进入列宁格勒时，在阿斯托里亚饭店大摆庆祝宴席，可是，如果说历史对拿破仑作过嘲弄，但拿破仑终究进入他渴望进入的莫斯科，那么，历史又一次讥讽的希特勒，他却只能在列宁格勒包围圈上寸步不前。格拉宁引导着我们，从这儿起就沿着涅瓦河花岗石的堤岸缓步而前了。清冷的夜气从河面上飘来，我们谈心絮絮不停，这是多少惬意而悠闲的漫步呀！两岸灯火如同万点繁星。到了路口，我们坚持请他回去："这样夜晚怎么让你一个人走这么远路！"格拉宁却质朴地说："你们不要不放心，这是我的家呀！"……格拉宁！当我们谈到彼此生年时，我是一九一六，你是一九一九，你曾幽默地说："你在十月革命之前，我在十月革命之后。"当然，我们都是十月革命的产儿。格拉宁！当你指引我们看涅瓦河边有着美丽的螺旋形梯阶的小码头，我想到你常常夜晚站在涅瓦河边，你心里充满着多么深切的骨肉之情。我上次来时，"被法西斯炸毁的冬宫正在重新修缮"，"我乘汽车向郊外奔驰，我看到一座惨遭摧毁的红楼危然耸立，从一九四一年到现在已经十八年了，当时诞生的婴儿如今已是个青年，但战争灾难的痕迹还深深留在人间，这时，这红色的危楼就像一束红色的火焰在我心里燃烧。司机同志指着路边一块石碑告诉我，这就是当时敌我的分界线"（一九五八年日记）。是的，格拉宁！正是你在《围困纪事》里说过："我们的主人公并不知道将来会胜利。他们不知道自己是否能活下来，不知道列宁格勒的前途，祖国的未来。疑虑，甚至悲观失望曾经笼罩在他们心头。可是，如果稍加仔细地读下去，你就会发现，就是在那些日子里，他们心中也萌发着正义必胜的信念，而且这个信念是具体的；他们深信列宁格勒能挺住。此外，最有价值的是：我们能够看到，尽管处境日趋恶化，饥饿更加难挨，死亡的阴影不断吞没着希望之光，这个信念却逐渐坚定起来。”格拉宁一步不少地把我们送到列宁格勒饭店大门跟前，我们拥抱作别了。我望着他一个人在夜街上走去的背影，我觉得从梦幻到现实，格拉宁似乎引导我们走过但丁《神曲》从炼狱到天堂之路，我不能用什么英雄的语言来记述这个途径，但是我深切地接近了列宁格勒的心灵。

清晨，雨中枞林发出阵阵清香，我在斯莫尔尼宫门前，从濛濛细雨中迈着虔诚的脚步，将一束雪白的石竹花献在列宁雕像之前。列宁脚下那血红的花和我这洁白的花融成一支庄严而又圣洁的乐曲时，我的心潮澎湃，意绪丛生。我从这诞生第一个社会主义新世界的地方，转过身来，放眼全球。十月革命到今年整整七十周年，我像一下走回七十年之前，一下又走回七十年之后，不过，我认识到，列宁格勒在人类历史上有两次巨大的闪光，一次是攻打冬宫的十月革命，一次是九百个日日夜夜的围困。正是在炮火爆炸声中，死亡随时可以到来的危急时刻，《围困纪事》中披露的苏联科学院档案馆馆长克尼亚泽夫，这位可尊敬的老科学家在日记上写下千金之重的字句，道出历史命运的衔接："人类的未来是文明的未来，是文化的繁荣。人类在其发展的进程中，将达到这一阶段，真正成为文明的人类。在人类处于水深火热的黑暗日子里，正是这些思想激励着我。正是这些思想鼓舞我同那些为着这未来的文明人类而斗争的人们一起并肩战斗。从'耶稣降生'算起的'我们的纪元'要么应该证明自己的正确（而它未曾证明过，也不可能证明！），要么应该被新的'我们的纪元'所取代，被文明的（真正文明的）和人道的新人类的诞生所取代。许多人，包括我在内，都认为这一时代是从一九一七年十月二十五日(十一月七日)开始的。未来将证明是否如此。”这是理智与精神的力量,这是良心的力量,这是真挚而又真挚的爱的力量,是它们让人类在第一次列宁格勒闪光之后又看到第二次列宁格勒的闪光。我那洁白、洁白的石竹花啊!在细雨的滋润下开放得是那样鲜艳,那样鲜艳。

午夜即将乘车去莫斯科。四天四夜——涅瓦河就在我窗下流过,阿芙乐尔号巡洋舰就停泊在我跟前……我伴着她们度过的四天四夜,是多么珍贵的四天四夜啊!我也许不会再来了,但我必须把我的情愫留给后人。这难道是我最后的留恋吗!?我关闭了室内所有的灯火,我静静地坐在大玻璃窗前,涅瓦河夜景真美得惊人,夜静更深,岸上曲曲折折两排淡绿色的路灯,像一颗颗透明的水晶一样,而这时,那九百个猩红小火炬又在我面前燃烧起来,一下,我的眼前又出现了两个圣洁的影像,那是我在九百个日日夜夜纪念馆时,一对新郎和新娘轻盈地、轻盈地走过我的身旁,新娘的白纱一直拖曳到脚下,轻盈地、轻盈地走过那九百个火炬光照之中,把他们青春的心献给先人,许给将来。这是多么好的风习,我在基辅“祖国母亲”纪念碑前看到过,在莫斯科的“列宁山悬崖”前看到过,格拉宁陪我们沿涅瓦河步行到阿芙乐尔号巡洋舰跟前,我却又看到了结婚的新人。一刹那,这象征着纯洁与坚贞的白纱变成一片袅袅娜娜、朦朦胧胧的银白色的云,在这夜的涅瓦河上,在这夜的涅瓦河天空上冉冉飘过。我非常珍惜我这最后告别的时刻,但我终于在这一刻,我理解了正是九百支火炬这心灵之火,才能烧炼出水晶一样透明的涅瓦河夜光。当然,至于那些死者最后一刹那想的是什么,这也许是一个千古难解之谜,可是,我以为给人们留下一个永恒的思考也许更有深意。不过,当一对、一对青年走上成人之路时,他们来接受这熊熊燃烧的心灵之火,那么,我想这心灵之火必然诞生着水晶一样透明、纯洁与坚贞的未来……

春 雪

入春以来，接连下了几场大雪。每次看到这一片白茫茫的世界，心头总涌出无限欣喜，是的，这是八十年代第一个春天的雪啊！

我生长北国，从来爱雪。少年喜诵的“自嫌诗少幽燕气，故向冰天跃马行”的诗句，至今记忆犹新。鲁迅对北地和江南的雪，做了精细入微的描写：“江南的雪，可是滋润美艳之至了，”而“朔方的雪花在纷飞之后，却永远如粉、如沙，它们决不粘连，撒在屋上、地上、枯草上。”不过我觉得这里写的北方的雪是冬雪。至于北方的春雪，我倒觉得颇有江南雪意呢！旧历正月初三那头一场春雪不就是这样吗？我住在高楼上，从窗上望出去，阳台栏栅上堆积着厚绒绒一层雪是那样湿润滋融，带来清新的春的消息。天晴气朗，从我这窗口，可一目望到苍翠的西山。而这一天，北京城一片洁白，一望无际、鳞次栉比的积雪的屋脊，黑白相间，构成一幅十分别致的画，好看极了。

这春雪，引起我喜悦，引起我深思。我静静伫立窗前久久凝望，我想起我一生中难忘的几场春雪。

在延安搞大生产的那个早春，那是如何艰苦而雄伟的大时代呀！我们为了战胜饥饿，为了把火与血的战斗进行下去，但等天暖，我们就要放火烧山、开荒下种。恰恰在这时候，一场大雪忽然从空中飘飘扬扬洒落下来，喜得我奔出窑洞，用炽热的两颊，迎接冰冷的雪花。我写了一篇小文章，题目记不清了，好像是落雪的晚上，其中有这样的意思：雪，一点一滴深深渗入土地，滋润着种籽，让它早日发芽。我现今还记得那年的春朝，曙光微放，延安山岭上，这里，那里，一行行蜿蜒蠕动的人影，然后，飞扬的锄头，挥洒的汗水，令人真正体会到“劳动人民创造新世界”的快感。

已近三月末，早该下雨，谁知今早起来一看，又是一场好雪。大概因为温度上升，雪花都粘连在树身上，远远近近的树木，有如一丛丛雪白的白珊瑚，好看得很。这雪树使我想起另一段艰苦而雄伟的生活，那是东北解放战争最困难的时候。松花江边，二三月还是满天风雪。雪深没膝，行军人，一脚拔上来，一脚陷下去，尽管是零下四十度的严寒，由于艰难跋涉，却还一身热汗淋漓。但一眼看见东北人叫做“树挂”的奇景，一株株树从树身到每一纤细枝条，都像冰雪精雕细刻出来的，晶莹婀娜，不禁从心头掠过一阵惊喜。我就带着这美的心境穿过风雪，走进硝烟，这又是何等英雄而豪迈的生活啊！

今年，八十年代第一春，这几场大雪自与往昔不同了。但是，历史的脚步，却静悄悄而又坚实实地从遥远深处走来，把往昔和今日紧密相联。正因如此，那艰苦岁月的春雪，赋予今日的春雪以无限深情。如果说有什么不同，那就是时代不同了。那时，我们从黑暗旧世界中用鲜血与生命搏取光明；今天，我们迈进一个大时代的门坎，走向新的长征，要以更坚毅的力量去搏取更大的光明。从一个战场走上另一个战场，这就是我们的历史的延续与伸展。“忘记过去就意味着背叛”，这话说得多好呀！我们是为了纪念过去而迎接明天。对于创造未来的人来说，他懂得他是多么需要往昔那种披荆斩棘、开荒辟莽的精神的，这样想时，我又听到开荒的歌唱，又听到火线的雷鸣。

这几场雪，一次比一次更接近温暖的阳春。我想起我失去自由时，默诵过咏春的诗：“几番朝日几黄昏，快雪明雷最断魂。”

就在那铁栏栅里，我心灵上还是微微的颤动着自由翱翔的翅膀啊！眼看这簌簌的雪花，把几十年的情愫一下串在一起。这纷纷扬扬的雪花啊，它，似乎在催着我飞马扬鞭、冲击向前。

我静静地凝视着，这春雪啊，一点动静也没有，绵绵落了一夜，又绵绵落了一天，这雪多么洁白纯净，如花似玉，但是没有让我沉醉，却使我亢奋。从我的经历、我的性格，我是更爱暴风雪的。正如鲁迅所写："……旋风忽来，便蓬勃地奋飞，在日光中灿灿地生光，如包藏火焰的大雾，旋转而且升腾，弥漫太空，使太空旋转而且升腾地闪烁。……"这是怎样的豪情，怎样的奔放。谁料今天下午，当我从窗口望着白杨树林，我却给一种天工造化，神妙奇绝的景象所惊住。原来，白杨树身、树枝上融化得发湿发黑，已经静悄悄地长出梢头的茸茸嫩蕊上却沾着雪，像千千万万点洁白的花，那样密，那样美。一刹那间，我仿佛到了苏州的香雪海，看见千树万树的白梅。今天，只有今天，这绵密的春雪，使我竟暂时忘记了我心头上呼啸的暴风雪，使我更加深沉地喜爱起春雪来了。古语："瑞雪兆丰年，"而这八十年代第一个春天的雪，不是为八十年代、为新长征，带来美好的预感了吗？……没一点风，我静静走到一株高大的白杨树下，一片积雪，又一片积雪，从树顶上扑突一响，扑突一响，坠落下来，立刻溶入潮湿的黑土。我忽然想起："落红不是无情物，化作春泥更护花。"当然，用落花比拟雪花很不确切，可是，以生命肥沃着大地的雪花，不正在催发着即将开放的春花吗！？

海天夜话

——序

海涛声渐渐平静，一轮圆月一下隐没在苍茫云雾之中，一下又把皎洁的光华投向人间，一切都很宁静，从苹果林深处送来淡淡清香。

我们坐在阳台的藤椅上。

"你非常爱海，我看过你有关海的散文。"

"是的，——海有一种魔力，当你着目于那一望无际的汹涌波涛时，一切世俗的尘烦、卑微与萎缩，就会涤荡一尽，她使你的心灵净化，感情升华，你的整个心胸就敞开来与大海紧紧拥抱，你感到雄浑、辽阔、庄严、伟大。"

我停下来，我的眼光为一只那样巨大的飞蛾所吸引，它在飞翔，回荡，扑着窗上的灯光，它好像在奋力捕捉光明。

我想了一阵，我对朋友说：

"你记得《约翰·克利斯朵夫》中那段话吗？"

"哪一段？"

"有关莫扎尔德与贝多芬的，——你听：……莫扎尔德像属于水的一类：他的作品是河畔的一片草原，在江上飘浮的一层透明的薄雾，一场春天的细雨，或是一道五彩的虹。贝多芬却是火：有时像一个洪炉，烈焰飞腾，浓烟缭绕；有时像一个着火的森林，罩着浓厚的乌云，四面八方放射出惊心动魄的霹雳；有时漫天闪着毫光，在九月的良夜亮起一颗明星，缓缓地流过，缓缓地隐灭了，令人看着心中颤动……”

“春雨，火，讲得多好呀！不过，这是音乐。”

“是的，音乐、美术、文学是相通的……”

“你是讲作家、艺术家的心灵？”

“对，我常想一个问题，一个作者的人的气质与他所创造的艺术的气质的问题，在音乐方面我爱贝多芬，在艺术方面我爱米开朗琪罗，在文学方面我爱托尔斯泰……”

我的朋友打断我的话：

“可是有的火一般的作品里也有春雨。”

“你说得对……”

我听了一会儿草丛中秋虫悄悄的低吟，我接着说：

“我觉得艺术的构成是复杂的，一篇散文，就整体来说是雄伟的，或说浩瀚的，但是并不排斥里面也有纤细与精巧——就像交响乐所有乐声都戛然停止，一刹那间只响着一阵委婉的笛声——你会觉得它在你心灵中缭绕，那样美得透顶！……而她使整个旋律更加雄伟，更加浩瀚。因为没有起伏跌宕，也就没有交织错落，没有鲜明的对比，也就没有巧妙的衬托。”

夜深了，月为灰色云所遮掩，我站起来，我望着天上翻滚沸腾的云海，气势那样神奇、浩渺，就像茫茫宇宙整个涌到眼前。

“就拿海来说，一朵雪浪花，有时像一朵白兰花那样晶莹小巧，但整个大海是那样辽阔，无边无涯，气象森然。关于海，我想读一段我评论小说的一篇文章中讲过的这样一段话：

“文学中描写大海的太多了。不过，罗逖的《冰鸟渔夫》是海的哀歌，海明威的《老人与海》笼罩了迷惘的灰暗。当我读丹纳的《艺术哲学》，在谈希腊雕塑的部分倒使我眼睛亮了一下，‘我正月里在伊埃尔群岛看过日出：光越来越亮，布满天空，一块岩石顶上突然涌起一朵火焰；像水晶一般明净的穹窿扩展出去，罩在无边的海面上，罩在无数的小波浪上，罩在色调一律而蓝得那么鲜明的水上,中间有一条金光万道的溪流。傍晚,远山染上锦葵,紫丁香和茶香玫瑰的色彩。夏天,太阳照在空中和海上,发出灿烂的光华,令人心醉神迷,仿佛进了极乐世界;浪花闪闪发光;海水泛出蓝玉、青玉、碧玉、紫石英和各种宝石的色调,在洁白纯净的天色之下起伏动荡。'你看,希腊的海多么美呀!但这是一种表现恬静的喜悦,心情的开朗的海,然而这种明净未免使生活过于宁寂了。作为流浪汉的高尔基,初期作品中写的海是绚烂夺目的,'海——在笑着',已经成为描写海的经典名言。特别在他的《海燕之歌》里,他写出了大海的豪迈与雄伟,但那是横扫旧社会的浪涛滚滚、电闪雷鸣。真正海和人融为一体,通过人的性格、命运,写出了海的性格、神魄之美;又通过海的性格、神魄之美,闪耀出我们这个大时代磅礴浩瀚,无限光明的,还是《迷人的海》。"

"你这样,是不是排斥了过去的作品?"

"不,人类文化是有它继承性的。不过,人,是社会的人,他写的作品就不可能不烙上他那个时代的印记,而人类历史是发展、前进的,——我们是主张历史唯物主义的美学观的,《冰岛渔夫》有它那个时代的美,《老人与海》有它那个时代的美,——关于美,当然还要具体分析,在同一时代,不同思想、感情、艺术观的人,又可获得各自不同的美,——至于谁代表了那个时代的精神与神魄,就看他的血液、心胸、整个生命与时代的贴近的程度了。总之,我们的人写出我们时代的海,同样的海涛,同样的浪花,同样的狂飙,同样的巨澜,但不同时代,注入不同的色彩,不同的音调,不同的生命,不同的光辉。"

"你是在讲时代的海洋!"

"对,我的意思是说,没有大海的心胸,就写不出大海的神魄,而一个伟大的时代,会给予那个时代的大自然一种特有的妩媚,气势,——你该记得人民大会堂那幅《江山如此多娇》

吧!——那上面没有红旗或其他什么革命的装饰,而那磅礴的生气,就充分反映出我们时代的蓬勃生机……"

"它是属于我们时代的特殊的美。"

"生活是最伟大的,它任历代变迁,令人探索,永远无穷无尽,从这个意义上说,没有时代,就没有历史。"

"你自己怎样写海?"

"我现在手边正在编一个集子,就叫《海天集》。"

"这是你的成果?"

"不,这是我的追求。里面确有几篇写海的,如《翡翠城》、《烟台山看日出》、《海天情》、《怒海狂涛》、《海燕》、《海歌》、《海峡风雷》;但我起这个书名,还因为有另几篇:《延河水流不尽》、《伟大的创业者》、《巍巍太行山》,如果说前几篇是写自然的海,那么后几篇是写人生的海,这两者的融合,就闪现了我们时代的一点光彩,响出了我们时代的一点声音。当然,这只是我的追求,——我用这个书名,不过说明我在追求开阔的胸襟,广阔的心灵。当然,这只是我的追求,你要知道,追求是无尽的,因此,追求永远是开始,……"

夜,太静了,而且月光又像朦胧的银纱织出的雾一样,在树叶上,廊柱上,藤椅的扶手上,人的脸上,闪现出一种庄严而圣洁的光。海似乎也睡着了,我听到轻柔的浪花拍在沙滩上的微语。

我的朋友说:"这夜很深,可是我们的夜谈似乎永远不能完结。"

"是的,请让我读一首诗给你:

海天风雨信苍茫,
电火雷云转过场,
极目青天一望处,
片帆刚好对斜阳。

"你想,在海天之际,一片白帆给太阳照得鲜红,是多美呀!……而帆是永远鼓风前进的,——我愿把这本小书献给沿着生命航道鼓帆前进的自由而亲爱的人。"

武夷风采

大自然是伟大的创造者，他常常以惊人之笔，把人引入深邃的美的意境。我总算是游历过一些名山大川的人了，但我不能不说，武夷一下把我的神魄吸慑住了。

我是一九八四年十一月十日到达武夷的。北国飞雪，南天清秋。一片红色余晖，映照出武夷山脉烟海苍茫，长天辽阔的神姿。忽见一巨峰迎面而来，雄浑奇伟，拔地擎天，状如袅娜升腾的蘑菇云，在朦胧暮色之中，备觉苍劲，原来这就是进入武夷的第一峰大玉峰。这时，一阵清风从山顶上飒然而至，当我想到"此大王之雄风也"，心中不觉升起一种庄严肃穆之感。

谁知神龙一现，夜幕骤临，武夷山水似乎并不急于使我一睹风采。夜气有些儿清凉，在寓舍饮上一杯醇香的乌龙茶，倒也取得一丝暖意，不过，午夜嫩寒寻梦处，飞来九曲玉玲珑，这一夕我是在悬念中度过的。拂晓急起，推开窗门，哪里知道白茫茫浓雾，遮天盖地，一无所见，武夷山在哪里？九曲溪在哪里？可是，当我踏上游程时，我却深深品味到这大雾的美妙之处了，如甘霖滋润万物，如水墨濡染江山。当我缘着崎岖的小径走去，忽见一石门，为宋代遗物，久经风霜的侵蚀，使得门上浮雕形迹模糊，荒山野石，更觉古朴，一根藤须从上面垂下，微微拂动，仿佛在向来人招手。而后，来到云窝。这时，我特别领略到：一峭岩，一曲径，一树梢，一竹叶，无不凝结满晶莹的水珠。特别是当我攀登到一处山峡深谷时，从芭蕉叶上，雾珠竟雨水一般滴流而下，叮咚作响。雾，你武夷的雾啊！你在美化人间，诗化人间，你使一切朦胧，隐约，清幽，我才明白古人以雾里看山为一绝，确有精到之处。我攀上峰顶，极目远望，突然间看到茫茫云海之上，三个山峰，竟像从海里踊跃而出、腾空而起，阳光有如千万支强烈的聚光灯把山峦照得红艳艳、亮闪闪，我一时之间完全浸沉在虚无缥缈的梦幻之中了，我觉得那山峦——迎接第一线阳光的使者，确像在低唱、在微笑。于是，漫漫浓雾就此渐渐隐退了。

人赞武夷曰丹山碧水，我就概括我两日之游，说说山，谈谈水。

我穿过迂回曲折的岩洞，听尽琴弦急语的泉声。久久伫立，为一座险峰镇住。峰壁上紧贴着一片森然直上的苍崖，像一支利剑，但，它的半腰却横裂三痕，令人望之悚然，好像只要一阵风一吹，就会崩裂而下，但，这正是武夷山奇绝的特色。当我走进茶洞，这片茶园四周耸立着七座巍巍大峰，有如一口深井，据说只有在太阳西下前的瞬间，一线阳光忽然凭空而下，其璀璨，其艳丽，无与伦比。当我方沉醉于遐想之中，忽然仰头一看，一座高峰耸立面前，这就是天游峰。我看上山的石梯，狭窄、曲折、壁陡，实在令人望而生畏。我不想上了，同行的人也不要我上了。但，徐霞客说："其不临溪而尽九曲之胜，此峰固应第一也。"这句话吸引了我，鼓舞了我，我还是奋力而上。我虽未能穷万仞之巅，而只登临其半，但眼前忽地豁然开朗，山卷狂涛，溪流万转，尽入胸襟。我在迎着灿烂的阳光、吹着飒爽的清风，一时之间，呼啸苍天，扶摇大地，真有游天之感了。

这儿的山有这儿山的风格，它既不像黄山那样万山萦回，也不像庐山那样一山飞峙，它像天上的造物者偶然抛洒下无数碧螺，万峰千岩，如剑如笏，朝天耸立。我一看到这儿的山就想起青铜雕塑。所以这样，一因其色，一因其形。红层地貌，人称丹霞，于春苍中露出赤红，确实叫人联想到万古风霜，铜色斑斓；岩体崩解，岩如断壁残垣，危绝奇峭，山如肌肤怒张，孔武有力。总之每峭岩，每峻岭，都像由一个巨大艺术家，凭他敏捷的才智，豪迈的心灵，挥动雕刀，铿锵劈刻，处处显得矫健、粗犷、苍劲、神奇，从而给人一种动态的美感。当我回过身来看时，但见天游峰顶，万丈悬崖，一片飞瀑，直泻而下，日光闪烁，微风摇曳，像碎玉，像飞雪，就更给这凝聚的峰峦，凭空增添了几分意气、几分生机。人们告诉我，如果夜宿天游峰顶，在晨曦到来的时刻，看白茫茫的云海，像大海波涛，旋卷翻腾，待朝阳骤临，霞光绚烂，像姹紫嫣红，万葩齐放，那才真是瑰丽壮观呢！

如果说丹山是武夷的铮铮神骨，碧水便是武夷的悠悠心灵。我们下午就乘竹筏一泛九曲溪了。好心的主人特别安排，逆流而上，这样可以按照序列，可从一曲游到九曲。溪名九曲，其实水随峰流，峰逐波转，何止百转千回。岩石凝紫，溪水湛绿，两岸山崩峰裂，铁熔铜铸，形成曲曲折折的幽涧深谷，溪上水清如镜，一眼望到底，河底的石卵清晰可数，日光云影，闪闪浮动，真像有千万片水晶在震颤，在闪烁。当我沉醉在一片浓绿之中的时候，突然从一泓深潭上看到倒垂着一片乳白色的山影，随着碧波荡漾，真是动人。我连忙翘首仰望，但见整个山体洁白如玉，在苍苍层峦叠嶂之间，愈发显得像是一个亭亭玉立、脉脉含情的少女。啊！仙女峰！仙女峰！我曾仰望长江上的神女峰而惆怅，我曾凝眸石林中的阿诗玛而慨叹，但我以为武夷的玉女峰的确是美得惊人，它不但婀娜多姿，而且神情飘逸。当我们的竹筏已浮游而进，我还屡屡回顾，它使我想到我在巴黎卢浮宫中默默观赏维纳斯那时刻，我心中所升起的亲切、喜悦、完美的人和生命自由的庄严的向往。九曲溪一曲一折，有时清流浓碧，波光粼粼，有时乱石堆滩，急湍飞鸣。千山萦回，一流宛转。回头望，望不尽乱山丛立，有如长江三峡；向前看，看不完明山丽水，又是一曲新的画廊。竹筏浮至回曲，忽见一株红艳艳的杜鹃，从崖头垂下，凌风嫣然。武夷回天天怜我，小阳春里露深情。你，杜鹃，我一个月之前在云南边境亚热带丛林中，冒着浓雾，涉过激流，向扣林山奔驰时，曾为那满山遍野浓艳艳的红紫色而精神一振，谁料如此之快，又在这僻静的幽谷中重逢，好像春之神真的回天有术，给我以深泽厚爱。但真个使我整个神魂为之震颤的是游到五曲。在岸上凌空飞来一座平坦的、浩荡的巨崖，它上凌青天，下临碧水，这就是仙掌峰。而奇特惊人的，是在这一半铁青一半赭红的崖壁上，冲激出数十道均匀齐崭的圆形棱柱，仿佛在天风飒爽之中，如见古希腊神庙的廊柱，我再细看，这峰崖倒映水中，那些圆柱就像千万条游龙在随波荡漾，真令人有虎跃龙腾天上人间之慨！上到八曲，乱滩纵横，万流迸裂，声如雷奔，浪花飞雪。过了芙蓉滩，山势迂回舒坦。到了九曲，已经是夕阳明灭乱山中，暮霭低垂，紫云缭绕了。

这一夜，我久久沉思，不能入睡，我与其说带回一身九曲清气，不如说带回一颗水晶的心，那些染满污泥浊气的人，怎能懂得一碧如染的清流，那样纯净，那样澄澈，那样柔和，而又那样百折不挠，勇往直前，是多么可珍贵的情趣！？

由于诞生了上叙这一种信念，因此，第二天清早我就奔驰向武夷深山的原始森林。不过，好心的主人，不言不语，却把车开到一处停了下来，我一看路边石碣上赫然大书“灵岩”二字。啊！仅仅念念这个名字，就给人多少神灵，多少圣灵，多少幽灵，多少山灵的憧憬呀！我们沿着崎岖小径进入山洞，抬头一望，洞顶就像是神话中的巨灵神用利剑劈开一条隙缝，一线天光从上泻漏而下。如若说这黑森森的洞窟使人想到炼狱，那么这一缕微芒就恰似神光了，中世纪诗人但丁如果到了这里，该给他的《神曲》增添多少奇思奥想啊！出来看看这座灵岩山，山崖边上长满像似吊兰的垂草，谁知原来这都是百合花，若是春天，雪白的百合开满崖边，阵阵芬芳，不正是你灵岩的心香一瓣吗！？上了车，车越开越快，进入一片绿的黄金世界。断涧残崖，千回万转，森森古木，染透碧空。深壑之中，乱石如云，溪水有时聚为深潭，水绿得那样浓，就像浓醇的薄荷酒，从石缝中喷出的激流像飞腾的冰雪。绿的阳光，绿的风和白的水，白的浪花，溶织交汇成为一曲交响乐，萦回漫卷，悠然飘荡。我到这武夷深山之中，为了寻找九曲溪的源头，但更重要的是寻找我们今日中华民族神魄的源头，我怀着隆重心情，想一瞻武夷最高峰黄岗山。“风卷红旗如画”，遥想当年，中国工农红军从井冈山像一道铁流汹涌而下，就在这武夷山一带荒林野莽中展开游击战，排挞天地，叱咤风云，开创了英雄的土地革命战争一个大时代。当人们指着路边似乎还带着林木芳香的、新筑的木屋，告诉我这里就是从前的红区人家时，我的眼睛有些湿润了。想一想，今天的一朵白云，一盏鲜花，一座新兴的建筑，一个富裕的农村，一星灯火，一片青云，一个微笑，一番美梦，这每一幽幽心曲般的小径，哪一条不是从那血雨腥风未有涯的艰难岁月中开辟而来。我寻到九曲源头，这儿水清澈得就跟没有水一样，而粼粼日影又让你感到水在轻轻飘浮。这时，一个神奇的幻想，在我心灵上倏然一亮。我站起来，我听到一阵阵轻幽而宛转的鸟鸣，我看到色彩艳丽的蝴蝶在上下翻飞，这时，我的灵魂，已不仅在清泉之上徘徊，而随着九曲溪、下崇溪、奔建溪，直泻闽江，飞临东海。我站在这高山之巅，望长天浩荡，大地苍茫，一刹那间心驰万里，神骛八荒。我想从南平而来的几百里，山凝浓碧，树摇新红，溪流像歌声飘过土地，一峰一壑都是绝佳景色。如果，以武夷山风景区为核心，以南平、建瓯、建阳为外围，以原始森林区为靠背，这将是一个多么辽阔而广大的绿的王国，这将是一个多么珍奇、奥秘、自然、美丽的大公园。当我这样想时我自己也笑了。我仿佛忘记了自己的年龄，怎么把信念延伸到下个世纪？不，不需要那么久远，如果谁只想把美据为己有，而不想为后人栽培，谁就没有美的品格，谁就不配说美。何况在我们飞腾的大时代，当然不会点石成金，但理想总可变为现实。我完全有理由相信这一点，因为，我在这儿接触的每个人，都对武夷充满爱，而爱是最伟大的动力。请你想一想！这些山，这些水，这些簌簌竹林，这些苍苍古木，这儿春暖时，不仅深谷里飞出兰花的幽香，流水也飘浮着兰花的香气。这儿冬寒，茫茫的大雪变成琉璃世界，而一片片白梅林洋溢出醉人的芳香。一个动物学家步行一里之遥，就听到上千种鸟的鸣声，这儿是鸟的天堂；一个植物学家说，而今流传遍世界的红茶，最早从这儿诞生，这是天然植物园。百多年前，这儿就成为外国生物学家的宝库，至今，巴黎、伦敦、夏威夷的博物馆里还珍藏着从这儿采去的稀有动植物标本。那么，今天，这莽莽苍苍的大自然，这诗，这美，一切都属于我们，我们为什么不开发这绿色黄金的矿藏呢？更重要的是，这儿不仅凝聚着中华民族神魄的过去，也凝聚着中华民族神魄的今天和未来。因为我们瑰丽的大自然，就显示出新时代山河的大千气象，舒展着新时代天地的蓬勃生机。

我一回到寓处就倒头入睡。醒来一看表，下午三时。但我一想到明晨即将告辞而去，我就不愿放松最后一片时间，再一探武夷绝境，便驱车北行。就这曼陀、天心、霞宾等山的名字已足以诱人。当我游罢水帘洞，啜一杯泉茶，淋两肩雨雾，转过山头，放眼一望，但见前面深黑色的深谷巨峡中照射过来一片斜阳，有如一片蒙蒙银雾在微微颤动，实在太美了！我们盘旋而下，深入壑中，只听涧水琮琤，且随山回路转，鹰嘴岩赫然出现面前，使我心神不觉一震。三十六峰峰峰美，我爱鹰岩神魄奇。它像一只鹰仰天欲飞。你看，钩形的鹰嘴下，赭色胸脯，斗然壁立，使你感到它随着呼吸在微微起伏，全身黑苍苍的脉络向后倾斜，如丰满的羽翼翔翔欲动，山脊上一片小树棵恰像翎毛微耸、悚悚凌风。我在山根下坐了很久，我觉得正是在最后一刹那间我看到了武夷的神魄。这一鹰岩，使得整个武夷千山万壑，都活了，都动了。雄鹰即将凌空而起，傲视人间，睥睨东海、悠然盘旋，漫然呼啸，于是整个武夷则如大海狂涛，汹涌澎湃，飘摇动荡，不可遏止。这时，落日金光，闪烁长空，我觉得山在微微地震颤，水在微微地震颤，而我的心灵也在微微地震颤了。

春到零丁洋

上

美,有时是偶然得来的,我这次到零丁洋就是偶然的偶然。连广东人都埋怨今年天气反常。我从北京飞广州本来是去访问海南岛的,谁料到了广州,突然潮湿闷热,突然降温阴冷,我的腰痛病一下发作,不能走路了。经过抢治,略有好转。但是医生说既不能吹海风,又不能受潮湿,建议我回京治疗。命运既然做了如此安排,个人是无法违抗的。广州的朋友见我悒郁不乐,便劝我:反正要等机票,何不一游特区。我欣然从命,就此上道。

迷濛细雨,给珠江三角洲增添了朦胧的妩媚,甚是好看。珠海可真是一个漂亮所在。木棉花红得那样浓,就像拼着一腔热血濡染了南天,任凭你遐思浮想,你可以从她联想到悲壮的畴昔,不过,我觉得她正象征着繁荣的今天。经过长途跋涉,住进珠海宾馆,中午躺在床上却睡不着,也许是特区人的生活节奏影响了我,实在是这里紧凑的气氛令人兴奋。两个多月前,我参观了厦门经济特区,得诗两句:"开荒辟莽嵘千古,姹紫嫣红染地天。"这里比厦门走得更快,一座新兴城市已经初具规模。宽敞的大街两旁清一色全是新的楼房,而旁边更新的建筑又在崛起,方兴未艾,实在喜人。我所住的市中心,珠海宾馆、九洲城、石景山宾馆则已联成一片繁华地带。前不久,我在《瞭望》上发表了一篇《赞武夷风格》,是称道武夷山庄建筑之美的,现在我却不能不赞美珠海宾馆,两者全是民族风格,不过,前者是淡雅朴素之美,后者是雍容华贵之美,华不流俗,难能可贵。几曲画廊,一潭湖水,朱砂黄的爆竹花逗来春意,确实很惹人喜爱。主人怜我行路不便,没有敦促我到九洲城去逛商场街,拱北宾馆也只一掠而过,在石花山度假村兜绕一圈,但真正引我出神的是湾泽花地。啊,一眼望去,遍地都是黄澄澄、紫艳艳的菊花,还有剑兰花,红的、白的花朵,像一只只大蝴蝶在翩翩飞舞。我们访问一家花农,其实也可叫花工,他们是培植自然美的植物学家,是创造人间美的工匠。是他们的智慧、血汗、生命,凝成一片花魂花魄,从天空采来万里彩霞,把人间装点得如此娇娆。不禁吟诗一首:

海裹银妆雾裹纱,
木棉红绽几枝斜,
楼台处处飞春雨,
十里人家尽种花。

谁想到,珠海之美,却在晚间以惊人姿态出现。车驰到被人称作"情人堤"的海堤上。啊!大海,啊!明月,我忍不住从车中出来伫立海边。一轮圆月清凉透彻,把无边的碧海照得浩浩荡荡、迷迷茫茫。大海正在涨潮,海水发出絮语,不太远的水面上,粼粼波光像无数金蛇在飞舞。我爱海,但这是凝聚着南天之美的海,今夕何夕,月光如昼,能不留恋?特别是堤上巍然耸立着一块巨岩,借着月光细细分辨,这石岩上留有波痕浪痕,仿佛正在回环波荡,当我想到这三千万年前凝聚而成的大海斑痕,这月的神魄、海的神魄,不觉心神为之一震。我感谢珠海设计家的诗人气质,把这块岩石保留下来,使我们从它身上听到千古之前的澎湃,听到千古之前的浩歌,实在令人幽思顿起了。几个青年攀缘而上，坐在石岩顶上赏月，一切无声，一切沉静，海洋的吸力把人生的尘烦吸得干干净净，月光是清洁的，海风是清洁的，人的心灵是清洁的。人们还透过虚无缥缈的月光，指给我看海湾中一座渔女珍珠的雕塑，它的雪白、圣洁，正像这美丽的城市，永远带着海的清澄、海的温馨。近挹零丁，远眺虎门，这片海在中华民族艰苦跋涉的历程中，曾经怎样火光盈盈，血泪盈盈，而今又是怎样灯火盈盈，笑语盈盈。此时此刻站在这里，我的心灵深处如波涛起伏，一下涌起悲哀，一下涌起欢乐。月光下，石景山宾馆白色的西班牙式建筑玲珑剔透，我在咖啡座里吃了一只芒果，得来一阵热带浓郁芳香，令人陶然欲醉。可是，这一晚久久不能入寐，待得辗转睡去，那海水，那月光，还在梦中萦回飘逸呢。

清晨，海上遮着一层薄薄银雾，我们连人带车上了海船，横渡零丁洋。我坐在驾驶台上，柔软的春风吹拂着我，镜面般的海水上，白鸥在空中划个弧线，渔帆在海上摇着绿的倒影。零丁洋、零丁洋，你突然闯入我的胸怀，击痛我的胸膛。我从幼小就爱读文天祥咏零丁洋的诗，每次诵到："惶恐滩头说惶恐，零丁洋上叹零丁，人生自古谁无死，留取丹心照汗青"，辄击节称赏，涕泪滂沱，从而为这种高风亮节所熏陶、所感染，从而对零丁洋也生发出多少神思妙想。我原来是说看看特区，也没查阅地图，不期而然出现在零丁洋上，这一邂逅相晤，使我深深地珍惜着这里的每一瞬息。这是不同凡响的海，是凝聚着浩然正气的海，而现在展现在我面前的是一个波光潋滟、雾影空濛的平静的海。船长说：你运气好，逢上好天气，风平浪静，海一旦发怒起来，奔腾的涌浪会把轮船送上天，因为零丁洋是南海的一部分，万山群岛过去就是波浪滔天的太平洋了。我沉入深思，我不知文天祥当年过零丁洋是风雨如晦，还是天朗气清？想着想着，在波光雾影之中，仿佛看到这个气重千秋的人，正在驾飞云、御长风，悠然飘荡,漫漫行吟,也许是他的幽灵,也许是他的神魂,也许是他的一腔热血化为云,化为雾……当船长指给我看内零丁岛时,我才意识到,我朦胧中看到的是这岛上的高山,是的,这巍巍然、峨峨然的高峰不就是文天祥的化身吗?!内零丁岛在珠海到深圳的中途,由一群高山组成,烟雾笼罩,影影绰绰,十分幽美,使我一下想到去春游过的日本濑户内海的宫岛。内零丁岛上绿茵茵的全是荔枝树,四周遭都是细软的沙滩,我想如果开辟出来,长天大海,浩瀚无涯,北望虎门,南眺南海,东带深圳,西挈珠海,这里当是一片何等迷人的地方。

下

我从蛇口登陆,风掣电闪,疾奔深圳。深圳,不仅在全中国,在全世界,也是一个响亮的名字了。你管它叫新大陆也好,你管它叫新世界也好,都不过分。如果说哥伦布发现新大陆为人类做出新的贡献,今天,深圳正为创造具有中国特色的社会主义开辟新的途径。从这个意义上来说,它像穿透茫茫雾夜的探照灯,照射着我们的明天。这儿一切都是速度、速度、速度;汽车在刷刷地奔驰,大厦在刷刷地矗立。当我驰入市中心,那密集的高楼群拔地摩天,已经像雄鹰展翅、初露神姿了。放眼一望,粉红的、绿的、雪白的,各种颜色的楼房,像春天原野上的百花争妍,像雪亮的眼睛在闪着眯眯笑容,市区里金碧辉煌,一片繁华,真是"车如流水马如龙,花月正春风",在这里领悟到了这两句诗所含的新意。还必须看到,在从蛇口到深圳途中那大片空旷的土地上,插了牌子,搭了工棚,它预示着不久的将来,更新更美的建筑群会汹涌澎湃、奔腾叫啸而起。从蛇口到深圳几十里长街,日影灯影,人声车声将是怎样的气势,怎样的气魄。有人说现在是"深圳热",我倒希望这股腾腾热气从这儿影响全国,推动全国。

一直到住处，走进雪亮的房间，坐在沙发上，窗帘是新的，地毯是新的，冰箱是新的，彩电是新的，我却有点迷惑不解，如入五里雾中，不知到了什么所在。经人指点，透过碧绿丛丛的芭蕉林、棕榈林，一树树火热的木棉花，一树树红艳的三角梅，在绿荫深处，我看到一座小桥，这时，我的记忆之门一下张开。那是建国第二年出访印度，途经香港，不就是踏着这小桥去，踏着这小桥回的吗？这时我才恍然大悟，原来深圳特区就是当年我走过的荒凉渡口。当然，深圳也不是凭空一跃而起的，我访问的渔村，那儿还保留着两座不蔽风雨的残屋，而旁边就是一片新式楼房，它们像是历史发展的明证。一束像太阳的溶液染得鲜红发亮的花，把我引进姓王的司机家，这个青年人也像满身映着灿烂的朝霞。他的家庭全部电气化了，一尘不染，富丽堂皇，一只柜橱上，几根碧绿葱葱的富贵竹插在瓷花瓶里，昭示着春天，昭示着温暖。这个青年人说：是三中全会精神使我们取得一个飞跃。我说：好的政策要通过个人努力才能开花结果。他腼腆地笑着说：我们已经落后了，深圳有些农村住宅超过了我们。是的，我们的时代是创业的时代，万鼓齐鸣，万帆竞渡，你赶上我，我超过你。但不论后来如何居上，历史起点的脚印总是不可磨灭的。

我看了白日的深圳，又看了夜间的深圳，虽是初夜，却寂静无人。你不要以为这儿净是灯红酒绿，享乐安闲，不，如果说杯中酒影照着一些游人的朦胧醉眼，而居室的灯光却照着聚精会神的读书人，深圳的青年人，浸沉在一股学习热潮中。因为在这里谁不学得一技之长，谁就将在竞争中被淘汰。我喜爱这种气氛，这气氛里透露出一种志气。出人头地有什么不好？力争上游有什么不好？我认为竞争是永远值得称赞的。夜游回来，在记事本上写下一首诗：昔日过罗湖，荒沙点点愁。小桥恋归梦，平野跃新楼。万岭天摩峻，大潮风劲流。拓荒明远志，擂鼓战春牛。

对这最后一句，我乐于作点解说，一不是牛年话牛，二不是犁田赞牛，而说的是我所最喜爱的一座青铜雕塑，一头抵首挺角、奋着全身强劲，将铁硬的树根从荒土中拔出的“开荒牛”。我不想从香密湖、西丽湖寻觅美景幽思，我觉得比一切美都美的是这座雕塑，它是深圳的象征、深圳的缩影，它体现着深圳人激流勇进、奋发图强，给人以清新、给人以向往的开拓者的精神，没有当年延安的开荒精神，就不会有新中国，没有今天荒地上铸造新城的开拓精神，就不会有二十一世纪中华的飞腾。

柔软得像丝绸一样的春风，吹绿零丁洋，吹绿深圳，吹绿珠海。如果说渔女明珠的雕塑象征着珠海的清雅秀丽之美，这垦荒春牛的雕塑象征着深圳的粗犷豪壮之美，而它们的共同之处就是劳动创造新世界的美。想到这里，我的思路活了。春到零丁洋，不是只说今春到了零丁洋，更深的含意是一个新世纪的春天到了零丁洋。这不正寄托着我们的理想，我们的希望，我们的未来吗？

说来也巧，在深圳、珠海两日，晴空万里，一望无垠。黄金的海洋，黄金的大地，黄金的远景，都纷繁涌向我的心头。在这短暂的时间里，我竟围珠江三角洲绕了一圈，从广州经顺德到珠海，横渡零丁洋，而后过东莞回广州，一下是西江岸鲜花盈野，一下是东江里唱晚渔舟。这也算是一种速度吧！当然这是自我解嘲。观察生活，不能只求速度，还要求深度。不过，就仅仅这几十个小时，乘车看花，也从我心灵深处唤起永远难忘的春之赞歌。还是用一首诗结束我这一行，记下我对未来的憧憬：

零丁洋已不零丁，
梦断航笛三两声。
血泪孤臣千古壮，
浩歌赤子万方惊。

花藏荆棘甘心折，
风洒神州洗耳听。
预卜前程应似锦，
茫茫大海一天星。

今日雨狂风骤

天阴沉沉的。上午，我在台灯光下，处理了几封函件。突然感到一阵闷热，摸摸暖气片，温度并未升高，那为什么这样热呢？不过，不久热潮也就过去了。近午时分，风声大作，冬日，楼高风烈，习以为常，我也没有注意。谁料当我一脚踏进会客室，忽然看到窗玻璃上大雨如注，这倒使我惊异起来，因为漫长的冬日似乎还未过去，怎么淋漓的夏雨就忽地降临呢？

我住过江南，也住过塞北，不论在哪里，春雨与夏雨之别是十分明显的：

春雨如丝，

夏雨如瀑。

不过，我望着几面窗玻璃上都是雨水。从心底里却浮起一丝震颤、一丝欣喜，我就觉得自己像是沉在海里。游过海的人都知道，当你把头扎入海中，睁开两眼看时，四周都湛蓝湛蓝的，这时总使你心头掠过一阵快感，想起"一片冰心在玉壶"那句诗。想至此事，我淡然一笑，这大概还是童心未泯的缘故吧。不过，在潇潇雨声中，最宜于驰思漫想，于是我就沉浸于无边回忆里了。

前人咏春雨之诗甚多，我从幼年起，最爱的是："小楼一夜听春雨，深巷明朝卖杏花。"——把浓郁的春色表现得那样妩媚。按照常情来说，春雨应该是如烟如雾，润物无声，而后带来一片鹅黄的春色，春的脚步似乎总是静悄悄走来的。但是，今年却出现了异常现象，前几天还是满城飞雪，今天忽地大雨滂沱。不过，不论如何，温柔细腻也好，狂浪奔放也好，我的心头总之洋溢着一湖春碧了。

不知为什么，想到最早的春之记忆，总伴有一丝淡淡的哀愁。那是我二十岁那一年，我住在江南的一个小村镇上，有一天我到汽车站送两个朋友回来，当时春意正浓，很像小时唱过的一支歌里说的："春山如黛，春深如海，春水绿如苔。"我走到一株大树下，忽然听到从远方传来杜鹃的啼声，我停立在树阴下，杜鹃叫得那样悠扬动听。就在这时，一种莫名的怅惘，笼罩我的心头。也许是受了杜鹃泣血之说的影响吧！按说，这鸟叫的是"不如归去，不如归去"，于是远方游子撩起一片乡愁，我当时的心境正是如此。江南春早，江南春美，我不久终于回到风沙漠漠的北方了。

这段记忆在我心中埋藏了几十年。它受生命的熏陶，血汁的滋养，心灵的抚慰，一粒种子在我心中变成婆娑的大树，而后，大树经受了狂风的摇曳，暴雨的侵袭，闪电的照耀，雷霆的震撼，人海沧桑，世态炎凉，在多少痛苦与激愤的轮换中，最初一痕淡淡的绿色，也就模糊了，黯淡了，沉落了。

雨下得更大了。雨点丁丁地敲着窗玻璃，而且从窗棂的隙缝送进潮湿的、清凉的春的气息。

今年，北京的春天还未到来。其实，不久以前，我已在广州领略过春天，不过，那是乍暖还寒的春天，春寒料峭的春天。南国春天的性格竟如此暴烈，一下热到二十五度，一下冷到十四度，连广东人都埋怨今年气候不正常。当我迎着濛濛细雨沿着珠江奔驶，我看到公路两旁一望无际都是花农种的鲜花，而同行的广东朋友告诉我由于春节后这一阵春寒，使得许多欲绽的花蕾受到摧残。这倒叫我明白，春，并不都是那么温柔、多情，有时也暴躁、肆虐，可是人生面目不本来就如此吗？我们的多少个黎明是经过暴风雨才迎接来的。胎儿在母腹中的躁动，不正预示着一个新生命即将诞生，一轮晴日往往需要冲破浓雾，才能把光明降临人间。人们说五风十雨过清明，不正说明经过风雨的侵凌，必将滋润春的光华。

幸福如果来得太容易，幸福会这样燃烧吗？

春天如果来得太容易，春天会这样可爱吗？

狂风似乎平息了些，于是雨不再在长空中飞舞，而是静静地静静地落着，不过这缠绵的雨，更适应于美的遐想。

我写下这篇文章的题目，是我凭着灵感，从这一场风雨中偶然得来的。不过，我觉得有些熟谙，经过一阵沉思我才想到一首词里有过"昨夜雨狂风骤"，其后是"知否、知否、应是绿肥红瘦"，我不知道这些话记得是否准确，而今天也没有什么绿肥红瘦，但是，它真正引起我更深的美的眷恋，美的追求。追求美本身就是人生中最美的境界。有一天，我到一位诗人那里去，我们坐在一起，回想我们喜爱过的诗人，不约而同，说到龚定盦，谈到纳兰容若，说到黄仲则。我默诵了纳兰容若的"山一程，水一程，方向榆关那畔行，夜深千帐灯。风一更，雪一更，聒碎乡心梦不成，故园无此声"。说也巧，过了一些天，我到一位画家那里去，他展开一幅画给我看，真是美得惊人，那上面画的就是上面那首词。这深刻地说明，美是人间共有，美是人间永存，问题是你有没有一颗美的心去求取，谁从心中去阐发，谁的灵魂就得到美，因此，我把在诗人、在画家那里的两天称为美的收获的两天，十分珍惜。

在广东，杜鹃花已为阴霾冷雾而早谢了，但它毕竟唤来了火红的木棉花，浓丽的三角梅，不论大自然怎样变化，生命终究是顽强的。使我心神为之一震的是我看到那样一座青铜雕塑，一头勇猛的牛，奋着全身的强劲，你看，每一块肌肉，每一根线条，都是那样紧张、热烈、它正从深深荒地里拔出古老的树根，于是一股拓荒者的豪迈精神使我感到振奋。而今天，在这风声雨声中，深深地发掘，深深地品味，我才体会到拓荒者开拓出来的不正是我们亲手创造的这一个新世纪的春天吗？春之记忆真美啊，杜鹃鸟呼唤出春天，杜鹃花燃烧出春天，而从奋进中得来的春天是最美的春天。

前前后后漫想了几个不同的春天，我的漫想就此停住吧。

江南，杜鹃在鸣叫了吧？

那么，不久，我们这里也将听到杜鹃鸟的鸣叫了。

从窗口望出去，我看到白杨树给雨浇得湿渌渌的，高高的枝桠在风中轻轻摇摆，梢头已经长满即将吐蕊的花蕾。

我到医院中去看病人，我将把春的信息带给病人。雨还在下，我沿着园中小路走过时，看到路面上有黑糊糊的小水洼，经过漫长冬季萎萎缩缩的小松树第一次显得这样青翠，这样潇洒。我忽然想到这是我在人间的第六十九个春天，此时此际，我为我闻到从天空，从大地，漫然而来的清新的春的气息而高兴。

不，不会，用生命汁液浸润过的东西是不会泯灭的，就像心上一条绽裂的血痕，不论来自敌人，来自朋友，来自亲人，来自自己，它总有一天会呐喊，呼啸，闪光，升腾，蓦然间，那青春的记忆一下使我真的年轻起来，是这两年我所迎接的春天。

去年春天是在日本过的。三次到日本都是春天，不过，前两次去日本都是樱花时节。提起樱花，自然就想起一些老朋友的深情。不过，中岛健藏、龟井胜一郎都不在了，连头一年还寄我一张红地白鹤的贺年片的白石凡也遽尔与世长辞，还有我所熟悉和我所敬重的志贺直哉、谷崎润一郎、川端康成，也不在人间了。这样想时不能不有点寂然，何况这次去又是樱花已经凋谢的季节呢！？

谁知一到东京，我的心境就变了，我的眼睛一下亮了，我的心一下笑了。樱花虽谢，杜鹃盛开，那满街满巷、满山满野，红的、紫的、粉的、白的，就像从天空飞来一片彩霞，把整个岛国染得如此绚烂艳丽。如果前人以“红杏枝头春意闹”中一个闹字道出春的神髓，那么，我们可以用“杜鹃枝头春意浓”中的浓字来表现这春的深情，于是我觉得我那种寂然的心情是不应该的了。杜鹃花与杜鹃鸟之间有着精神上的联系，因此在我心中一下把青年时的春之思恋和老年时的春之思恋交织起来。杜鹃花的世界，是洋溢生气、充满生机的世界。人生绝非逝水，不能老像孔夫子那样嗟叹“逝者如斯夫”！人生还是“长江后浪推前浪”，永无休止，永远前进，一个春潮过去，会推来一个更高的春潮。我在浓郁而热闹的春光中，不但和老朋友井上靖、水上勉、木下顺二，促膝叙谈，我还结识了新朋友，夏崛正元，尾崎秀树。前一位使我感受到“燕赵古多慷慨悲歌之士”的豪侠气质，从后一位身上我感到他的哥哥尾崎秀实那种为真理而从容就义的精神，我永远难忘，我们之间赤诚相见，披肝沥胆的倾说，于是友谊的长河又掀起新的波澜。

雨还在窗玻璃上流淌。这风声雨声，像是把我和人事耽烦一下隔开的帷幕。它使我得到闲暇，得到幽静。我不能停止心灵旅程上的跋涉，我的漫想就是我的追寻，如果说人的一生都在作美的追求，这春雨之中不正应该是获得美的时光吗？

是的，生活之路是崎岖的，思想之路也不会平坦。

后来，我离开东京，到了广岛，穿过濑户内海，到了四国的松山。

在松山，正冈子规一下带着惊人的魅力走进我的生活境界。松山是正冈子规的诞生地，在这个才华横溢而又多病短命的诗人这里，我找到了关于杜鹃的一条牵得遥远遥远的线索：天之遥遥，地之遥遥，时之遥遥。杜鹃在我二十岁年华给我带来的惆怅，却在这个日本诗人这里得到共鸣。他深爱杜鹃，十三岁时就写了一首诗：“一声孤月下，啼血不堪闻，半夜空倚枕，故乡万里

1984年作者（中）在日本作家夏目漱石故居

作者（左一）在茅盾文学奖颁奖大会上

云。"他自己患病咯血,因而起了子规这个名字。他像杜鹃一样用血咯成诗,而在风华正茂时就溘然长逝了。生活中如果有欢乐怎么能够没有悲哀呢!不过生活在我们这个新时代里,对杜鹃泣血不应该有更深更美的理解吗?于是我想起另一个春天,也是在江南,我到黄山去,看到杜鹃花如火如荼,我突然意识到,这濡染江山的杜鹃花,不就是杜鹃鸟啼号出的春天吗?

如果我们肯定这一观点,我们就可以得出相应的结论,用血、生命为人间取得灿烂的春天。这杜鹃也是一个令人钦佩的圣者了。

也是一位日本诗人石川啄木就写过这样的诗句:

啊!在这悲惨的永存的世界上,
在这春天的夜晚,泣血的杜鹃的声音,
回荡在多情勇士的胸间。杜鹃啊!
你把那亲切的致问,
送进我沉思的心灵。
我的生命、我的诗篇将是不朽的标志,
我,正如我的友人——杜鹃,
永远要静静地歌唱那无限的生命的进程。

腊　　叶(一)

在晴秋阳光中散步，行经一株树下，没有一丝风，一串落叶忽然从上面闪着亮光扑簌簌而下，那情景真是美妙极了。我翘首仰望，却使我想起心灵中的一片叶子。

回到书房，我取出用圣经纸印的《毛泽东选集》合订本。这是七年铁窗生涯中伴我的惟一的一部书。我像要发现什么宇宙的奥秘，一页一页掀着，果然出现一片小小的枯黄的叶片。鲁迅在《腊叶》开头说："灯下看《雁门集》，忽然翻出一片压干的枫叶来。"不过我的这片枯叶，既不是落叶，也不是枫叶，而是春叶。

人真不愧为万物之灵，就在那样苦涩的日子里，还有这样的爱心；我细看这片黄叶，想起当年拾取这片树叶时的心境。那是春天，春天在我的心湖中还是泛起无边的憧憬。一个上午"放风"，在五步方圆围墙的小院里，有一株小白杨树，那样婆娑，那样袅娜。我望着树枝上一片片给春阳照得亮晶晶的绿叶，使我产生了一种强烈的生之欲念。树枝垂在我头上，我很想摘一片叶子，谁知刚一举手，就听到一声叱呵："老实点！"于是我失望了，只好来回来去的走。忽然眼睛一亮，我发现我脚边地上有一枚很小很小的白杨嫩叶，我想大概是刚给风吹落下来的，它绿得像一片翡翠。多么真挚的爱心啊！我在它跟前停下来，装作提鞋的样子，我把这片小树叶捡了起来，装在口袋里。你们无法想象，当时对我来说是多么大的喜悦啊！我如同拥抱了整个春天。

回到室内，我想应该怎样把这个自由的小生命永远珍藏起来。为了不被监管的人发现抢走，于是我想出一个绝妙的主意，就是把这小叶片夹在《毛泽东选集》合订本里，让这神圣的书保留这神圣的爱。这一夜，我睡得非常恬适，我的梦里也荡漾着一阵阵绿色的涟漪……

后来，苦涩的日子终于过去了。我回到家里，我得到了自由，也就把书中的这片叶子忘记了；对于在苦难中给予我爱抚的叶子，现在想来真是十分内疚！今天受那玲珑飘动的落叶的提醒，我陡然想起睡在书中的叶子。可是我怎样也找不到，但终于找到了。啊！多少个年月，我已经老了，目力不行了。我借助于放大镜看这枯黄的小小的叶片：那纤细的叶柄，那叶片上细细的脉络，那样精致，那样灵活。啊！生命，多么伟大的生命呀！它死了吗！不，没有，你这不朽的腊叶啊！在你的生命中留存着我的生命，在你的生命中留存着我禁锢不死的爱和希望。

晴日满窗，我书房前面的碧萝在我面前这层窗玻璃上蜿蜒生长、蔓叶纵横、一片葱绿。我轻轻抚摸着这小小的腊叶，它并不酥脆，而且坚韧。你这不朽的腊叶，当我的生命从这个世界上消失时，你也许还保留着我拾取你时那春天的阳光的气息吧？想着，我又把它夹在书页里，把书又送回到书柜里去，这样做时，我觉得我是把生命的精灵又保存起来了。

腊叶(二)

春节过后,因病进入医院。由于目不能读,手不能写,只捡了几本画册,以解病室孤寂。进入病房,安顿下来,我翻出一本,不禁一惊,竟是日本老朋友井上靖送我的一册。我看看井上靖题辞的日月,从中不禁一阵戚然!这是他生前赠给我最后的一本书了!这是井上靖早年在《每日新闻》担任艺术记者,开辟了一个专栏的集丛。这真是一本很美的书,陶瓷部河井宽次郎的"壶"彩色绚丽,构图丝微,福田平八郎的画"老柿"深蓝淡黄相兼的柿叶,非常清新优美。每一艺术品下都有井上短短的艺术评语,虽然我不懂日文,也能得到深深品味。我想井上怎么把他早期艺术精品在晚年最后送我,这里面似乎有一种什么征兆。我一页一页掀着看,猛然间从书页里看到一小枝纤细的腊叶,如同晴空中飘过一片白云,我惊觉到这是我那一次在中岛健藏墓前失声痛哭之后,我总想寻找一点什么,留下我尊称为长兄的人的生命,于是从一片枫树林下走过时,就伸手折了一小枝枫叶,就夹在井上的这本画册里带了回来,书柜里堆积的画册甚多,久而久之也就忘记了。今天我仔仔细细看,真是美呀!小巧的枫叶还是绿的,像西湖龙井茶叶那样素雅的嫩绿。

也许都是东方文化的关系,在国际交结的朋友中以日本为多,特别珍贵的是见到老一代日本作家志贺直哉、古崎润一郎。至于现代的作家那就很多了:中岛健藏,亀井胜一郎,川端康成,野间宏……令人遗憾的是他们都一一仙逝了。记得一九六一年第一次到箱根,我和巴金、中岛、亀井夜晚穿上十分艳丽的日本和服,席地而坐,举杯痛饮,那正是樱花盛开的季节,中国诗有一句:"红杏枝头春意闹",日本的樱花才真是绚烂繁华,闹得天也醉,人也醉,而我们所得的深厚友谊也就融合在樱花之中了。不过随着时代变迁,看着这细细的枫叶,我却想:不论那里的天与地、山与海有多么美,我也不想到那里去了,老朋友一一消逝,在那里我能得到什么呢?只有落寞,只有悲伤;人生几何,何必去再弹心灵的咏叹呢?轻轻抚摸着这碧绿的腊叶,就让我和已经逝去的井上靖作灵魂中静悄悄的对谈吧!至于中岛健藏,可想可谈的更多了,他是中日没有建交,东京街头的电线杆上印着法西斯的血手印的最艰难、最恐怖时期,从危境中挺身而起,高举起日中文化交流大旗的一位伟大先驱者。我和他见面简直无法计算有多少次数了,最后一次是在他家里。日本作家中不少人喜欢喝啤酒,那一次他就在醉后跌伤在桌角上,把眼睛砸坏,但是我们来了他还从医院里出来,一只眼睛上包扎着纱布,我们在他家楼上跪坐在榻榻米上,敞开胸怀,密切深谈。他经常到群众集会上讲演,抨击日本法西斯侵略中国的罪行,提出建立日中友好的倡导先声,他披肝沥胆、大声疾呼,在那白色恐怖包围圈里,保护他的就是中岛京子夫人。中岛去世,我们十分哀痛,日中文化协会理事会推井上靖作会长,井上保持古老的道德风尚,一年后才就任会长,这表示对中岛最大的钦佩。他先做的第一件事却是陪京子夫人到中国来向老朋友们的吊唁致谢,一次集会上,京子夫人谈着中岛的斗争,忍不住涕泪而下,这时大家都很悲哀,我过去紧紧握住京子夫人的手,井上也扶着京子夫人。京子夫人带来中岛逝世后出版的最后一册书,我接过书就像中岛的骨灰撒在手上一样,禁不住流下眼泪。今日看着中岛墓上这一小枝枫树腊叶,又一次涌上像接过中岛健藏最后一册书时那样的心情,但我接的却是井上靖的骨灰了。让这碧绿而纤细的枫叶就藏在画册中。记着我永远永远，对中岛、对井上的心情吧！

南天春早

——献给L·S

清晨，三月南国的清晨，就像屠格涅夫所描叙的那样，“空气像新鲜牛奶那样清净”。

我沿着林间沙铺的小径信步前行。

突然，路旁地面上有一件东西，在这四周上下一团浓绿中灼人眼目。仔细看时，是一朵鲜红的花，多可爱的花啊！如若有人从旁观察、会发现我眼中纯真的喜悦何等动人。我连忙走过去，伏下身，这花不应当说是一朵，而是一盏，确实比茶杯托盘还要大。我小心翼翼地把花捧在手上，花干干净净，没沾染泥沙，没沾染雨痕，而且开得正茂盛，丝毫没有凋谢之意。我仰头望了望，是一株银灰色的大树，散发着潮湿的清气。我不知这朵盛开的花为什么会落下来，是风？是雨？我不知道。

我只觉得这花真美。我就珍重地捧着它回到屋里，置诸案头一面白瓷盘里。花瓣又肥又厚，红得像火，花心挺立着十几根绿白的花丝，丝头蘸满金红色花蕊。热带的花，只有热带太阳最浓郁、最炽烈的生命汁液，才能凝结出这样鲜嫩、肥大、血红的花朵。

这个夜晚，在窗隙浮溢进来的淡淡花香中，我双手枕头躺在床上，凝视着那朵红花。恍惚间，这朵花，不，这盏花，闪闪发亮起来，红色的闪光就像向四周辐射的电波一样微微闪动。我仔细看，不是红花，而是一颗红心——一颗在震颤、在跳动、在簌簌地簌簌地好像发出声音的心。

我自己却忽忽悠悠地向下沉落，

我在沉入黑的峡谷，

我在沉入黑的深渊，

我听到旋风在望不见底的黑暗深处呼啸、旋转、飞腾。

我的脚感到习习的冷意，可是我并没有一下坠进峡谷或深渊，我被一种看不见的力量抓着、吸引着。

我发现，因为我头上有一颗亮闪闪的红心，它像一轮太阳，发出光焰的太阳，悬在空中。

我听到从遥远地方传来愈响愈近的声音：

"我是黑夜，我有权力让一切生灵毁灭！"

"我是太阳，我有责任让一切生灵活跃！"

我踟蹰，

我彷徨，

我感奋，

可，那颗红心真的飘飘然在飞翔，它带着我飞翔，——我只觉得两腋清风拂拂。不料，那深渊中的黑风一下旋腾而起，与那颗红心怦然相撞，红心一下变成无数红的碎块、红的细沙、红的粉末，漫然满天，于是整个天一片红……

我一下惊醒，原来是做了一个梦。

我开了灯，赤着脚跑到桌边，我一看那血红的花，开得还是那样鲜灵、那样美好。

我的心还在怦怦跳，推开窗扉，南天春夜，如此爽人，从黑魆魆的榕树背后刚刚升起清冷的月亮。

第二天，我们乘火车从广州赴香港。从车窗上一眼望去，天空上到处都是铁画银钩的高高树干，树上没有叶子，而满枝都是昨天拾得的那样，甚至比那一朵还要大的红花，真是云蒸霞蔚，灿烂辉煌。同行一位长者告诉我，这是喷射着强烈的生命与热血的花，就是旧诗中“木棉花发海南天”的木棉花，又叫攀枝花，你看，一丛丛，一串串，血红的花，攀枝而上，直入云霄。因此，人称它为英雄花……

我没再听下去。

我想起昨夜梦中那颗引导我前进的心。

谁知恰好二十年后，又是春天，我又到了广州。

那位长者离开我们已经很久很久了。

不过，被他称之为英雄花的还在迸发着血一样的鲜红。

拼将热血，濡染南天。视之，这天，这地，这河流，这空气，连同我的心，都闪闪发亮了。

我的海

深夜,北风怒号,从我家高楼上听来,宛如大海狂涛在奔腾呼啸。

我爱海,每一次,我依依不舍离开大海时,都深以不能带一朵浪花、一滴海水回来而引为莫大憾事。因此,我常常梦见海,海是那样蔚蓝,镜面般的海水上漾出静静的波澜,于是我更加苦恋着大海了。

今天早晨,东方曙光是紫蒙蒙、红艳艳的,而后升起一轮红日,明亮的阳光透过窗玻璃落在我的书柜上,我的眼睛一下闪亮了。呵,那不是我的海吗?

那是一枝细小精巧的红珊瑚。在阳光闪耀之下,这一株不过两寸多长的珊瑚,忽然,红得发光,耀眼,灼亮。于是在密封的玻璃罩里浸泡着珊瑚的海水忽然荡漾起来了。我仿佛看到墨蓝色大海底层,海的暗流在那儿打着涡漩,红珊瑚就在礁岩上,像一丛丛随水飘荡的海藻,稠密的热带鱼群,在射入海底的阳光中,有如千千万万点小火花,在珊瑚林里,忽悠缥缈地游着。我望着我书柜里的小珊瑚,我陷入了梦幻的沉思。在晶莹海水中,那枝红珊瑚,恍惚之间,变成一个女神,她袅娜多姿,神情飘逸,随着她在海中的曼舞,像从遥远的远方隐约传来委婉动听的铃声、鼓声、歌声,由远而近,忽高忽低,春水一样充满柔情,饱含蜜意。我再仔细看,那海神不见了,还是一束小珊瑚,原来造成梦幻的阳光从书柜玻璃上移开了。刚才像是随流飘荡的海藻,一下恢复为原来的固体。不过,这一丛小珊瑚长得确实像在清风中摇曳的树枝,在一根根红色杈桠上结着像小米粒那样的白点。这些细小的白点,使我想起细雪,想起雪地上最早绽放的一层小小的冰凌花……这细小的红珊瑚仿佛对我说:“我不是你的海吗?你怎么又想到原野上去了?”

我答道:“是的,你是我的海,深情的海。”

太阳光影做完一件神奇奥变的工作,而悄悄从书柜上移射到我的身上、脸上,我觉得温暖、灼热。

正是这种温热的感觉使我又回到亚热带的南方,是的,那是在鼓浪屿。前年我曾在那儿海滩上静坐了两个小时,享受着海、阳光、花卉凝成色彩绚烂的热带风情。我这北国的游人多么想带一点回来永远欣赏呀!在鼓浪屿曲曲街巷里我极其偶然地发现了这红珊瑚。我在街头徘徊三匝,终于走进这家店铺,买了密封在玻璃罩内用海水浸泡的红珊瑚,我如获至宝,非常高兴。关于这红珊瑚的来历,当地人告诉我来自东山岛。东山岛我没有去过,从地图上看在福建与广东接壤的地方,在东山内澳外面,突出于南海上的一个半岛。从我们居住的北方来计量,那实在是一个遥远的地方了。但自从得到这枝红珊瑚后,对我来说那儿又是一个神秘美丽的地方了。那大海之子呀,他们凭着怎样的勇敢与智慧,从海底采撷、装置成一只密闭的玻璃罩,而将南海之一滴,连同他们的热心与豪情慷慨地施舍给旁人。现在,在阳光的闪射里,于是那大海以无比的瑰丽呈现在我的眼前。那儿海底长着密密森林一般的珊瑚林,这赤红的火焰奔放的生命啊,燃烧了那浪涌奔腾的大海。我觉得那儿的大海是一片红霞般的海。

是的,我分得南海之一滴,我也就带回大海的品性与神魄,它,在我的心灵里,是光明,是呐喊,是圣洁,是崇高。

我感谢你呀!冬天的风,你吹散彤云,送来阳光,今天,让我发现了我的海。

秋风十渡

龚定盦弃官出京时，乘在一辆骡车上，遥望西山如黛，不禁愀然吟出一句诗"太行一脉走蜿蜒"，颇道出茫茫山势之美。

得感谢现交通工具之发达，我以一日之间，竟深入周口店以西，一临拒马河而深入太行峡谷。这里的山，这里的水，真是荒寒清寂，妍美绝伦，远隔尘烦，一片怡静。它们像讪笑人们远行万里，访胜寻幽，而不知曲径通幽就在身边。蓝天高爽，太行巍峨，远山如黛，倩影依微，近山似铁，紫色斑斓。而极富情趣的是在形似曲廊的大山深谷中，一条碧盈盈的拒马河蜿蜒其间，有的地方清澈见底，脉脉依人，有的地方湍流急瀑，状如飞雪，河流有时飘然远去，不见踪影，却令你听到丁咚玉佩般水响，像在幽幽诉说千载历劫、万古风霜。从一渡到十渡，一点一点引入美的境界。虽然到了十渡，经人指示：逾十渡之外，塔山仙池更美。到那里一看，河流忽然宽阔深邃，浓酽有如墨玉。河彼岸一片小白杨树林，在碧绿水面上投下一层金黄色倒影，粼粼闪烁，别有风韵。河此岸，雄伟的高山，不知何年何月山崩石裂，青色巨岩，滚滚而下，狼藉遍地，而山顶一尖峰如鹰嘴仰天而立，此境绝美，使我凝眸半日，无法作声。我登过黄山、庐山、天山、长白山，但领略江山雄伟者，莫过于我在晋东南登太行极巅，一夕一望，红到无边，千岩万坠，浩如苍海，使人胸襟开阔、壮怀激烈。如今我所在的十渡山谷，只不过是海的余波浪尾，但它终不失太行的神伟气魄，山如斧削，一片苍劲，望着那一层层岩页，仿佛那里面深藏着古化石代深藏下来的海啸声。沧海桑田,使人颇有“念天地之悠悠,独怆然而涕下”之感。

当我们从十渡折回到一渡,蓦然回身看处,在西斜阳光烛照之中,无边的柿林悬挂着无数火红的柿子,像亿万小红灯笼,一下把个山河装点得通明,苍茫的旷野,老劲的山峦,仿佛都熠熠燃烧起来了,啊,真是说不出的一股深沉的诗意呀!秋光何等浓郁妩媚,未见青霜,未闻落叶,但这一派烂缦红彩已把一片感觉不到的秋风深深吹入我的心底了。

白蝴蝶之恋

春意甚浓了，但在北方还是五风十雨，春寒料峭，一阵暖人心意的春风刚刚吹过，又来了一片沁人心脾的冷雨。

我在草地上走着，忽然，在鲜嫩的春草上看到一只雪白的蝴蝶。蝴蝶给雨水打落在地面上。沾湿的翅膀轻微地簌簌颤动着，张不开来。它奄奄一息，即将逝去。但它白得像一片小雪花，轻柔纤细，楚楚动人，多么可怜呀！

它从哪儿来？要飞向哪儿去？我痴痴望着它。忽然像有一滴圣洁的水滴落在灵魂深处，我的心灵给一道白闪闪的柔软而又强烈的光照亮了。

我弯下身，小心翼翼地把白蝴蝶捏起来，放在手心里。

这已经冷僵了的小生灵发蔫了，它的细细的足脚动弹了一下，就歪倒在我的手中。

我用口呵着气，送给它一丝温暖，蝴蝶渐渐苏醒过来。它是给刚才那强暴的风雨吓懵了吧？不过，它确实太纤细了。你看，那白茸茸的像透明的薄纱的翅膀，两根黑色的须向前伸展着，两点黑漆似的眼睛，几只像丝一样细的脚。可是，这纤细的小生灵，它飞翔出来是为了寻觅什么呢？在这阴晴不定的天气里，它表现出寻求者何等非凡的勇气。

它活过来了，我竟感到无限的喜悦。

这时，风过去了，雨也过去了。太阳用明亮的光辉照满宇宙，照满人间，一切都那样晶莹，那样明媚，树叶由嫩绿变成深绿了，草地上开满小米粒那样黄的小花朵。我把蝴蝶放在盛满阳光的一片嫩叶上。我向草地上漫步而去了。但我的灵魂里在呐喊——开始像很遥远、很遥远……我还以为天空中又来了风、来了雨，后来我才知道就在我的心灵深处：你为什么把一个生灵弃置不顾？……于是我折转身又走回去，又走到那株古老婆娑的大树那儿。谁知那只白蝴蝶缓缓地、缓缓地在树叶上蠕动呢！我不惊动它，只静静地看着。阳光闪发着一种淡红色，在那叶片上颤悸、燃烧，于是带来了火、热、光明、生命，雨珠给它晒干了，风沙给它扫净了，那树叶像一片绿玻璃片一样透明、清亮。

我那美丽的白蝴蝶呀！我那勇敢的白蝴蝶呀！它试了几次，终于一跃而起，展翅飞翔，活泼伶俐地在我周围翩翩飞舞了好一阵，又向清明如洗的空中冉冉飞去，像一片小小的雪花，愈飞愈远，消失不见了。

这时，一江春水在我心头轻轻地荡漾了一下。在白蝴蝶危难时我怜悯它，可是当它真的自由翱翔而去时我又感到如此失落、怅惘，"唉！人呵人……"我默默伫望了一阵，转身向青草地走去。

开江的日子

今天，我想起我迎接春天一次非常奇特的经历。

“跑冰排哪！”

“跑冰排哪！”

我随着这突然而来的喊声，一下从船工们的秫秸窝棚里蹿出来，绕过那些俯仰在沙滩上的正塞麻屑浇桐油的木船，朝松花江边猛跑。

这时，我很奇怪，冰冻的江面还是白皑皑的一片平静，沉默，有如睡眠的冰山。而从天穹从大地从不知什么一切地方，都传来可怕的隆隆声。大自然真是神奇莫测，变化无穷。它平时似乎十分和蔼，而突然一下变得那样狂暴。现在就是这样，当我挤到江岸人群里时，看到江中心，好像由于受了上下左右的巨大强力挤压，而突然崩裂了，发出一阵猛烈的咔咔声，于是像喷泉一样涌射出大股黑色的水流，而后，整个大江震出十分繁杂、十分微妙的声音，和在冰层爆炸轰鸣之中，形成狂飙一样的一支交响乐。忽然整个江面都忽悠忽悠移动起来，灰色的、蔚蓝色的巨大冰块好像给刀子割裂开来一样，分崩离析，犬牙交错。由上游汹涌而来的激流，把几百米长的冰排都摇撼、冲击、推动起来。就在这险象环生的时刻，我一下愣住了。有一大块冰排漂流而去，那上面有两三个人影，还有一辆拉满干草的大车。它们在这疯狂暴虐、赫赫威严之下，显得如此渺小。孤独、无望。

就在这一眨眼的工夫，一个穿一身黑棉袄，戴一顶火红狐皮

作者上个世纪八十年代末留影

1990 年金婚，泛舟西湖

帽,五短黑粗的人,突然推开众人,一跃而出:“给大绳!”

他边跑,人们边把大绳送给他。

他肩扛着碗口粗的大绳,一摇一晃,摆动着方方正正像一块案板似的脊背,向江上蹿去,真是惊人,他竟然跳上一块也正飞速向下游冲去的冰排。

一个妇女发出凄厉的声音嘶喊:“她爹,你……”

你什么?她也说不出,而她怀里抱着的一个小女孩哇的一声哭起来。

那块偌大的冰排,一转眼漂流远去。我睁大眼睛用力瞅,隐隐约约看见上面那一车黄干草,还有几个小小黑人影,只见他们捶胸顿足,狂挥双手,却一点也听不见他们嘶喊的声音。因为冰冻江流的爆裂的轰隆声,愈来愈加遮天盖地,就像几百万个响雷连成一片霹雳。

那个汉子真是灵巧极了。

他从这块冰排跳上另一块冰排,又从那一块冰排跳上另一块冰排,这样接近着那载人载马的巨大冰排。

真正刻不容缓、千钧一发呀!

我只觉得棉衣服里全身汗湿淋漓。

我目不转睛地盯住那愈来愈远的穿一身黑棉袄的人影。

江一迸裂,黑色的狂流像发疯了的野马一样,根本不受人的意志所羁绊,有些冰排彼此撞击,一下陡然壁立起来,那冰块闪着灼眼的蓝光,一下飞起来,一下跌下去。

可是人呵!人和天比起来是多么渺小,可是人在向原始的暴力挑战了。

江上的人只顾奋死搏斗,无声无息。江岸上的人们却一窝蜂随着漂流的冰排,一面狂嘶呐喊,一面向下游奔跑。

那汉子终于接近了那块大冰排,而且,他把大绳抛掷过去,那边那几个运干草的人接住了大绳,拽牢了大绳,可是,这时发生了力量对比悬殊的问题，那汉子立足的小冰排被大冰排摽住往下游流淌。

于是人群中起了一阵骚动，刚才都给那汉子跳冰排吓呆，现在像有什么打开了每个人的天灵盖，一下都猛然清醒过来，一群人向冰排上扑去。水搅住冰，冰搅住水。有人噗通落在水里，有人扑倒在冰排上。可是，人们终于跳到那汉子附近，黑压压几十个人，就像站在小划子上一样，分立在无数冰排上，一条条大绳都飞了过去。我忘记了一切，也要跳下江流，忽然给那个高声嘶喊的妇女紧紧拉住，我一看她完全变成另外一个人，刚才脸像蜡渣子一样白，现在却泛着桃花一样的红晕，她那样自豪地说：

"能行，她爹能行！"

那个摽着拉干草马车的冰排得救了。

松花江，你的春天的苏醒是多么吓人呀！

一块冰排形不成力量，无数冰排摽在一起就形成巨大无比的力量，被牵牢的大冰排缓缓向江岸靠拢，拉黄干草的几匹马刚才一声不响，这会却突噜噜低声嘶鸣了几声，辽阔大平野上的风旋卷着，吹得马的鬃毛、吹得黄干草都在微微拂动着。

我连忙向人群中寻找，那个五短黑粗的人不见了，那个脸色开始煞白后来又泛红的妇女也不见了，不过，他们那粗犷的气息一下深深渗入我的心灵。

太阳光不知为什么突然明亮起来，江流浩浩荡荡，汹涌澎湃，春天就在雪白的、蔚蓝的冰块冲撞中到来了。

红　烛

岁暮天寒，远天怀人。

这几天我的心灵深处，总闪着我最好最老的朋友靳以的温暖的微笑。靳以微笑是他脸上的热情，是他心地的善良，虽然他离开我们几十年了，可这笑容总告诉我他还活着，他的生命之火还在燃烧，这可能与他的女儿南南刚刚寄来她写的《从远天的冰雪中走来》(靳以纪传)有关。我坐在沙发上看书，不知不觉窗外已经大雪纷飞，我爱雪，这雪又把我和靳以联系起来了。

靳以是一个非常热情的人，他的热情就像一团火，是他人生最大特点。他年龄比我大六七岁，但是一见如故，书信不断往来，他的友情犹如春天的风、夏天的雨滋润着我的心田，融合着我的情谊。一九三六年三月我在《文学》上发表了第一个短篇小说《冰天》，他给我写信更多了，总是督促我多写。一九三六年底我收到他一封信，约我一九三七年元旦到上海见面，我们在北京一见已经一年多了。我收到信立即动身去上海，上海家家关门闭户，过着新年，整个一片寂静。我在德邻公寓安顿下住处，就到文化生活出版社，给靳以留了封信，告诉我的居处。谁知下午，靳以就来了。他的胖胖的脸上涨满红晕，显然是急急忙忙奔走出来的，靳以还是那样，说话很快，没有坐下，就说："咱们去吃饭去！"我们到了北四川路一家广东菜馆，巴金已在一只桌前等我们，使我十分惊诧，也使我十分高兴。饭后，巴金忽然说："你可以出版一个短篇小说集！"我怅然说："可是我一篇剪报稿都没带来。”巴金递过一沓稿纸，原来他已经为我编成小说集《草原上》，他说：“只需要你再看一遍。”这时我才理解靳以要我来上海的深意。我在上海住了十几天，靳以差不多天天来看我，为我举行了多次聚餐会，认识了黎烈文、芦焚、孟十还、雨田，从二十世纪三十年代起，我们结成文学上一个友谊集团，我同靳以、巴金特别亲密，叫靳以方序，叫巴金芾甘，从此以后靳以实际上是我的兄长，我有什么事都跟他商议，他也帮助我安排生活。比如一九三七年春天，我和张天翼住在葛琴故乡，江南三月，草长莺飞，一片碧绿，住了一段时间大家分散了，我到哪儿去拿不定主意，就到上海找靳以商量。我原有意在上海找个亭子间，靳以不赞成，他说：“上海文艺界太复杂，我看你不如回北京专门写作，你写稿子寄给我，我给你安排。”就这样，一直到一场民族大流血爆发，把我们推向各自的道路，靳以自称这是他的一个转折点。他写的一篇文章《个人与众人》，是具有远见卓识的。就是在复旦大学，与广大热血青年相结合，使他成为一个进步教授。同时，他一直又不停地编辑刊物，通过这条线，他又与文学青年密切联系，燃烧起胸中的火焰，决定性地走向了革命道路。

仰头一看，不知不觉天上已落起绵绵大雪，我的眼光，我的心思又转到冰雪中走来的人。也许由于靳以在天之灵的召唤，我拿了手杖，乘电梯下楼走入神圣洁白的世界。我同靳以都是北方人，而且都到过冰城哈尔滨，我们曾经好几次互说那个圣彼得堡式的地方，我们都爱那里，而且我觉得火一样灼人的冰冷。今天，我在雪中慢慢行走，雪花一扑到脸上就化为了水点，冰雪把大宇宙冲洗得如此清新、净化。一边走我仿佛一边就跟身旁的靳以谈话，谈着我的爱心，忽然间我觉得从天上掉下一本圣经。我记得靳以的一篇文章，《从个人到众人》，我听到他的心籁，我听到他的血流：“我首先从他们那里得到勇气，也得到这么多年所从来没有得到的慰安，在我的生命中，这是一个极大的转折点，使我一个人投身到众人之中和众人结合成一体了。”他是一个一直寻火的人，在抗日战争炎炎烈火、艰险危难中，他自己的生命之火与广大人民之火相互融合，正是这铸就了靳以这个追求革命的人。

他给我印象很深很深的是他跟我谈他要求入党的如饥似渴的心情。由于张春桥之辈的故意为难，拖延数年不能解决。他跟我谈起此事，非常痛苦，他脸上焦急的表情，使我非常感动。我把这件事向组织上报告，后来中央有关领导部门进行干涉，他入党了。一次他为了《收获》的事到北京来，一见到我他本来红红的脸更涨得通红，紧紧握着我的手，我也异常地为他高兴，我们是亲爱的同志了。

前几天又读了一遍靳以的《红烛》，他非常深刻地写出革命者的人生。“红烛仍在燃烧着，它的光愈来愈大了，它独自忍着那煎熬的苦痛，使自身遇到灭亡的劫数，都把光亮照着人间。”这里说的不就是他自己吗？我仰望苍天，落雪纷飞，他的灵魂还在天穹闪动着微笑，他就是红烛，红烛就是他，他消磨尽一生血泪，照红了人间。靳以！你这不熄的红烛呀！你没有离开我们，你还与我们同步前行。

一个崇高的美国人

——埃文斯·卡尔逊

大西洋上吹来一日豪雨，把华盛顿的天空洗得纤尘不染，晶莹澄碧。

当我在阿灵顿公墓里，站在埃文斯·卡尔逊将军墓碣之前的时候，一片灿烂的阳光照射在我的脸上，一滴泪水却静静地流向我的心底。

五十年，半个世纪，人生能经历几个半个世纪？可是这五十年对我来说，它是那样的遥远，又是那样的亲近，它闪着和蔼的笑脸，又亮着严峻的眼睛。历史，往往就是如此无情而又如此多情的。而我终于走过了这漫长的世纪，从战争走向和平，从仇恨走向友谊，从中国走到美国。当我想到卡尔逊时，我的心灵的钟声不得不从五十年前滴答——滴答地响起。那是一九三八年，延安一个春寒料峭的五月之夜，毛泽东同志派一个警卫员提了马灯把我找到他凤凰山下的寓所，他对我说："你不是想到敌后去吗？现在有一个叫卡尔逊的美国人要到华北游击区去，你组织几个人陪同他一道去。"是的，人生中一个伟大事件，往往就这样轻易决定了。于是，被卡尔逊叫做五个"小伙子"的，——欧阳山尊、汪洋、金肇野、林山和我，从此，和卡尔逊——美国海军陆战队军事观察家——这个老兵，结下了不解之缘。

至今我还记得第一次见面时，这个朴实而又聪慧的美国人曾经怎样用疑问的眼光衡量过我们这几个陌生人，而且问："你们一天能走三十公里吗?”但是,在后来的从五月到八月的八十多个日夜里,我们冒着弹火硝烟,疾风骤雨,冲过三道日军封锁线。我们性命相依,生死与共,几个中国人和一个美国人心灵之间交织出深厚的战斗友谊。卡尔逊在晋西北会见贺龙、萧克,在晋察冀会见了聂荣臻、彭真,但真正震撼卡尔逊心灵,并决定他命运的,也许要算在南宫与徐向前、宋任穷会见后和邓小平同志那次雨中长谈。卡尔逊后来在《中国的双星》一书中曾有专门记叙:“参加八路军以前,邓是个工人,他在法国呆了几年,考察那里的工人运动。他矮而胖,身体很结实,头脑像芥末一样地灵敏。一天下午,我们讨论了国际政治的整个领域。他掌握情况的广度使我吃惊。有一件新闻弄得我目瞪口呆。他说:‘去年,美国向日本人提供了他们从国外购进的武装的一半以上。’‘你能肯定吗?’我问。我知道美国人的同情是偏向受侵略的中国一方的,我在内地访问八个月中,当想到这个问题时,总是想当然地认为,美国人民会拒绝把战争物资卖给一个侵略国家的。多么极端的无知啊!‘是的,’他肯定地对我说,‘消息来源是战后第一年底美国的新闻电讯。’我很尴尬,我说:‘必是电讯搞错了。’我不能相信美国人会有意地介入我在过去一年中看到的中国人遭受的屠杀和蹂躏。”后来,卡尔逊弄清楚美国确实把大量废铁出售日本,日本便用来制造枪炮炸弹。这染了中国人民的鲜血与生命的废铁,毫无疑问深深刺痛了卡尔逊,他不知怎样能为自己祖国辩解。

林山因为脚伤留在晋西北,金肇野也留在晋察冀工作了,我和欧阳山尊、汪洋,一直陪同卡尔逊,艰苦跋涉,冒着生命危险,到达郑州。我们的长征终于结束,我们要在这儿分手了。卡尔逊搭火车去武汉,我们送他上了车厢,当火车慢慢开动时,我们三个人站在月台上,情不自禁地唱起我们和卡尔逊一路之上,经常由他吹口琴伴奏,由我们高唱的《游击队歌》!“我们都是神枪手，每一颗子弹消灭一个敌人……”这时，卡尔逊流下了眼泪，我们也忍不住流下了眼泪。战争的生活，像电影画面一样迅速旋转而过，我回到延安，收到过卡尔逊一封信和他送给我们的一只漂亮的美国烟斗，但从此以后，人海苍茫，音信杳然了。

谁知半个世纪之后，一个戏剧性的场面出现了。生活，生活，是充满多少偶然的际遇呀！一九八六年，一个瘦长身材，白发盈颠的美国人出现在我们面前，他就是查理·格罗斯曼医生。他多次到中国来，寻找被卡尔逊称为五个“小伙子”的人，可是在十亿人口中间，只凭着卡尔逊书上记下的我们的姓来找人，那确实是很不容易的。他只有凭借印在《中国的双星》扉页上卡尔逊拍摄的五个人的照片来寻我。据说在上海，一个偶然的机会里，一位同志从照片上辨认出我来。于是，格罗斯曼通过对外友协找到了我们。在如此大的宇宙之中，卡尔逊这一根断了的线一下又联结起来。尽管使我们深为悲恸的是卡尔逊已于一九四七年与世长辞了，但卡尔逊的精神还活在我们心中，五十年前种下的友谊火种，我们难道不应当使它熊熊燃烧起来吗!？于是以卡尔逊夫人蓓姬·埃尔伍德为名誉主席、以查理·格罗斯曼为主席的“卡尔逊中国之友”，邀请我们于陪同卡尔逊遍历华北游 击区五十周年之际访问美国。在波特兰一次盛大宴会上，我讲道：“格罗斯曼对你们来讲是一位出色的医生，但对我们来讲他是一个杰出的考古学家，是他把我们像古物一样从生活的土壤里发掘出来了!”在那充满热烈友情的宴会上，欧阳山尊、汪洋和我三个七十几岁的“小伙子”又一次放声高唱起和卡尔逊最后告别时唱过的《游击队歌》来。在那一瞬间，我看到无数发亮的笑脸，也看到无数湿润的眼睛。我们用忠挚而炽热的心来怀念那个穿过硝烟战火，穿过人生坎坷，永远在人们灵魂中毅然前进的卡尔逊。

卡尔逊，这个在当年那次战地行程中，经常吸住烟斗，凝注着那双碧蓝眼睛、深沉思考的人,究竟是一个什么样的人呢?

这得从罗斯福总统谈起。当时,他是受罗斯福亲自委托,到中国进行考察的。他可以把他所了解的第一手材料,直接送到白宫,由罗斯福总统亲自审阅。据说华北之行的报告,现在还保存在纽约的罗斯福博物馆里。我认为,正是在远东,卡尔逊显示了他伟大的人格,崇高的品质。他以美国的求实精神与远大战略眼光结合起来,使他大大超逾了一个军人的范围,而成为一个思想家、预言家。我这里讲两次有全球命运的预言,来说明卡尔逊的英明之处。

卡尔逊回到美国,他预言:在日本军国主义侵略远东之后,必将在海上和美国决战。在这以后一年,日军果然发动使美国海军几乎全军覆没的偷袭珍珠港事件。原来,由于海军陆战队不让卡尔逊如实地宣讲在中国所看到的实际情况,不准他谈中国共产党的胜利、蒋介石政府的腐败和美国继续把废铁卖给日本的事实,而这些废铁还在向中国人民头上狂轰滥炸。关于这一件事,使卡尔逊这个忠诚的人极为痛苦,是的,卡尔逊不能违背自己的信念与良知,为了能够自由地讲述,他毅然决然地脱掉了军衣。但是珍珠港的惨痛,震撼了整个美国的灵魂,在这种情况下,卡尔逊受命组成一支海上游击队——“卡尔逊突击队”。他采用八路军的严格的军事训练,官兵平等,军事民主,最重要的是要每一个成员都有一个为什么而战的自觉性。正当珍珠港悲剧降临,美国士气低落的时候,卡尔逊率领他的突击队,乘潜艇深入敌后方,在所罗门群岛岛屿丛中,美肯岛一战全歼日军三千余人。这个胜利消息一下传遍美国,美国人心为之一振。《纽约时报》、《纽约先驱论坛报》都在第一版显著地位,发表了新闻,刊登卡尔逊照片,罗斯福总统夫人也在《时代》周刊写文章,表达万分感激的心情。这一来,卡尔逊成为美国的——当然也是反法西斯的英雄。卡尔逊以伟大的实际行动,证实了他的伟大的预言。

另外一个预言，就是中国共产党必将在中国取得胜利。在纽约时，我们专门用一天时间，远驶康涅狄格州麦地逊城，访问海伦·斯诺。这位八十高龄的老人，住在苍莽丛林之中，她坐在花木葱茏的房间里，她盛赞卡尔逊，说他高大、英俊，是一个典型的美国人，他具有第一次世界大战时招兵的招贴画上的汤姆大叔的形象。卡尔逊不但有美国的形象，而且有美国的精神，他是一个品德高尚的人。他的眼睛是碧蓝色的，眼神聪敏机智，他盯住你看，像是一个问号。他是一个很有风度、讲究仪表的人，走路完全是军人的步法，轻快而庄严地迈着脚步。卡尔逊很喜欢讲演，也非常善于讲演，斯诺他们都支持他竞选国会议员。海伦说：一九四六年，卡尔逊偕夫人蓓姬到这里来，与斯诺（卡尔逊与斯诺是在上海老鲍威尔的《密勒氏评论》报结识下的老朋友）和海伦四个人谈了两天两夜，还吃了一只大火鸡。我问她："你们谈到中国吗？"海伦笑着回答："除了中国什么都没有谈。"当时，卡尔逊认为不论打还是不打内战，中国问题不久总会得到解决，不是成立联合政府，就是中共取得胜利。听到这儿，我的心灵感到微微的颤悸。当时，我正踏着战火，冒着风雪在东北作战；而远在太平洋彼岸一处密林里一个美国人做了充满乐观的预言，在那个时候，能说出这样的话，那可是千钧之重、铮铮之言呀！一九四六年十一月七日《星期日俄勒冈》说道，卡尔逊到中国华北后，他称赞这个红色解放区，认为它是民主中国的希望。就在这一年的冬天，中国大地上战云弥漫，战火纷飞的紧急时刻，卡尔逊在旧金山召开了"中国及远东大会"声援中国人民，周恩来同志曾致电卡尔逊，发出了"贵会为中美人民友谊之表征"的肯定与祝贺。海伦取出一本她写的书，掀到一处，那里这样写卡尔逊："他对自己的'伦理教训'的基本观念——基督教自我牺牲精神与'工合'路易·艾黎主义（'工合'是路易·艾黎等为支援中国抗战,在中国开办工业,艾黎把这思想与行动概括称为‘工合’)及振奋军威和士气的朱德主义相结合——乐不可支。他通过向他的卡尔逊海军突击队灌输这种鲜为人知的哲学,把‘工合’这一名词,写进了英语词典。在许多人心目中,《红星照耀中国》(即《西行漫记》)的信徒,罗斯福总统的特殊朋友埃文斯,成为美国文明最好的象征。他堪称领袖。”卡尔逊与蓓姬定居在波特兰的渥德雪山山麓的森林里。我们曾去拜访了他那淡绿色木头建筑的,坐落在潺潺激流的萨门河畔的故居。蓓姬跟我们滔滔不绝地谈着卡尔逊的生活往事,她说卡尔逊负伤住医院,罗斯福还专门到医院来看望卡尔逊。罗斯福问他:“你愿意做什么?”卡尔逊回答:“我要到乡村退休。”罗斯福说:“我也想像你一样退休乡间,不过我希望战后你继续到中国去做你的工作。”谁料不幸的是一周后罗斯福总统逝世,而隔两年卡尔逊也溘然长逝了。

但我从罗斯福一九四四年三月二日给卡尔逊信中读到很重要的一段话:“关于中国,特别是中国北部,我认为我们正在经历一段过渡时期,我已经尽了最大的努力来劝阻中国领导人对八路军的领袖们采取更激烈的反对活动,但看上去,那位总司令对此很为难。不过,我确信总有一天我们会都希望你回到那里去。”当然,现在这只是一纸珍贵史料,却正是卡尔逊对中国人民友好的努力的明证。

蓓姬说:卡尔逊是一个很坚强的人,由于他如实地说了中国的好话,就被美国一些人攻击为共产党,他听了,只置之一笑,不放在心上。他把批评与自我批评也运用到我们夫妻生活之中,他是一个很严格的老师,我常常是很不容易经过他的考验的,可是他是那样热爱生活,十分幽默。蓓姬特别告诉我们,他跟她谈了我们在华北游击区的情况,他认为那一段生活打开了他的心扉,决定了他的道路,蓓姬说:卡尔逊病中还经常谈到中国,担心中国的前途。有一天,在病床上看到《纽约时报》一则消息,报导中共已突破延安的封锁线,大军正在东北挺进,他顿时拍案叫道:“中国共产党十八个月之内就会取得全国胜利。”卡尔逊这个伟大预言又实现了。他在他说这话以后一个月告别人间,未能亲眼目睹新中国的诞生,而中国人民军队果然所向披靡,解放全中国的日期,比卡尔逊的预言相差几个月。

是什么使卡尔逊有这样的远见卓识?

我回答因为他是一个崇高的美国人。

他和我们在五十年前远征时,只带了一本《圣经》,但他的睿智与良知,使他对中国人民产生了无比坚强的信念。早在一九四四年,他谈到中国时就说道:“作为自由的人,我们永远相信自由人有能力建立一个正义、生活富裕和幸福的社会。”这正说明他肯定无疑地认为中国人民一定会取得胜利。一九八七年十一月,格罗斯曼在北京和我们商谈访问美国的日程时,曾征询我的意见。我说我们访问的主题是卡尔逊。当我们从美国西北部的波特兰卡尔逊的故居,来到埋葬他的华盛顿的阿灵顿墓地(美国国家规定将军以上的人都葬在这里),我觉得我是在寻求、探索、思考着一个与人类发展攸关的博大而又精深的真理,那就是人类必然经过坎坷与摧残,但人类必然要向光明、和谐、友好的未来前进。

你看,在这太平洋与大西洋之间的国家里,有着为正义而奋斗,而献身的人。这就是我站在林肯纪念堂前,望着马丁·路德·金讲演的广场,在爱因斯坦传播永恒的智慧塑像前,都在一一出现的沉思。是的,美国有这样一个正直人的行列,如果我把卡尔逊归入这一个行列,我觉得卡尔逊是当之无愧的。特别是当今天中美友好的热流涌过大洋而相互传递时,我们再回头想一想,在五十年前向水深火热中的人们投下忠挚与友爱的卡尔逊该是多么崇高。作家福来特·费有特在他的书中说:“我平生重要经历之一就是认识卡尔逊”;著名的摄影家罗伯特·卡伯称卡尔逊为“伟大的美国人”,在他的摄影展览上展出卡尔逊口衔烟斗的照片,博得观众的欢迎;斯诺写过一本书献给卡尔逊,扉页上写着莎士比亚的话:向谦虚与勇敢的人致敬;格罗斯曼第一次来叩卡尔逊的门扉,卡尔逊问他:“你是从哪里来的?”“我是罗伯逊介绍来的。”卡尔逊立刻和他紧紧握手,因为这位黑人歌王是卡尔逊的挚友;卡尔逊有一次在麦迪逊广场发表讲演,一般说来,美国人对讲演者并没有很大敬意,但卡尔逊一到来,全体起立,长时间鼓掌,热烈欢迎。我说他崇高,是因为他一旦获得那个信念之后,他就终生不渝地忠心于这个信念,保卫这个信念,为这个信念而奋斗。他在人民面前从不回避真理,就像在真理面前从不隐瞒自己的真心。我这样说,绝不出于个人感情的驱使,而是经过半个世纪的历史的考验与证实。我要说,是今天的现实回答了从前的理想。

卡尔逊经历过一个美国人在所难免的曲折、变化的途程。远在一九二七年,他第一次到上海时,他满怀着白种人的成见,用轻侮的眼光对待中国人。可是,他在中国呆下去了,特别是抗击日寇那活生生的火焰般的现实,使他改变了立场、观点。中国——卡尔逊,卡尔逊——中国从此结成了一个和谐而融洽的整体。路易·艾黎曾在一本书里公正地说,“中国有三个美国朋友,那就是斯诺、史沫特莱、卡尔逊”。早在一九四四年八月六日,周恩来同志在致王炳南的信中就曾写道:“在美诸友来信,均望你代写回答。对斯诺、史沫特莱、卡尔逊、范宣德、白尔登诸友,望时时与他们保持联络。”卡尔逊为中国这一个巨大真理燃烧着,反过来又使这位为真理而献身的人,成为人们心目中巨大的、崇高的人物,不是很自然的吗?

在纽约,我们接受了《美洲华侨日报》记者的采访。一九八八年三月十五日,该报以我们“在纽约忆述与埃文斯·卡尔逊五十年前烽火中建立的友谊”为题发表了大半版专访新闻。现在摘录我答记者的一段话:卡尔逊在《中国的双星》一书中说过一句深刻的话:“每个人心里都闪烁着兄弟之爱的火花,只需要一个同情和理解之词,就会将火燃成烈焰。”我觉得中美建交之后,两国友谊日益高涨,卡尔逊在五十年前就播下了这友谊的种子,因此他实在是中美友谊的开拓者。我们在波特兰见到了卡尔逊夫人,我深感我们这次访美的历史的含意。我在一次欢迎会上致词说:“在半个世纪前,在中国人民处于水深火热的灾难之中时,一个美国人向我们伸出友谊之手,我们是不会忘记的,我们中国人是永远不会忘记老朋友的,但是老朋友播下的种子,已经到了开花结果的时候了!”这句话博得全场热烈的掌声。在华盛顿阿灵顿公墓,向卡尔逊墓碑献花后,我对记者发表了讲话。我说:“我们是五十年前生死与共的朋友,五十年之后我们来到你的墓地表达我们怀念之情,我们可以告慰你的英灵,你的希望已经实现了,卡尔逊精神将永留人间。”在那一刹那间,一个英俊的美国人,和我们一道在战火中跃马飞奔的形象又出现在我的眼前,今天,波多马克河闪耀着波光,一群海鸥从大西洋飞来肆意翱翔,记在我们心中的难道只是那短短的墓碑吗?他是永远冲击前进的太平洋,这就是我从旧金山海边来到卡尔逊墓碑前一直深沉思考的一个问题,这个太平洋才是卡尔逊真正的形象,它将永恒地存留在中国人民和美国人民的心灵之中,它紧紧联结着两个大陆,汹涌澎湃,浩瀚无垠。

智慧之神

夜间,从纽约乘汽车向华盛顿疾驶。

如果说在洛杉矶已经是艳阳天,这向华盛顿去的公路上却还冬寒凝重。汽车之流随着夜深渐渐稀疏起来。我们打着呵欠,就在公路边上寻觅一家旅馆住下来,一杯威士忌,一阵热水浴才算暖和过来,反正是茫茫黑夜,也没问来到何处就睡着了。早晨睁眼一问才知道这里是新泽西州的普林斯顿。好熟呀!这个名字,而且它带着一种隆重感,敲击我的心扉,可是我一时却想不起这个普林斯顿是怎样在我心中留下印象的。不过,我也没有多想,反正就要匆匆而去了。可是,格罗斯曼没把车投入高速公路的洪流,却径自向这十分幽美宁静的城市里开去,草地正是"草色遥看近却无",树枝还在空中画着灰白的线,行人十分疏落。

问了两次路,我们的汽车一下停在一处住宅区的街道上。

格罗斯曼十分得意地下车去打探什么去了。

他常常是这样,神秘地把美国的什么宝藏一下突然展示给我们。

果然,他把手一扬:

"爱因斯坦故居!"

我一下屏住了呼吸。这是路旁一列楼房中一幢雪白的花园楼层。

爱因斯坦,我所崇拜的这位思想巨人,啊,我猛然记起我读过的一本爱因斯坦传里最后一章的标题,就是普林斯顿。希特勒的褐色恐怖不能吓倒爱因斯坦,但爱因斯坦意识到自己祖国的完全崩溃。正义与邪恶是水火不能相容的。爱因斯坦毅然离开德国故乡,而后颠沛流离,历尽坎坷,终于于一九三三年到美国定居,普林斯顿成为他晚年的归宿地,于是普林斯顿一个发光的高峰从这里巍然耸立起来。

这不仅仅是由于科学,更重要的是由于良知。当爱因斯坦告别欧洲时,他的好朋友朗之万曾说:"这是一件大事。它的重要性就如同梵蒂冈从罗马搬到新大陆去一样。当代物理学之父迁到了美国,现在美国成为世界物理学的中心了。"我以为更重要的是爱因斯坦已经成为世界的良心,他把从探索宇宙奥秘而获得的丰富的思想与智慧,在普林斯顿发出爱因斯坦真理的光辉。

白色——那最纯洁是纯洁的颜色。

也许是偶然的吧,这座木头建筑如此洁白。

我特别举起照相机用特写镜头拍下门牌。

我站住了,这个门牌好像一个标志,正说明着什么?

这时,一阵阵隆隆的思潮像海浪从我心中涌起。

我在思索……

冬天的树叶在我脚旁沙沙微语,除此以外,一点声音都没有。我轻轻踏着几层蓝色台阶走到大门跟前。门紧紧闭住。门脚下缝里露出半截折叠的报纸,——也许爱因斯坦会衔着大烟斗,趿着皮拖鞋,轻轻打开门来取报纸吧!……而正是在这里曾经凝聚着,因为现在也凝聚着人类最大的智慧。我要寻找它,我要认识它,于是我们坐上车又跑起来,寻找爱因斯坦工作过的普林斯顿高等研究院。谁知我们却误入到密林丛莽之中了,灰白树林,荒疏萧瑟。我突然灵机一动,想到这也许是当年爱因斯坦沉思之地吧!不过,我们的确是迷路了,倒过车来,果然看到一个路口有一根路牌,上面写着"爱因斯坦路"一行大字。又兜了好一阵圈子,我们找到一座赭红色的楼房,这就是"好茵堂",爱

1991 年游镜泊湖

欣赏昙花

因斯坦在这大楼上有一间不算太大但极其安适的研究室。我们进去,跟坐在门口桌后面一位太太说明来意。她轻声轻语,打了电话,然后十分礼貌地请我们进去。当我走过爱因斯坦的脚曾踏过的地方时,一种肃穆之情不禁油然笼在心间。楼中寂静无声,但却回旋着一种声音,那就是爱因斯坦的心声。我仿佛看到这披散着满头白发,像一头狮子一样,而眼光温柔慈祥有如冬日阳光。我说的那本传记里这样描写过他:“现在,这位巨人已经年逾古稀,岁月在他脸上刻下了道道皱纹。人类的苦难,使这张布满皱纹的慈爱的脸孔染上了悲哀的色彩。有人把他看做《圣经》里的先知,圣洁的白发犹如灵光一般笼罩在宽大前额上——他在忧虑人类的未来。有人把他看做《福音书》里的使徒,袒胸露肩,跣足而行——他在探索真理的道路。”正是他晚年在普林斯顿的时候,他觉得自己和永恒无限浑然一体了。这个相信宇宙的理性才是至高无上的,宇宙才是上帝,只有追求和了解这理性,才是幸福。正是这个曾经想过做灯塔管理员工作的人,他从普林斯顿向黑暗的茫茫大海发出灯塔的明光。我们走着,从一个楼到一个楼,终于寻找到爱因斯坦的踪迹。一切一切清洁、明亮、幽静,上了楼梯又拐下另一楼梯,在一间大厅里找到他。靠着墙壁,一座半人高的方柱上立着爱因斯坦黄铜的头像,满头浓密的卷发还像火焰一样在燃烧,两只眼睛向我们凝视。这位一九二二年在上海滩上由于看到一个枯瘪的中国老人拽住人力车奔跑,车上傲然坐着一个年轻的白人,而感到良心震动的人。今天,他从我们三个中国来客身上看到什么新颖的答案了吗?

一位老太太文雅而又热心地就着车窗仔仔细细给格罗斯曼讲解怎样寻找到去华盛顿的高速公路,从那严谨而又耐心的态度,使你感到这里的每一个人都体现着普林斯顿风度。

于是我告别了普林斯顿,但在我心中牵着一丝情愫。

这是什么!?……

到华盛顿,从大西洋吹来一天倾盆大雨。

雨后放晴,晴空万里,阳光灿烂。

我记住莎莎和她丈夫告诉我的使我为之振奋的好消息:“你们必须去看看爱因斯坦雕像,这是每一个到华盛顿来的人一定要去的地方。”

啊,从普林斯顿牵来的情丝,一下在华盛顿又接了起来,像有一缕云在我心上飘荡飘荡。

风光如此明媚。波多马克河上一群一群的海鸥在自由地飞翔。

我们从林肯纪念堂向斜刺里一条街道上驶去。然后,在大街一角上一片初绽红色蓓蕾的绿树丛中,找到一座巨大的爱因斯坦铜雕。这个老人微微欠身盘地而坐,右手扶着地面,左手拿着一大书卷搁在弓起来的左膝之上,书页上写着闻名遐迩的公式 $E=mc^2$,硕大的头颅微微下俯,爱因斯坦的生命凝聚在永恒沉思之中。啊,是你,说明一个真正伟大的科学家必然是一个真正的思想家。你说过:死是永恒的自由,多么精髓透彻的思想呀!你现在从每个人的心上得到这种自由。阳光把我和爱因斯坦融合在一起了。我突然发现在他右膝头上有一块闪闪发亮的地方。我把我的手放上去,我感到一阵温暖,这是阳光的温暖?是良心的温暖?一群美国姑娘奔跑来了,原来每个人到这里来都要摸一下这块地方。人们说只要摸一下,便可得到智慧。我发现雕像的圆形底座是一块黑色大理石整体,阳光把那上面无数细碎的星辰照得闪光发亮,这是银河、天体、宇宙,原来爱因斯坦还在考察着永恒的无垠,他的智慧还在继续发展。是的,这就是他那句“死是永恒的自由”生动的写照。我思索,站在爱因斯坦像面前,我发觉从普林斯顿到华盛顿我在探索着一条巨大智慧之路,这时一种崇高的庄严感,把我的灵魂向浩渺无垠的苍穹高高举起。

夕阳红到无边

一阵袅袅的秋声在我记忆中回响……

我从年轻时起就有一种特殊的敏感,当天空和大地还炎天如火、赤日铄金,我却可以从太空中洒然而落的一丝清风,便意会到爽朗秋天的来临,从此扫却一身粘腻,换得一身清爽,实在令人怡然陶然。而从那一阵清风起,我觉得那一颗太阳也就不同了。

抗日战争时期,我在太行山上,有一个晌午我从一个山垭口走出,我原是每天都在此时此地打这儿经过的。可这一天,我突然感到晶亮的太阳光变得那样柔和起来,在高耸云天的松林上,在小波潺潺的溪流中,这种柔和的光相互映照,使人心神为之欣喜、震颤。从那金色的阳光中,我闻到熟透了的庄稼的芳香、天空的芳香、大地的芳香、太行山千山万壑的芳香。这是秋之芳香。经过了半个世纪,这一偶然的欣快还洋溢在我的心际。

我常常想:我为什么这样喜欢秋天?就因为它让人头脑爽朗、意绪清新吗?的确,每到这个季节,我的整个灵魂便像浸在清凉的泉水之中,无限的情思、灵感就油然而生、不可遏止,于是进入了写作的旺季。不过,秋天给予我的不只是观感上的,而更重要的是意念上的。秋天是大地的收获季节,也是我的收获季节,我的创作是收获季节,灵魂的收获季节。我想,我得感谢秋的恩赐。

北京的秋天真美,天高云淡,清风潇洒,西山红叶如火如荼,这又是一番灿烂,而灿烂中包含着清幽。今天,是早春天气,我坐在香山饭店四楼住房里,编完《秋阳集》,通过落地大玻璃窗望出去,山回林密,日影迷蒙。在这幽极、静极的时刻里,我忽然听到那样熟稔而又爱昵的一缕纯真、婉转的声音……我不知道这声音从何而来。我看了看,小收音机没亮红灯,电视荧屏也一片灰白。我没有动,我坐在原地没有动,我瞧着暖和的太阳,我忽然发觉这声音来自我的心底深处:——余音袅袅,不绝如缕。它一下把我带回更远更远的记忆的王国。那大约是一九二八或一九二九年,我的少年时期,我在小学课堂上,由一位音乐老师,弹着风琴教我们唱歌。教室是老得长了绿苔的老屋,屋顶上又覆盖着古槐的浓荫,因此,在我记忆中那是碧茵茵的。请读者原谅,允让我的思路再野马由缰地驰骋一下吧!前几年看电影当我听到:"长城外,古道边,芳草碧连天……"的歌声,一下子,唤起我青春的梦幻、青春的灵感,因为,这是我少年时很喜爱的歌。不过,且慢,像有一束明亮的火焰突然在我的记忆中亮起,由此我想起我还学过我更爱的一支歌,可是整个歌儿我想了几十年也想不起来,但是这歌子的第一句,却一直深深镌印在我的心扉。后来,经历过多少战火之熊熊、风雪之漫漫,踏遍山河,历尽险关,这一句歌我却无法忘记。特别是这十多年,这句歌,就更时时响亮、回荡,这句歌就是"夕阳红到无边"。在我当年学唱这首歌时,便为这一句所倾倒,我的心胸一下飞越出那旧礼教的狭窄牢笼,烦琐的污浊市井,我像一只苍鹰向高空搏击而去,那红漫漫的夕阳红得何等艳、何等美、何等令人心醉。是的,秋风,秋阳,秋晖,也许正是一个年过古稀的生命的象征吧!不过,我以为作为一个作家,当他似乎可以望见死亡的峰巅的时候,他有的绝不是衰败、颓丧,而是深沉、练达,就像一轮秋天的太阳,不是火爆而是澄静的。至此,我想我应该把我前面所叙说的种种关于秋之意念归拢一下,找出关结。

难道我说的只是大自然中的那颗秋天的太阳吗?

我说:是,也不完全是,因为更重要的是我心中有一颗秋天的太阳。在《碧萝窗下》那篇文章里我曾谈到孤独问题:“现在我是一天一天争夺时间,我要蘸着我的生命与鲜血为了我的理想而搏斗,对于人世的烦琐,我已不屑一顾,只从创作的孤独中得到深深的慰藉,我认为真实的创作是需要孤独境界的。”一个作家承受不了孤独就不能潜心创作,更何况正是在这种创作的孤独中,孕育着最大的领悟、最深的思考、最重的激情、最活的灵感……而这些,与深沉、练达、安宁、幽静都是分不开的,可以说这不是一般的人生的孤独。而是超逾人生的美学境界的孤独,我这样理解:茨威格为什么说罗曼·罗兰是一个“伟大的孤独者”。关于这,爱因斯坦有一句话讲得多深刻呀!“这些天来,我独自一人住在乡间,安静的生活,刺激着创造性思想的产生……我想到灯塔管理员的工作。”回想自己碌碌一生,浪费生命,到晚来领悟到这样一种意境,也可以说是我自己的美学的凝聚吧!

从一九八四——一九八八,不知不觉间,又写了几十篇散文。我希望它既有秋阳的宁静,又有秋阳的温暖。它可能不是我的一段时间的收获,也许是我一生中的收获,为了纪念我的“古稀之年”,我便把它定名为《秋阳集》。

最后,还是让我回到从儿时一直深深潜藏到现在的那句歌吧!“夕阳红到无边……”这一句后面是什么,怕至死也想不起来了。不过当我凝视着香山上空这一派夕阳时,我莞尔而笑了,又何必苦苦寻思,只这一句也足够了。因为我看到的夕阳确实是红得如此瑰丽,红得如此庄严。

多么美的声音啊,是的,一阵袅袅的秋声在我记忆中回响,也在现实生活中回响。

东山魁夷的宇宙

一九九〇年一月十九——二十二日

这真是一个令人高兴的日子，睡醒午觉，一位青年朋友已等在客室里，他给我送来叶渭渠译的《川端康成散文选》，还有唐月梅译的东山魁夷散文集《探索日本的美》的译稿，实在高兴，我像把美的世界一下都拥抱在自己的怀中了。

刚好不久之前，在《世界文学》上读了东山的《巨星陨落》，读罢之后，仰望窗外暮雪纷飞，颇有沉寂之感。这一篇至情至性的文章是东山写川端的，不是不知不觉间也写了东山自己吗？川端之死是一九七二年的事，当时我被关在十年浩劫的监牢里，不知在哪儿看到一行消息，我的确像受了雷轰一样的震惊，不过仔细想来这似乎也是必然的吧！我是先认识川端本人（一九六一年樱花时节）后接受他的作品的。我的确喜爱川端的作品，每读辄有一种清淡、纯真的美吸引了我。那像影子一样内含的魅力怎样也拂它不去，融化在我心灵之中。我实在为川端之美所感动，它像一湾清流在缓缓流着，没有色，没有影，没有声，只有一个清澈透骨的美。这种文学在纷乱的文学世界里，透露出人生与自然的美的素质，这实在是难能可贵的。我说它展示了东方之美，其实也正因为这个缘故，不已经进入世界之美的宝库了吗？东山我是见过面的，不过第一回见面是何时何地，我实在记不清楚了。不过，我手边珍藏着东山亲笔题赠的《东山魁夷的世界》两本画册，其中收有唐招提寺障壁画——《山云》、《海涛》，那肯定是一九七七至一九七八年的事情。因为一九七八年我西访敦煌,小住兰州,写过这样一段话:“落了几日雨,一个下午,我静静地望着窗口,窗中间巍然耸立着碧森森的皋兰山,这整个窗口就像给烟雨淋得湿濛濛、绿茫茫的一幅画,一阵惊喜微颤过心头,这是多么美妙的东山魁夷的画呀!”同对川端一样,我为东山的创造之美所沉醉了,不过一个在文学、一个在美术罢了。

如果是这样,我可以说东山这篇文章,以东山的心解释川端的心,就更加贴近了探索美的跋涉者深邃的心了。我永远记得在镰仓小巷深处川端家的会见,宽敞的院落里只有几株大树、一片草坪,这豁达、明净,也许正反映着川端的心境吧!川端留给我的印象是神情严谨、沉默寡言,不过从东山的文章看得出川端的心灵是炽热的,灵魂是发光的。也许正因为东山与川端都是美的探索者才能理解这样深切吧!在川端家那次交谈中间,他站起身到里面取出两位日本画家画帖给我们看,从而谈到中日两国文化的交融。我没有发现他的笑容,但他谈这些话是很温暖的。川端最突出的一个表情就是他凝了雪亮的双眼注视着——不是一种美的向往在吸引他吗?……这两部画帖不知是不是东山文章中谈起的玉堂、大雅或芜村的珍品呢?……川端探索到美,体现了美。我觉得他的美近似晚唐诗人的美,一种清幽疏雅的美。而现在在《巨星陨落》中就把这位美的探索者的心灵邂逅写出来了。美是永无止境的,因此为了美而跋涉的人必然是苦心孤诣,从而产生一种空寂的意境,这是不奇怪的。也许正是在这一点上使东山与川端灵魂相通的。在这篇文章里,东山引用川端那句话,真使我惊叹不止。他说:“有一件事却留在我心中,没能写到文章里,那就是东山风景画中那种内在的魅力,精神的苦恼和不安的寂福(佛语:寂灭为乐)和虔敬,在画面上没有表现出来而隐藏在深处。”没有孤高的探索精神,能有这样深刻的洞察力吗?在这里川端不也正像一面镜子一样照出东山吗？东山这位艺术大师给我的印象是纯朴敦厚、静谧安详的，用川端的话来说是"东山为人谦逊、严以律己"。东山说过："我所理解的作品的强烈，绝不是在色调、构图或者描绘方法，而是在画中蕴含着的作者的内心强烈的激情。"从画与文看来，东山内心正是充满强烈激情的。通过东山这篇文章，我不但对川端，而且也对东山有了更多的理解，这的确是一个既意外也不意外的收获。

我是先接触东山的画，而后在一个偶然的机会里读到东山的几篇不长的散文。如果说他的画《路》、《青响》、《夕寂静》、《冬华》、《晚照》打动了我的心，那么我读过的那几篇散文，连同我现在在唐月梅这些译稿里读到的散文，同样打动了我的心。关于东山的文学，我在一九八八年十一月二十五日《人民日报》发表的一封信里谈过这样的话："多年以来我有一种见解，而事实往往证明这见解是正确的，就是诗人与画家写的散文，常常如热带浓郁的芬芳，别有一种颤人的情致。前者我可以举出聂鲁达，后者我可以举出东山魁夷。"为此，我曾多方向出版社呼吁出版东山魁夷的散文集。唐月梅翻译过川端的《我在美丽的日本》，介绍了川端之美，现在她译出东山的《探索日本之美》，介绍了东山之美。对我这样一个眷恋的人来说，这是太大的幸福了。当然美是不能据为己有的，我必须把这种美推荐给广大读者。

我常常想：一个文学家、艺术家终其一生都是在永远不停不停地探索着：

探索人生的无穷的奥秘，
探索自然的无穷的奥秘。

而两种奥秘的汇合点是艺术家的心灵，只有通过心灵的净化，而后通过心灵的映现，就是人类的辉煌的创造。因此每一个真正的艺术家的作品，必然有着各自独特的心灵闪光。

比如川端和东山不但是密友而且是探索美的跋涉之途的旅伴。

不过,在我细心咀嚼之下,我觉得东山的美与川端的美是不同的,他们都探索到美但又有每人不同的美的风度,如果说川端的美是清淡纯真,那么东山的美是深沉宁静。我想不能说这和东山亲密地、入神地接触大海与高山没有关系吧!东山在唐招提寺画障壁画《山云》、《海涛》说是受了鉴真的人格的昭示,那么,又何尝不是东山的心灵的反响呢!我希望读者好好读一读这部散文集的文章,它们不但表述了美的共性,也表述了美的特性,东山这里的一些散文可说是打开美的穹门的钥匙。东山说道:

……我画的是作为人类心灵象征的风景,风景本身就阐明人的心灵……

……我确信倘使没有人的感动为基础,就不可能看到风景是美的……风景是心镜……河川、大海也一样,可以说这个国家的风景象征着这个国家国民的心。……

……从此以后,在我所邂逅的风景中,我仿佛听见同我的心相连的大自然的气息,大自然的搏动。……

为什么从东山的画到东山的文都有一颗温暖的诗心,不就因为他的作品都有他的心籁的呼吸吗?

写到这里,我想应该说明一下"东山的宇宙"这样一个问题了。我在这里说到宇宙,还不是从容量上说,东山的艺术与文学囊括了人生的灵魂和自然的灵魂,更重要的是从内涵上来考虑。我用这样一个题目,其实不过为了说明一个细致、深邃的问题,就是在这个宇宙里,既有主观与客观的融合,也就有爱与美的融合,从而具有巨大的创造力。请想一想,如果没有一颗挚爱的心,如何能发现美;那么,如果不是一个美的灵魂,怕也不能有这纯真的爱心吧？用作者主观的意蕴贯注给客观景象，的确，这是以自己的血液与生命来燃烧画色与文笔的。这颗心就是一个宇宙。它吸收了万象，包罗了万象，又给了万象以艺术的生命与光辉。这里面有日月星辰，风霜雨露，高山大海，一条土路，一株小草，一片雪花……这不是用“人生”或“世界”这样的字眼所能形容的，这是茫茫然无涯无际的大宇宙，而值得注意的是这宇宙之所以能通向无穷无尽的人的心灵，我想是因为东山有宇宙一般的心胸，由这宇宙的内核发出的热、发出的光滋润了万物，因而也就滋润着读者们的心田，从而在文和画里凝聚了东山所特有的爱与美。

不能说这些散文是画的解说，那样就降低了东山文学的独立价值，尽管一者用画、一者用文来表现，我以为都是东山从自己攀达到的高峰之上谱写出的心灵自白。

在这个集子里有一个句子唤起我的醒悟：

> ……冬天到来之前，树林燃烧起全部的生命力，将群山尽染，一片红彤彤……

从年龄上说，东山是长者，但我也已过古稀之年，我理解，我相信未来，我想就用东山的这种美意来结束这篇序言吧！

马鸣风萧萧

我非常爱马，马是最通人性的。

在野营篝火旁边，人们从闲谈中，述说着多少关于马的故事啊！

其中最使我感动的，是一个骑兵，他爱马如命，马也爱他如命，在一场激烈战斗中，他负了重伤，从马背跌到地下。马那样温顺善良的，一步不离这昏迷过去的人，它回环四顾，长声嘶鸣，希望有人来援助它的朋友。可是在战火燃烧纷飞之下，所有的坐骑都在猛烈狂奔，骑兵们挥着闪闪的马刀，像一阵风一样旋卷过去，战争到达了沸点，生死格斗到了决定时刻，哪一个顾得上来援救这血流如注、奄奄一息的战士呢！？可是他的马不肯离去，终于用嘴衔起这个伤员，把他从战场上抢救下来。这个战士从此更爱这匹马。谁料在另一次战斗中，这匹马被子弹射中，翻滚地下，悲哀地长嘶一声，做了最后一次挣扎，终于扑然跌倒，溘然长逝。那个战士痛哭了一场，埋葬了他的马，为他的马筑了一座坟茔，最后珠泪涟涟，一步一回头，不忍遽然离去。

篝火的红火影跳荡着，火影在人们身上脸上晃动着。

我说：

“马救活了主人，主人没救活马。”

讲故事的人，猛然喷掉衔在嘴上的粗大的烟卷，愤愤地说：

“这里没有主人……是战友，是可靠的伙伴，而不是主人！”

他站起身，把马鞭在自己腿上甩了一下。

一只白马应声进入篝火的光圈之内，两眼放射出温驯的眼光，它好像听懂了刚才讲的故事，随着马鞭声，来找它的战友来了。

有什么比迎着烈火、迎着狂风、放马狂奔，更加令人内心为之振奋的吗！

我有过一匹菊花青马，马鬃很长，性情柔和，在东北解放战争中，三下江南，大踏步后退，大踏步前进时，我骑着它，走过冰冷的松花江，在马背上吟过一首诗：

长空一月压林低，
千里冰封走战骑，
遥望烟火弥漫处，
三军刚到正合围。

这匹马老了，虽然还竭尽忠心，努力报效，但终究气吁喘喘，不胜驱驰了，我不得不眼看着人家从我手里把它牵走了，我心里非常难过，抓把炒黄豆喂给它吃。它用柔软的嘴唇在我掌心里蠕动着咀嚼着，而后，又伸长脖颈在我身上摩厮着，我忽然发现它两只眼眶里濡濡流下了两行泪水，这真使我的心房为之深深抖颤。

但，马绝不是柔弱的生灵，马有马的烈性，正是这种烈性使它在狂风暴雨、枪林弹雨中任意奔驶，而且这种烈性，也会传导给人，燃烧起人的求战热望。有一回，当我勒了马屏住气息，等候前面传来爆裂的枪声时，我发现马的两只耳朵在簌簌抖颤，两只前蹄不断踏动，全身肌肉和鬃毛都发出一种渴望临战的精神。而后，当号声响起时，我刚翻身上马，它就像离弦之箭一样勇猛冲飞而前，那真是在飞，全身拉成一条直线。我伏在马上，马的烈性传到我身上，我感到全身的血液都在沸腾，这是一种生命的强大的暖流啊！它把我和马融合在一起。风，那样锐利地劈面而来，呼啸而过，用不到我的鞭策，马自己就奔向火线。是的，那里有流血、有死亡，但这一切在这一刹那间就不在话下，只有一种胜利的快感在大大鼓舞着我们，马不畏惧战争，而是渴望战争。还有一次，我骑马夜涉辽河，水涨流急，又是漆黑之夜，伸手不见五指，但，在这紧急关头，马仰起脖颈微微嘶鸣了一声，甩了甩尾巴就踏入河身。我只觉得水在周围旋转，几次卷入漩涡，我一提缰绳，马便跳跃而起，后来，在最深的河心，它竟展开四蹄，浮游起来，它不但那样勇敢，而且那样机敏。我在一首诗里曾写过这样诗句：

夜涉流急频跃马，
晨行霜冷苦吟诗。

马也曾给过我一次灾难。那是松辽平原上地冻得像铁一样坚硬的日子。我骑的马蹄铁损毁了，只好借别人一匹马骑。马是熟悉自己的骑手，而不甘心为生人驱使的。当我一跨上马背，它感到是个生人，它就暴怒得连尥地带跳，乱嘶狂鸣，这匹马就像一只红色的巨鸟在狂飙中旋腾一样，一下把我从它脊背上高高抛起，重重掷下，那一下，把我的腰骨跌伤，动弹不得，只好躺上担架，跟着部队转移了。

战争是残酷的，但也是雄伟的。人从战争中可以领略一种英雄的快感。古人描写战争，就含着这一层深意："……利镞穿骨，惊沙人面，主客相间，山川震眩，声析江河，势崩雷电，……"这是何等的气势，何等的神魄！？而人和马共同投入火的炼狱，从熔岩中踏出一条胜利之路。在那个年代里，一个老司令跟我说："我有三件宝：一只德国蔡斯望远镜、一枝三号左轮手枪和一匹战马。"军人爱马如命，只有飞骑穿越过战场的人，才会懂得这是何等亲昵、何等密切的感情。我也正是在那军旅生涯之中爱起马来的。

我真喜爱真正的骏马呀！它长得那样英俊、那样飒爽，它的眼光充满智慧，它的肌腱饱含雄健，它眷恋自己人时何等挚爱，它冲向敌人时那样猛烈，它的四蹄在大地上敲出鼓声，它的长啸给人带来豪情，它既像一缕柔情，又像万里雷霆。而今，距离战争时间很遥远很遥远了。就在战争后期，也由于换了吉普，而与马作别，但现在，我想起来，还是那样恋恋于我的战马呀！……前面，谈到我和那匹菊花青马分手时马的动情之处，我还没有说养这匹马的饲养员呢！他夜里伴着马睡眠，为了夜半更深起来喂上饲料，他给它最清凉的水饮，每到宿营地，他看到马身上汗水淋漓，他就埋怨我不该骑得太狠。那天，人家牵了这匹老马走时，他竟坐在空落落的马槽旁边痛哭了一场。

我想不起人与畜之间，有什么比人与马更有深情的了。更生死与共、相依为命的了。

有人也许举出猫，但猫是在热炕头上打鼾的动物。

有人也许举出狗，但狗是欢喜向你谄媚的动物。

马，不是这样，自有它独立不羁的风格、英雄豪放的骨气。

我再讲一个关于马的悲剧的故事。那是一九三八年夏天，在河北大平原上，青纱帐一望无涯，赤日烘烤着大地，我们从冀中驶向冀南，我骑的是一匹枣红马。那可真是一匹骏马呀！它红得像火炭一样，大概就是古小说里所说的“赤兔马”吧！那身个，那长样，都是充满豪情，充满灵气的。我们一行人骑着马涉渡滹沱河，就赶上平原上时常突现的狂风暴雨。先是一朵乌云旋即倾盆大雨。我们放眼四顾，只有一片绿色大海的庄稼地，连个看瓜的窝棚也找不到，于是我们只有策马狂奔，人和马冲狂风迎暴雨，都淋得湿透。也许就因为一下赤日炙人，一下雨冷如冰，我们到了宿营地，那马竟然一夜不食不饮而死去了！我到现在还记得，那是怎样的一匹马呀！那是一只美丽的火鸟！但我爱它我却骑死了它……我记得当我们到达宿营地，我跳下马来，还爱抚着它那锦缎一样光滑的颈项，而它也把头伸向我，微微喷出鼻息，用柔软得像奶脂一样的嘴唇，这灵巧而依恋地在我身上、手上、脸上摩擦着。是何等样的一出悲剧呀！我爱这匹红马，但我骑死了这匹红马。几十年时间流水一样过去了，可我的心灵里还存留着这匹马的景象，我的心灵里还充满对这匹马的疚仄之情……是的，这深沉的悲剧，使我更多地怀念起战争，只要一想到那峥嵘岁月，我还是不能不想起战马。现在我明白了，不正是由于我曾经乘马在战场上飞奔，我才最理解"落日照大旗，马鸣风萧萧"那诗的意境，那是多么豪爽、多么旷达的美的意境。我老了，但在我的一生中，我还是不能不为我曾经获得那一种意境而自豪呢！不过，上面说的那种疚仄也就更深更深地渗透了我的灵魂了。

白 鸽

我每天早晨五点半起床，到楼顶平台上散步。

对于一个人一生的历程来讲，如果说每个一天都是一个新世界，那么，每天早晨五点半，就是我的新世界的开端，也是我的新世界最美好的时光。

夏天，曙光红透东方，天空那样庄严肃穆一缕缕金光愈来愈明亮，清风习习，清气微微，而后，一轮红日尚未露出，但它的光明已经把城市海洋西方的一些高楼的玻璃照得熠熠闪光，像有无数把小火炬在跳荡。

冬天，这时刻却还是黑夜沉沉，万籁俱寂，满城灯火灿若银河，北风吹到脸上令人觉得既清冷又清醒，一颗颗星光像天使的微笑的眼睛，黑夜仿佛有一种魔力，使人与宇宙融合，油然而生一种孤独感、一种崇高感，待到街灯倏然一下熄灭，淡青的晨曦弥漫而来，是那样喜人。

因此，也许比起夏日的黎明，我更爱冬天的晨光。

不过，冬天也有不如人意之处，就是乌鸦成群。我的高楼旁有一片白杨树林，一入冬，树梢上就栖满乌鸦，尽管树林在凛冽的寒风中颤抖，乌鸦却睡得十分酣畅。而后，不知在时间和空间中有一种什么神秘的信号，乌鸦便咿呀——咿呀叫成一片，旋即从我头顶上空飞掠而过，乌鸦的聒噪倒不在于它打破黎明的岑寂，而在于它确实刺耳难听。乌鸦竟是那样多，一群群、一阵阵，就如同一团一团黑云，一下破坏了宇宙间的色调，而污染了晨

1992年在烟台修改《心灵的历程》

1993 年为友人作字

曦。但它们却俨然以迎接黎明的使者自居。一边飞一边还排泄下一些秽物，在许多好看的屋顶廊垣上留上斑斑白迹，实在可恶。但是，有一个早晨，正当乌鸦群飞之时，我忽然发现，在我家楼顶平台的短墙上立着一只鸽子，它那洁白的羽毛，白得十分耀眼，我一看，心灵一动，放轻脚步。

白鸽啊，它是那样安详、幽静、自如。鲜红的短喙、金黄的眼圈，一身毛茸茸的羽毛，使得这只鸽子在头上飞旋的乌鸦衬映下，显得特别的美丽、异常的圣洁。

在它身上晨曦之光渐渐由青色变为淡红，白羽毛好像在发出一种柔和的光亮，说也奇怪，一刹那间，那些乌鸦的聒噪好像消失了，那些鬼怪的黑影也不见了，似乎是那些乌鸦在白鸽面前也自惭形秽，也从而销声匿迹了。

我的心境由喜悦变为尊敬，你想，就是这只白鸽，它振其健美之羽翼，其凭坚定之信念，认定一个明确的目标，不怕长途跋涉，向千里万里之外飞去，又从千里万里之外飞回，给人们带回珍贵的信息。可它从来不像乌鸦那样聒噪喧天，而只沉默不语，站在那里一动不动，偶而侧转一下头，而后又凝然远视。

红色曙光上升，一片阳光照射而来。这时，白鸽飞起来了，像一小团白雪，像一小片白云，向那阳光灼亮的远方飞去，这时我的心好像也冉冉地随它飞去了。它向远方飞去，成为一个小白点，随即消失在洒遍人间的日晖之中了。由于观赏这只白鸽，我推迟了散步的时间，可是，我觉得这一个冬日的晴明，特别明亮。

燃烧的红月季花

这是我的一次偶然的际遇。

满园的月季花，真是姹红嫣紫，逗出一个热闹的阳春。在休息室里歇了一阵腿，趁同游的画家泼墨作画之际，我便踱出室外。我的目光一下为一株盛开的月季花所吸引，这花红得像灼亮的红霞，实在令人惊叹。正在这时，身旁一位同志对我说："这株花叫广岛之子。"怎么？这个名字，使我从赏心悦目之中，突然感到一阵轻微的震颤。他却径自说下去：这是一位日本朋友特地送来的。原来这日本人四十多年前作为军医随军侵华，后来，日本军国主义投降了，他回到故乡广岛，故乡的热土已成为原子弹爆炸的焦土，他就在焦土上搭了一个小小的帐篷，给人医治原子病。人们都说经过"黑雨"淋透的"死灰"是永远灭绝生命的。不料有一天，他忽然看见从土地里生出一根夹竹桃的嫩芽，他真是喜出望外。啊！生命，生命，多么顽强的生命啊！这个深含内疚又惨遭毁灭的人，他就下定决心让死灰里长出最美最美的月季花，于是他便展开了一场人与自然的搏斗。

听到这里，我的心神已飞向遥远遥远的东瀛。那是一九八四年，我到了广岛。我在和平纪念馆的玻璃柜里就看见失去沃土光泽的死灰，我的心当即为一种剧烈的悲痛所攫夺。原爆慰灵碑前有一炬熊熊燃烧的火焰。当记者把麦克风送到我的口边，要求我说几句话时，我说："这是心灵之火，生命之火，圣火是永远不会熄灭的，圣火在醒警着我们：绝不允许灾劫重临。"当时，一位广岛母亲跟我谈到她目睹原子弹爆炸的惨状，她的丈夫化成灰烬，她的儿子化成灰烬，只要空气微微一荡，那灰烬就消逝而去。她哭着把头伏在我的胸上说："……我们的人在中国也造过孽，我们对不起中国人民呀！……"可怜天下父母心，这一位广岛母亲的泪永远留在我的心间，默默地，默默地，年复一年。谁知今天在这儿，在我们的大地上，却盛开着广岛死灰里生长出来的红月季花，这莫不是那位广岛母亲的眼泪，有意在这里放射出光焰吗！？

是的，随着日换星移，这位医生从死灰里培植出来的月季花愈开愈好。他把广岛月季花分送世界各地，月季花与多少人结下深厚的情谊。这医生从中悟出一个道理："花是没有国界的，因为花渗透人类心灵之爱。"不知是不是原子弹爆炸后遗的祸害，医生得了不治的癌症，已经动过六次手术。他想是他该到中国来的时候了，他必须在有生之时交付他欠下的罪债。他以为中国还是几十年前那样贫瘠破败，谁知他到了中国一看，在上海、西安、北京到处一片月季花馥郁芬芳，于是他把这株命名为"广岛之子"的月季花留在北京。他说：他不一定能再到中国来了，但愿这广岛的孩子能够看到中国更加美好的明天。

今天，寒风凛冽，冷气袭人。

我读薇拉·凯瑟的小说，一个句子跳入我的眼帘："现在树枝变得真硬，你要想折断一根枝条都会把手碰伤。然而，在那冰冻的积雪底下的树根处，生命的奥秘还是安然无恙，和人心房里的血一样温暖；春天还会到来，啊，一定会来的！"于是我的思路又回到那次那偶然的际遇上去。当我这样想时，我不知那位癌病患者是否还在人间，如若在，他应该还会继续把死灰里复活的月季花向世界各地分送吧？

人啊，在历史长途上，你留下过多少晴空朗日，又留下多少暴雨狂风。那一朵灼亮的红霞又出现在我的眼前，可是，当你为月季花的姿色所迷醉时，你有没有想过，也许那是死难者的鲜血浇灌沃养出来的缘故吧！但正因如此，月季花是顽强的、茁壮的、圣洁的、惹人喜爱的。让月季花开遍人寰，像火一样燃烧着未来的光明吧！

大地的心灵

今天黎明，当我在田野上缓缓行走时，晨曦乍上，晓露正浓，我忽然为一条静静闪光的河流所吸引，它使我回忆起一段往事。

四十多年前，我有过一次在沙漠上长途跋涉的经历。黄沙漫漫，一望无际，色调是那样单纯，仿佛朦胧地饱含了睡意。我们默无声息地慢慢行走。那是何等的荒凉、何等的寂寞呀！赤地千里，烈日炎炎。你感到酷热，却没有汗水，因为汗水一出来立即被蒸发了。茫茫然一眼望去，连一点阴影都没有，没有一株树，没有一棵草，偶尔有一只云雀，婉转鸣叫，从瓦蓝的天空中，倏然飞过，留下一个影儿，也使你觉得十分欣喜。但，渐渐我为这大地的庄严、宁静之美所感染了。如果说大海的雄伟在于波涛汹涌，这大地的雄伟则在于沙浪无垠，所以古人称为瀚海。正是这瀚海，给我打开了大自然的神奇奥秘。这里没有树林、河流、房舍、山峦，因而大地就那样赤裸裸地展开来了。像婴儿在吮吸乳汁时，抚摸着的母亲的胸膛，它那样温柔，那样坦荡。这时，你确实觉得你就是大地之子。在这里，没有飓风喧哗，没有大雾弥天，它只是如此真实，如此亲切，处处闪耀着生命的光华。就像母亲手把手教儿学步，它让沙漠锻炼你的脚力，考验你的意志，没有什么可援手，没有什么可攀缘，你就凭着你自己从深陷的沙窠里跋涉向前。正是这平淡无奇的淡淡黄色，给黎明的曙光、黄昏的晚霞，染出浓艳的色彩。它用它的生命的光华燃烧你的生命的光华。我不免发怀古之幽思了，天苍苍，野茫茫，我们的祖先不就是在这样的大地上开始游牧生活的吗?——我仿佛看到篝火通红,听到歌声嘹亮……

当我深深怀着对于大地之爱,跋涉几天之后,一个傍晚,我们忽然走进一道沙漠的峡谷。

大自然真是造化无穷呀!这峡谷竟是一片沙漠绿洲。谷地流着一条像翡翠一样碧绿的河流。河水给沙漠滤过,清澈极了,清凉极了。进入峡谷后,一下就把沙漠上的炎热荡涤一尽,而为一种清新的空气所陶醉了。一株株郁郁葱葱的树木,在清凉的微风中像开屏的孔雀一样微微颤动。这儿一切碧绿森然,像一种奇妙的梦幻,把我们的心灵都染得绿盈盈的。当我们涉过河流,穿过丛林时,我们听到了喔喔鸡啼,咩咩羊鸣,而峡谷的峭壁上,永远不停地像细细水雾一样泻着流沙。我们当天就在这绿洲中宿夜。当晨光来临时,我走到小河边,蓦然想到:在这莽无涯际的沙漠之中,这明亮的小河呀,不正是大地的眼睛吗?透过清明而澄澈的河水,不正流露出大地心灵的脉脉深情吗?

多少年过去了,我早已将那一刹那的沉思忘却了。

一九五六年,我访问南斯拉夫,在斯洛文尼亚,去游布列特湖,从悬崖高处眺望阿尔卑斯山冰峰怀抱中这碧绿的湖。据说在那湖心小岛的教堂钟楼上有三口大钟,其中一口,不知哪朝哪代落入湖中,至今,每当微风吹拂、涟漪荡漾时,人们还能听到发自湖心的微微钟声。斯洛文尼亚人管这碧绿的湖,叫"山上的眼睛"。啊,这是多么美的一句诗呀!我立刻由"山上的眼睛"联想到"大地的眼睛",这布列特湖与沙漠峡谷的河流不同的是,它不但泄露出大地心灵的深情,而且发出大地心灵的悄吟。我久久徘徊,不忍离去。当夜回到卢布尔雅那的旅社,在我的梦中,那绿色的湖光,还在萦回飘荡。

好像生活有意在证明我几十年前在沙漠峡谷那一刹那间的凝想是多么正确。一九八〇年,我出访法国和意大利,飞逾喀喇昆仑山时，从极高空处俯瞰，那一望无际的白皑皑的冰雪世界之中，有几颗绿色的小点，就像落在雪白纸片上的一滴滴蓝墨水。这是碧绿的湖，真正大地的眼睛。它张开湛蓝的眼珠向高空凝望，望飘荡的彩云，望灿烂的阳光，望喀喇昆仑山这冰封雪冻的巨人。我在空中翱翔，不但看见了大地的凝注的眼神，仿佛还听见了大地心灵的呼唤。

今天，我漫步在田野上，朝霞一下红得那样鲜艳，这时，我的心就如同我的脚，漫然悠荡，我的神思却伸展得非常非常之遥远。我看见树林红光闪闪，小河像胭脂浓酽，这一切，使我倏然想到：大地心灵之火。在大地的深深的底层，火像熔岩一样飞扬呼啸，沸腾旋卷，这是最强的热、最强的光、最强的生命、最强的歌唱……

为什么我说大地的心灵是火？

因为我看见过生命的血浆，在燃烧的战场上，怎样一滴一滴渗入深深的土壤——那血浆红得那样惊人……我知道：物质是不灭的，生命是永存的，如若它在这儿熄灭，便在那儿生长。

硝烟弥漫，战火纷飞，在那天崩地裂的一刹那，一个英雄猝然倒在灼热的地上。刚刚在一刻钟之前，为了一种崇高的理想，神圣的使命，他还在呐喊、奔驰、搏击、战斗。他那巍然的英姿，像最完美的岩石雕塑一样坚强刚健，神采飞扬。他不怕暴风骤雨的袭击，不怕烈火狂焰的焚烧，因为他正在用热血、用生命，谱写震天撼地的一曲英雄乐章。而现在，他倒下了。但，这不是乐曲的终结，而是乐曲的延续。因为他那一滴滴红宝石一样红的血水，带着美丽的青春，带着无穷的壮志，一点一点渗入、渗入，渗透、渗透……一直流注进大地的心脏。

谁说大地的底层是黑暗无边？不，这血滴在闪闪发光。

谁说大地的底层是死寂无声？不，这血滴在放声歌唱。

于是大地的深处像炼狱一样燃起熊熊烈火，在这烈火中翱翔着再生的凤凰。我们的英雄的生命升华了。我们的英雄的青春升华了。它们溶成甘露一样的汁液，通过无数条血脉，又从大地深处流向人间。它浇灌，它孕育，它滋养，在碧绿的树叶上，在芬香的泥土上，在柔嫩的小草上，在茂密的禾苗上，又生发出新的生机，萌长出新的希望。

太阳冉冉上升了。我穿过一片树林，走到河旁。这时，朝阳的红光撒落在水面上，河心急流滚滚，红的光，像许多红的冰凌在急速地旋转、漂流、闪烁。这时，天地如此宁静，宇宙如此安详，就像这苍莽的天穹之下只有我一个人。我仿佛一下又回到那沙漠峡谷的河边。我从潺潺水声中，感到大地心灵的颤悸、欢悦，听到大地心灵的咏颂、歌唱……

这时，我惟一要说的一句话就是，大地的心灵是多么美啊！

海外日记二则

我的散文多来自我的日记，因为写日记不是给人看的，只是个人的心灵自白，也就写得无拘无束了。而我认为这是写散文所最需要的，因此，正如画家的速写本上积存了奇妙的风光，作家的日记本里也有浪漫的遐想。现在我从日记上抄下两则，拿来发表，其实这也就是我自己的散文。

——刘白羽

新　　绿

一九八四年五月二十五日，记于日本东京新大谷饭店361房间

……春天究竟是什么最惹人情思？

这个问题，很久以来只是朦朦胧胧地存在于我的头脑里，老实说我没有认真思考过。昨天和今天我第三次访问箱根时，大自然似乎给我作了回答。

我三次访问箱根都是春天。不过，前两回是樱花时节，而这次樱花早已随风飘散了。当汽车沿着盘旋的道路，进入浓绿的深山时，我不知等待我的将是什么景色，心中不免有些戚寂。谁料想到，当我们在小涌园安顿下来然后出游时，从古木森森的德

川幕府时代的古道漫步而过，小雨零星，忽来助兴；我们在古关卡旁一家草屋顶的甘酒茶屋饮啜暖热的甜米酒，一片潇潇雨声却已叩人心扉了。

我们泛舟芦湖，看到云从天上落下来，雾从湖面升上去，两者在空中旋卷在一起，云缠雾绕，十分壮观。再看苍翠的山上的云雾，像淡墨泼出的烟，而云雾中透露出来的绿显得幽暗朦胧。雾在湖上走，船在雾中行。云雾的浓淡、明暗也是有层次的。一刹那间，阴云的后面露出发亮的白云，像要穿破而出；不过灰色的雾一下又湮没溶解了那亮的云。我想：我看雾觉得美，别人看我们这雾中行船何尝不美，因此，我十分感谢这一天云雨，使得箱根别有一番风致，令我领略到前两次游箱根没有领略的美。

雨下大了，我们踏上归途，我已心满意足，谁料别开生面，日本朋友没有径直领我们回小涌园，却向山谷深处信步行走，就像黑白电影一下变成彩色电影，原来山谷中有数万株杜鹃花开得如同一团浓烈的火，花团锦簇，目不暇接，浅紫的、深紫的、朱红的、血红的……如潮似海，夺我神魄。我最喜爱的是那种雪白的，晶莹净洁，有如透明的冰霜，花瓣上有细碎的红点。我对着这花久久不能移步，心中倏然震了一下，两天前，我过濑户内海记松山，追踪正冈子规遗迹，正冈不就写了很多吟杜鹃泣血的诗，而自己也终归泣血而死了吗？这雪白花瓣上的红点，莫不就是正冈的泣血吗？!

晚宴前，小涌园主人在案上展出我第一次、第二次来访的题字，要求我再写几个字留念。这时，那云雾，那细雨，那森林，那杜鹃，一下都涌上我的心头，凝成一种浓郁而深沉的情怀，我蘸笔濡墨写了一首小诗：

樱花谢后杜鹃开，小涌园中我再来。
难却嫩寒一片雨，且同云雾共徘徊。

回到寓室，我拥被沉思，我在寻觅着我一日的游心，我才发现深深渗入我心灵之中的，既不是杜鹃，也不是云雾，而是满山的新绿。随着春日的到来，在老树叶深绿上那一层嫩叶绿得像从那苍林上拂过的绿雨。如说箱根覆天盖地的浓绿已足以使人陶醉，而这鲜灵灵的一片新绿就更使人从心里珍爱，它是萌芽，它是新生，它是茫茫大自然的一线颤颤的晨光，它将带来大千世界的无穷明媚。这样一想，尽管风雨深山，夜阑人静，我的心头也充满欣悦之感。不过，寻觅新绿，发现新绿，也不是那么容易的，我想在箱根，要不是赶上这个季节，赶上这场云雨把整个山林都浇湿，那新绿也不会绿得这样娇嫩了吧？……

你，血珠一样的卡琳娜果

一九八八年二月二十二日，记于美国波特兰查理·格罗斯曼家楼上

……我头一回看到卡琳娜果，是去年夏天在乌克兰。千千万万颗小而圆的红果结满一树，红得那样明亮、那样鲜艳。安娜见我爱得心醉，就折了一枝给我。从此，我小心翼翼地带到列宁格勒、莫斯科，而后又飞逾茫茫的西伯利亚，带回我亲爱的小屋，这一穗一穗小果子还是那样鲜红。但是随着严寒冬季的到来，她的生命的光泽，渐渐地、渐渐地像燃尽的火焰一样黯淡了，熄灭了，她死了！我非常之伤心。

我为什么缘故那样伤心？是因为她是太阳生命的照耀，是大地生命的燃烧，是河流生命的滋润，使得她一颗一颗那样红，似乎是无数无数赤红的心，难道只是这个缘故吗？乌克兰人用卡琳娜果形容少女之美，我伤心我失去少女之美，难道只是因为这个缘故吗？

整个冬天，我落在悒郁的沉思之中，——我望着那空了的花

瓶——从一种内疚发展到自我谴责。因为我想到，如果一个人对大自然美的挚爱是一种善的表现，那么，对大自然美的戕伤，则不能不是恶的作为。我的灵魂的确很痛苦，你，像血珠一样的卡琳娜果呀！由于我把大自然的恩赐据为己有，我犯了一种罪过。

谁知人生的际遇真是奥妙无穷。冬末春初，我飞掠太平洋，从地球的这个极端到地球的另一个极端，从中国来到美国。在波特兰上空，我看见无涯无尽的雪山像银色海洋一样动人心魄。这儿的雪山洁白、雪亮，我黎明就起来等候，看一轮红日从雪山上升起。那血一样漫漫的红色阳光啊！你大自然的骄子，你不属于这个国家、那个民族，你属于整个宇宙，整个地球，整个人间。今天我们到那一座砂糖一样白的浩德山去了，去看蓓姬，她就住在这雪山山麓。我走进她那圆木修筑的房屋，从窗玻璃上射进阳光，忽然像有无数猩红的小火炬耀亮我的眼、照明我的心，我一下看到了卡琳娜果。当然，这不一定是乌克兰的卡琳娜果，在美国也许是另一品种、另一名称，不过，在我心灵里我还是叫她卡琳娜果。在那冰冻雪山的衬映下，她红得特别鲜灵、特别娇艳。我怀着无限忏悔的心情望着她，我忽然感到有一颗滚烫的泪珠滑向我的心底。

我发现不但在蓓姬的屋里，而且在她家的户外也长着卡琳娜果。这一次我只用珍惜的眼光看着她，默默地看着她，我不但没有采一枝，连一颗红果也没摘取，我只站在蓓姬家门口那鲜红鲜红的卡琳娜果丛旁边照了一张照片。刚到蓓姬家那会儿，站在她家草场旁一段木栏栅边就谈起来。她说："圣诞节我刚过了七十五岁生日。"我说："你的精神可真好啊！"她幽默地一笑回答我："是的，随着年岁的增长，精神也在增长。"可惜，我没有问蓓姬，美国人管这种红果叫什么？不过，不论叫卡琳娜，还是叫玛丽娅，这都没有什么关系，问题是她是大自然同样的女儿。

我想回国以后，当我看着这有红色卡琳娜果的照片时，我会幸福地微笑。你，血珠一样的卡琳娜果，让你把大自然的血珠永远在人们的生命中灌注青春和美丽吧！……

川端康成的不灭之美

一九九三年三月十四——十五日

读完《川端康成散文选》，仰头望着窗外几乎看不见的细细雨丝，我心中漾出一种说不清楚的惆怅之感。

这是怎么回事呢？

也许是北京初春的细细雨丝牵连着东京初春的细细雨水，从而又牵连到我和川端康成的最后一面吧！那是樱花季节的一个夜晚，在福田家的一次宴会上，我和川端斜对面坐着。整个宴会时间，只 有我和他是沉默无言的。在我的印象中，他总是这样凝注着炯炯的双眼一声不响的。至于我，我的确为日本自然之美所陶醉了，我在我的名片上写了四句诗，其中两句是："忽惊楼头一片雪，华灯刚照最高枝。"是写窗外一树繁盛的樱花给灯光照得像一片白雪的情景，那真是太美了。宴罢纷纷握手告别，川端似乎也没什么话，事隔二十八年之后想来，谁知那竟是我们最后的一面呢！

我读过散文集译者叶渭渠写的《川端康成评传》，他将这个探索美的人写得非常完美，按道理说我在这里没有什么可以再说的了。可是，想到东京那一夜晚的细雨，又勾引起川端散文中写的伊豆的雨，我的心灵里又似乎还有些意绪扼止不住。

伊豆一组散文中，我觉得最幽美的是《温泉通信》，而它一开头写的就是雨：

"疑是白羽虫漫天飞舞，却原来是绵绵的春雨。"

写得多美啊，日本樱花季节常常落着如丝的细雨。海洋气候那样温暖、柔和。我常常想日本的自然之美形成日本文化之美，如文学、花道、茶道，都莫不含有日本美那近乎女性的幽静与柔媚。在《温泉通信》稍后一段，写道："凌晨二时光景，打开浴室的窗扉，本以为在下雨，谁知外面却是洒满月光。白色的雾腼腆地在溪流上空飘浮。"雨月呼应，美到极致，他不无感叹地说："我常常感到雨后月夜，格外的美。"在《日本美之展现》里就把日本的美说得更明白了："我询问一个前来日本学日本文学的意大利人：'你对日本最深刻的印象是什么？'他即时回答说：就是感到'绿意盎然'。他这么一说，我觉得比起意大利和西方国家来，日本的确是绿意盎然。日本的绿色，比西方和南亚各国那种青翠艳丽的色彩，显得深沉和湿润。但静下心来继续观察，或许会感到世界上再没有像日本的绿色那样丰富多彩、千差万别、纤细微妙的了。春天的嫩叶那样青翠欲滴，秋天的红叶那样鲜红似血。别的国家恐怕也没有像日本那样种类繁多的花草树木吧。不仅花草树木，山川海滨的景色、四季的气象也是如此。在这种风土、这种大自然中，也孕育着日本人的精神和生活、艺术和宗教。"叶渭渠的评传中多次谈到绿韵两个字。我觉得川端在《伊豆天城》中有一句话："伊豆的绿，绿得带上黑油油的光泽。"对于日本的绿韵我也深有体会。有一次，在箱根听了一夜风雨，早起却是日光明亮，我乘车下山，从密布高山大壑的森林上，看到一丛丛嫩绿，在深绿树叶衬托之下，这些刚长出来的新绿，像无穷无尽的嫩绿的小花，真是美极了。

几次跟川端康成见面，除了在镰仓他家里那一回，明窗净几，款款倾谈，我发现他其实是一个热情的人；另外几次相聚，他总是用纤细的手指夹着香烟，慢慢吸着，像在考虑什么，在他周围的人似乎都不存在一样。在十年浩劫中，我一人住在牢房中。不知怎么从报纸上看到川端康成死的消息。我头上像炸了一声惊雷,一时心情十分悲恸。可是那时我是没有写作自由的。但二十多年间,川端的形象总在我神灵中闪现。今天,在一九九三年第一场绵绵春雨中,我应该好好纪念纪念他了。他是一个单薄瘦弱的人,我每次看见他都是穿深色的和服,从照片上看,在斯德哥尔摩领受文学奖时他穿的也是和服。我不能说他是一个美男子,但他又真是一个美男子,当然,这不在他外形上,而在他的灵魂上。他的脸庞清癯中显出一种刚健,向上扬起眉毛,特别是那炯炯闪光的大眼睛,总是向前注视着,好像他要把整个宇宙看穿看透,把整个人生看穿看透,我想这就是我这位异国故人的独特神貌。一个人的外表不是独立存在的,它和这个人的内心世界分不开。读了叶渭渠的评传,我才理解,熔铸成川端康成之美的,有多少艰苦与悲哀,谬误与迷惑,突破与创新。当他从新感觉派回到日本传统,在东西文化结合点上寻找到他自己的道路,才创造了具有日本美、东方美的艺术。

当我回忆川端康成时,我觉得在这散文选里成为美的高峰的,还是《我在美丽的日本》和《美的存在与发现》。我又仔细地阅读了它们,我才发现川端心灵中蕴藏着的日本古文化之美有多么深,多么厚。他站在斯德哥尔摩讲坛上,他有意地向全世界传播日本之美。他先从道元禅师的和歌开始,还谈到日本的画和茶道。我很欣赏他说的,要使人觉得一朵花比一百朵花更美。茶道大师利休也曾说:“盛开的花不能用作插花。所以现今的日本茶道,在茶室壁龛里,仍然只插一朵花,而且多半是含苞待放的。……要在许多山茶花的种类中,挑选花小色洁,只有一个蓓蕾的。没有杂色的洁白,是最清高也最富有色彩的。”这最后一句话达到一种美学的崇高境界。我访问龟井胜一郎家,在他客室里我一直注视着壁龛瓷瓶里那一朵白茶花——真是美极了!谁知那一次也是和龟井的诀别呢!?但,无论从龟井到川端、到谷崎润一郎,他们都在美国文化冲击下,维护着日本的神圣之

1993年作者在讨论会上发言

欣赏米开朗琪罗雕塑画册

美。上面我讲到川端穿和服就不是偶然的,那是蕴育着一个国家的美的自重与自尊。谷崎润一郎跟我谈到自己是真正的东京人,可是现在不想到东京去了,东京在战后变了,那里不像自己的家乡了。谷崎这话以及谷崎隐居热海,川端隐居镰仓和川端穿和服,我觉得这中间总有一点什么根源吧。

如果说《我在美丽的日本》说的是和服,川端在夏威夷的讲演《美的存在与发现》则更多谈到《源氏物语》,首先谈到他怎样发现美,而且他这个讲演就是从这里开头的:"我在卡哈拉·希尔顿饭店住了将近两个月。好几天的早晨,我在伸向海滨的阳台餐厅里,发现角落的一张长条桌上,整齐地排列着许多玻璃杯,晨光洒落在上面,晶莹而多彩,美极了。玻璃杯竟会如此熠熠生辉,以往我在别处是不曾见过的。卡哈拉·希尔顿饭店阳台餐厅里的玻璃杯闪烁的晨光,将作为由堪称常夏乐园的夏威夷和檀香山的日辉、天光、海色、绿林组成的鲜明的象征之一,终生铭刻在我的心中。"——多么敏锐地发现美的眼光呀!而川端有这样细致的敏感,是与受日本文学的陶养分不开的。在上叙开端之后,主要是谈《源氏物语》,特别描画了浮舟。我在东京看过山本富士子演的《浮舟》,深为这一悲剧所感动。川端在国外旅行也时刻将《源氏物语》带在身边。我读日本文学也不少,总括起来我感到日本文学中常有一股清淡、纯真而染有淡淡哀愁的美。我想这与紫式部这位女作家写《源氏物语》而开拓整个文学道路有关。继承这一脉络,川端恐怕是最突出的一个。在他的小说《雪国》、《古都》中都有那么一种浓郁的抒情和哀情。要是说到壮美,也只是悲壮而不是雄壮,川端自己就说过:"镰仓晚期的永福门院的这些和歌,是日本纤细的哀愁的象征,我觉得同我非常相近。"在我写的《东山魁夷的宇宙》那篇文章中我曾说过:"我的确喜爱川端的作品,每读辄有一种清淡、纯真的美吸引了我。那像影子一样内含的魅力怎样也拂它不去,融化在我心灵之中。

我实在为川端之美所感动，它像一湾清溪在缓缓流着，没有色，没有影，没有声，只有一个清澈透骨的美。”从美学角度来看，这种哀愁之美，不但存在，而且渗透在广泛的文学领域之中。当然，日本有日本美的特色。在近代日本作家中，川端无疑是这种东方美的追求者，也是获得者。

不论怎样说，川端这种美的追求与探索是伟大的。

川端引用泰戈尔的话：“一个民族，必须展示存在于自身之中的最上乘的东西。那就是这个民族的财富——高洁的灵魂。”川端自己也说过：“提高美的民族，就是提高人类灵魂和生命的民族。”

写到这里本来可以停止了。但我还要谈一下这选集中一篇特殊的，而又关系着川端整个生命结局的散文《临终的眼睛》。前两年读了这篇东西，我曾经写了题名《人生的眼睛》的短文。可是，在《临终的眼睛》中公布：“无论怎样厌世，自杀不是开悟的办法，不管德行多高，自杀的人想要达到的圣境也是遥远的。我不赞赏芥川，还有战后太宰治等人的自杀行为。”而声言不赞成自杀的人，自己却自杀了。

难道他是有意为了完成悲剧之美才自杀吗？我以为未必如此。但，总是与美有关的。作为一个美的探索者，他探索的美是无穷无尽的，但他再深入去探索，怕已经无能为力了。如果是这样，我们可以说川端是美的创造者，也是美的殉葬者。反正川端不能再活过来解答这个问题了。不过，不论怎样说，川端康成在这个世界已经留下了川端康成之美。

川端康成说过：“美，一旦在这个世界上表现出来，就决不会泯灭。”因此，川端康成的美也就是不灭的美了。

日月经天

过了七十七个中秋节,今年才从大自然中发现一种奥秘,得到一种启迪。夜间入睡之前,到窗前又最后看了一眼,月亮已经升向中天。蔚蓝的天空中一轮又圆又大的银盘,晶莹皎洁,一尘不染。她已经脱去刚出升时那金黄色辉煌的外衣,变成一个缟裳素裹的美人。

我很喜爱月亮。在战场上,在大海边,我觉得月亮有一种女性的温柔与妩媚,青天与素月相映,像水晶一样透明,总给人一种清爽之感。中秋次日,黎明即起,走上楼顶,我忽然仰首西望,立刻为一种奇景所吸引,淡淡的月亮高悬西天,中秋节日似乎依依未去。在我缓缓漫步中,看到它冉冉下降。这时,西山的轮廓给晨曦照得非常清晰,云层重叠,浓淡有致,看来是月亮的清光最后照明山岭。这时整个西方出现一派黛青色,真是美极了。不料转瞬之间,我猛然一惊。西面空中颤抖着、闪耀着一种火一样长条、方块以及千点万点,像无数巨龙在飞腾,在跳跃,红极、亮极,有如鲜血在流动,这不是人的血,而是宇宙的血吧!?

我转身向东,发现太阳还未露出地面,但它已将强烈的红光,从地平线下直射西方。我才明白,那些火蛇、火龙、火炬,正是生之先导的红光照在西面的玻璃楼体、玻璃窗上,于是闪出那么多辉煌、明亮……我为这庄严而神奇的晨之诞生所震慑着了,我觉得这是生命的呐喊,天地的呐喊。

等到太阳带着火与热升上来,西方那一切鲜红的海市蜃楼顿然消失了,原来那胭脂一样鲜艳的晨光也不见了,于是人世间的一日就在呐喊之后而平静地诞生了。这时,西天上悬着的月亮,东天上跃出的太阳,平列在一条平行线上。一面火热,一面清凉,十分壮观。

这日月轮回,阴阳遽变,使我悟到一个道理:

运动中的永恒,水恒中的运动。

这是大自然的奥秘,不也是人生的奥秘吗?

光彩,声音,冷与热,灰暗与壮丽,一切一切的美都是在运动中活跃、存在。人的生命可以消失,但人画的壁画、人雕塑的石却永远永远带着画家与雕塑家的生命闪现着亘古不熄的光泽,而这些光泽也是以无比之美在闪烁运动着的,因而美就显得更美了。

那年在意大利,我在罗马新城参加一次作家的聚会,而后乘车返回罗马古城。时近黄昏,天却明亮。忽然我看到东面天空上一个月亮,西面天空上一个太阳,在这苍凉的罗马,此刻我心中感到庄严壮美,我仿佛神游于久远久远以前的罗马神魄之中。那景象是罗马最后留给我的永不磨灭的印象,我在一篇文章结尾处写道:

“日月同辉,罗马永生。”

而现在我要说的是日月同辉,宇宙永生。

美,往往在一刹那间出现,你抓不住它,它就消失了。

中秋节过后,几个黎明,我还想寻觅那美的瞬间。虽然我还看见西天上那轮苍白的月亮,但东方和西方都给雾霭遮着,月亮向雾霭中落下,太阳从雾霭中升起,因此,那黛青的晨曦、火红的闪烁都不见了。但无论如何,这也说明一切美都在运动中变化,一切美都在运动中升腾,又在运动中隐没与消失。不过,这隐没与消失不就意味着再一次飞腾、升起吗?

冬 日 五 则

生 命 之 手

护士把我从轮椅上拖拽到病床上，一倒下去，我就失去了知觉。

人生的河流凝固了？

人生的河流消逝了？

人生的河流死亡了？

不知过了多少时候，我从昏热中给惊醒过来已是黑夜。我模糊地意识到生与死、死与生距离原来是很近的……我缓缓睁开眼睛，看见一只纤细的手指给灯光照得通红。我觉得红得很美，像一段半透明的红珊瑚。这时，我才明白她们在给我输液。这只红的手那样轻柔、精巧，针头刺疼的感觉一点都没有，就刺入我手背的细血管。我看看上面，玻璃管里在一滴、一滴滴着液体。一刹那间，我觉得那通红的手就是把生命之液输送给我的生命之手啊！我心头掠过一阵说不出的快感。但，高烧的昏热又使我迷糊起来。朦胧中我只记得那通红的手，不知怎样一下想到在巴黎看见罗丹雕塑的那美丽的手。后来，我就什么也不知道了。

热与凉

这是发烧昏热中一个非常惬意的梦。

……夏天，一大早就到大地里去割麦子。露水很浓，格外清凉。我前面袅娜着一个女人的影子，从灰布帽里露出来的发辫，那样粗，那样黑，随着她的劳动，在她的脊背上像一条蛇在蜿蜒、在摇摆。她大把大把搂着麦子，挥动镰刀。她那热烈的劳动，使她显得格外的美。我在她后面一点，闻到她身上甜蜜的汗味。我和她的裤腿都给露水浸得湿淋淋的。就在她仰起身子用手背在额头上擦汗时，我发现她原来白皙的脸色红得如秋霜蘸染的枫叶一样红……就在这时，我感到露水打得我一阵透心凉，凉得那样清爽，那样奇特，那样美。

…………

我朦胧地睁了一下眼，看到一个穿白大褂的身影。我惟恐不清醒，特别提醒自己，这是护士给我高烧到四十多度的额头上换了一个新的冰袋。她看了一会儿。在我的意识中，她的影子变得清晰起来。

啊，不是一个人，是两个人。我觉得有一只手在摸着我的手背，她们以为我还在昏迷之中，小声说：

“哎呀，真是烫人呀！”

“简直像火炭一样。”

…………

我又失去了知觉，沉落在昏热之中。

我又回到那清凉的收获的早晨。

我又看到那在劳动中显得特别美的女人。

就在这一刹那，我又感觉到一阵透心凉，凉意涔涔而下，直透肺腑。我觉得胸膛和脊背都流着汗水像淌着的小河。于是，我又感觉到露水那样浓、那样凉——这时我才知道给我以清凉的是额头上像一块冰凉如岩石的冰袋。于是我又昏昏沉沉、模模糊糊，又闻到夏天清晨那一种像烟灰一样的露水的气味……

雪

一清早，这个病室里最年轻的护士带着满面孩子气跑进病房告诉我：

“下雪了！”“下雪了！”

当时我还在发高烧，只能躺在病床上，因此我什么也没有发现。今年雨雪少，北京发生了严重的流行性感冒。昨天主治大夫告诉我：这病室里一排都是患感冒的，都要输液，可是，谁也没你烧得温度这样高，烧得这样顽固，别人输液三几天就退烧了，你却烧得这样久。也许由于高烧的缘故，听说下雪，心里特别高兴，清凉。我说我想看看雪。小护士手脚麻利地摇动病床的摇柄，于是床的上半截就升高起来了。我透过窗玻璃一下看到，雪就像冻结了的大雨簌簌、簌簌不断地落着，那么洁白，那么凉爽，使我减少了几分昏热，增加了几分凉爽。我一直凝目而视，连高温好像也忘记了。主治大夫来了，她的头发上还凝结着细细的水珠，她说雪很大，从夜里就下起来了。不知怎么，我觉得洁白的雪和我周围医院里所特有的洁白和洁白的人生融合成为一个白净的宇宙，在净化着我的心神。

午睡醒来，窗上还是抖着白绒布一样在落雪。就在这夜晚量温度时，果然已经从三十九度以上退下来了。我觉得甘美的雪水在我周身血管里流畅。

流泪的太阳

这几天真个到了严冬了。

人老了,体质显然衰退,发高烧三十九度几一周才退。我又不愿多住医院,回家心里觉得踏实。可是大夫严嘱不能外出,家人也只让我躺在床上,我自己也觉得虚弱得很。在清寂、无聊之中,我有时还是在屋子里蹒跚地走走。今天下午踱到西屋,忽然发现窗玻璃外层结了冰,朦朦胧胧,模模糊糊,又像雾,又像雨,正在流的水一下结成了冰凌。

正当我要转身时,一个奇迹突然出现在眼前。西面天空上悬着一轮又圆又大的西下的太阳。它那样红,经过冰凌的湿润,红得像鲜橙汁。不过,红太阳也是迷蒙的,透过湿淋淋的窗玻璃,太阳如同在流着眼泪。黄昏一刹那间到来了。窗上的冰凌变成冰雕,于是那硕大的太阳红彤彤的,完全变成一团鲜血了。

辉煌的瞬间

今天非常晴朗。下午坐在客厅沙发上读书——偶然抬起头来,从东壁书橱玻璃上,映出西方鲜红的落日。也许由于前天落过雪,洗净了尘污,这太阳显得那样辉煌,引起心中一种庄严之感。我把展开的书搁在膝头上。我屏着气息凝目而视。落日闪烁发光,我真想它在空中悬得久一点,使我多看一阵。这时,我想起最喜爱的两句词:“西风残照,汉家陵阙”,“苍山如海,残阳如血”。这词和这太阳都给人以宏伟的气象,由于这些天在病中不断地同命运抗争,这时我体会到这宏伟的气象就是人生的气象了。谁知落日却冉冉落下,只给人留下生命熄灭之前的最后一下闪耀,值得欣喜的是我捕捉到了这壮美的瞬间。不过,我想起上午看报上发表一则消息，说从十九日到二十二日有大风雪，也许我几天之内不会看到太阳，因而我就愈发感到这瞬间的可贵了。

宇宙的声音

宇宙有声音吗?

我常常问自己,

但我无以回答。

因此,终此一生,我永远,永远的寻觅着,寻觅着。

我曾从万仞高空的舷窗俯视喀喇昆仑山,迷茫的冰雪,苍凉的山岭,那是何等令人心为之怦然而动的惊天动地的神魄,但这一切伟大得那样沉寂。我曾在印度洋上航行,那些日日夜夜,看着无边无际的白浪滔滔。有一夜,我站在甲板上,忽然看到远远有一处红红闪光的城市,你不知道对远航人来说,能盼到一个落脚处,该是多么知足,于是我目不旁瞬,凝然注视,但谁知距离近了,才知道是一阵海上暴风雨,霹雳闪闪发出冲天的大火,当我看到一些炸碎的木船板从我的船旁流过,我不禁一阵凄然,这些木船板的漂流,不就是痛苦的灵魂的漂流吗? 在这时我感到我接触到宇宙,但是,我没有听到任何声音。在祖国母亲长江那三天三夜,望白云凌绝壁,看风正一帆悬,急流如天公造地时,板块猛冲,乱石滚滚而下,其势不可遏,其气不可扼,我得到我的美学,激流勇进,但这是艺术哲学而不是宇宙的声音。在抗战时我曾九渡的黄河,民族发祥地的大自然之雄伟神奇,正如人生之瑰丽辉煌,它奔腾,它呐喊,它凝聚着我们世世代代的金戈铁马,歌舞升平,但这是历史的声音,还不是宇宙的声音。我的寻觅的脚步来到战争。朝鲜半岛整个给用红、用血涂出残酷,暴虐而又英雄，壮烈的战火，从碧绿的大同江到碧绿的汉江，我穿过无数次炮火封锁线，我驶过熊熊燃烧的村庄和森林，炮弹如大雨纷纷而下，爆炸的碎弹片像亿万蝗虫嘤嘤飞散，发出天崩地裂般砸烂钢板的声音。但是，这不是宇宙的声音，因为我相信宇宙的声音是崇高而美的，这狂野的屠戮的声音，是无耻而恶的。不过在那战争的年代里，我的心灵有过多少次颤动，有一次最剧烈的颤动，是火红火红的子弹从头上飞掠而过，我匍匐在地面上，我的眼光突然落在一棵小草上，它碧绿碧绿，生机勃勃，可是一下我震动了，我看到小草上沾着一滴血珠，从方向上来看，这是我们的人流出的生命的血浆，在那一刹那间，心潮一下向上翻涌，我似乎接近了宇宙的声音，但，还不是，这是人世间的呐喊与呼号。于是，我的寻觅的脚步，向美的境界移去，在印度的阿弥陀我摸抚着苍凉的石壁，我把脸贴上苍凉的石壁，我想听到一丝古老天竺的梵音，但那荒凉的石窟一片寂然无声。我来到罗马的斗兽场废墟，一层又一层的登上最高层，我望着这些土黄色的石墙石阶，我似乎感觉到有一片古老的幽灵在我头上悠悠浮荡，但我既没有看到奴隶流下的血渍，也没听到野兽厮搏咆哮的声音。我在巴黎进入巴黎圣母院，我一面踏着为岁月磨光了的黑色的大理石的楼梯台阶向上一步一步攀登，我轻轻摩挲着黑色大理石的墙，很静，很静，静得如同把我的活跃的心灵整个嵌镶在巴黎圣母院这一整块大理石浑然一体之中，我到了楼顶，我仿佛看到那面貌丑陋而心地善良得像净水一样的圣者的搏斗的场所。但我向下俯视，当然我寻不到赤红赤红烧熔的铁水倾流而不留得一点残痕微迹，我只觉得美丽的爱斯梅拉达的袅娜的身影，在飘摇，在飞荡，不过，在我寻觅的崇高与美的神圣的殿堂里，我看到宇宙的闪光，却没听到宇宙的声音。

只有在今天。

在我八十初度的今天。

这是“天街小雨润如酥，草色遥看近却无”的春天。

这是“小楼一夜听春雨，深巷明朝卖杏花”的春天。

这是“深巷买樱桃，雨余红更娇”的春天。

这是塔克拉玛干大戈壁喷出地火熊熊燃烧的春天。

这是浦东的东方明珠以深情的灯光照向波涛汹涌的太平洋的春天。

今天，天气非常晴和明亮，蔚蓝的天空上飘浮着几朵发亮的白云，我在花园里散步，碧绿浓荫中飘来一阵甜蜜的花的芳香，阳光穿透还未换季的衣服，令我觉得有点微热，我缓缓走着、走着，走到一排银杏树前，突然我看到树上小巧玲珑的树叶一起像银铃般轻微摇起来了，我觉得有一阵清风从巍然缥缈的高高的天穹之中萧然吹到我一下敞开来的心灵之上，我感到微妙，感到轻柔，感到纯净，感到圣洁，我一下醒悟过来。“此时无声胜有声”——我像受到了宇宙的爱抚，这种无声的声音不就是宇宙的声音吗？

是的，在我八十初度的第一个春日，我寻觅的终于寻觅到了，这是人生中难得一次的相遇，我知道了这不是天籁也不是地籁，而是我的心籁，没有这种心籁，哪怕就是宇宙的声音向你拂来，你的听觉也不会将它捕获的。

我爱大西北

我有一种感情深深牵记在辽阔无边荒漠大野的大西北。

一想到大西北，就为一种雄伟而浩瀚的气魄所震慑，我的爱心就一阵阵颤动，好像随着无限高，无限远，无限美的只有大西北才有的那样静，那样亮，天特别湛蓝，太阳特别耀眼，蓝天上白云悠悠然而飘然回荡。

你，黄色的大漠，像海之波澜的起伏无边无际。

你，绿色的祁连山像绿洲的屏障，连绵无边。

我从高空处向下俯看，你逶曲宛转的黄河，细得像琴弦，向天空发出动听的音韵。

是的，谁说你荒凉？

谁说你寂寞？

你不是分散的而是完整的整体，是一个浑然的大西北，这里的每一点生命激昂呼啸孕育喷发出古老而又年轻的中华民族魂魄。但不论怎样说，金子埋藏在深深的地下，银子埋藏在深深的山中，大西北呀！我乘长风，御飞云，那时，我说，我亲爱的大西北呀，我愿这里的太阳永远不落，希望这里的月亮永远不要上升，大西北的光芒照射全世界，她吸引全世界，全世界人的羡慕的眼光如同无数电炬投向这富饶而闪光的地方。

大漠浩瀚

骄阳把沙漠晒得火热，我骑马向榆林前行，可是大沙漠金黄色如同苍茫大海，无边无际，壮美辉煌，马蹄一步一步陷在沙中，然后又拔出来，这时我向远方看去，金黄色的沙粒形成大片闪闪烁烁发光的火的原野，这金色的沙漠有一种刚强的美，我身上流着汗水，马身上流着汗水，可是一刹那间又风干了，可是我觉得中午的沙漠并没有吹风，只是凝固的黄色，这波浪一起一伏有如波澜，远去，远去。这金黄色的地，到过大漠的人，你觉得大漠如同大海；到过大海的人，你觉得大海如同大漠，汹涌浩瀚，波浪滔天。在这沙漠的炎热之中，你仰头一望整个天空罩着一个碧蓝的大宇宙，而且蓝极了，蓝极了，我感到这种蓝蓝得可爱，像蓝的宝石，这种蓝好像一下把骄横酣热的大沙漠变得也有点凉意，我原来骑在慵懒的马上，忽然觉得全身一阵清爽宜人。原来，天地不知在什么时候变幻了，炎午已经变成黄昏，然后黄昏又把闪光的沙漠的黄色变成黯淡的朦胧的大漠，然后又渐渐变成黑夜。我们好容易找到一处窄窄的深峡的两处人家，我们求住，一睡下，听了一夜潇潇声，早晨起来一看，原来山崖边上不停地流着细细流沙。

有一回，我乘飞机越过冰峰雪岭，嵯峨如海的天山，同行人告诉我："这下面出盐，有盐河，盐湖，盐山，第一个国庆节，新疆人从这里发掘出一块一百多斤的盐岩，它像水晶一样透明。"人们把这喜讯传遍全国。

飞过像黑铁大地一样的塔里木大戈壁，在强烈阳光的反射下，万里无边，浑雄壮伟，再向前飞便是黄色的塔里木沙漠了。从飞机上仰首一望，像一道内光震颤我的心灵，我看见的是何等雄伟，浩瀚，瑰丽，神奇，这浓雾浓密，莽莽苍苍，巍巍然横空出世的昆仑山，从高高的山上，有两道急流蜿蜒冲激而下，一条是白玉河，一条是黑玉河。何等富饶的大自然啊，河中有玉，月光明亮时，就能够看见玉石的闪光。说明到处是宝藏，但又都掩埋在荒凉之中。可是，塔里木大沙漠呀！你还在像一只睡眠着的雄狮，一旦醒来，一声巨吼，你会使整个世界震惊。

鸣沙惊天

你听到过沙漠的惊天动地的呼啸吗？

我想沙漠人是会常常听见的。

可是我在这里，说的是另外一种声音，它如情人的悄语，如果说前者是贝多芬的英雄交响曲的高峰猛奏的引吭高歌，后者是肖邦的小提琴细雨如丝的琴弦的微吟。

有一次我到兰州，当时肖华正担任兰州军区政委，他执意劝我到敦煌去，并且给我派了一架专机。当时正好关山月、黎雄才也在兰州，正好借此机会，同机前往。陪同他们的正是我的老朋友省委宣传部长陈舜瑶。飞机只能到酒泉，后面那段遥远路程就得坐汽车了。清秋气爽，一进入大戈壁，热得还像满天满地烧着大火，漆黑的大戈壁一望无际，洋溢着雄伟的气势，火热逼得人喘不出气来，浑身都像枯木一样干燥。特别是极眼望到天边，很可能由于太阳折射的幻影，朦胧的地面上出现蜃楼幻影，仿佛有一座亮晃晃震颤的城市。我在急驶的汽车上，不时着眼寻觅着这些奇景，心里萌发出一种豪情，大戈壁吹起一点微风，我逡巡着天空，并没风迹，而是发亮浓烈的黑色有点稍稍冲淡，从高空中射下万道夕照，如同宇宙的闪光，各种颜色的阳光，红的、蓝的、紫的、白的，同时闪闪烁烁。你，你黑色的大戈壁呀！你如墨的漆黑，一种想法从我心中升起，我觉得你并不是铁板一块，而孕育着强大的生命。

到住处，疲劳已极，很早就入睡了，这真是一个神奇梦幻之夜，我在睡梦中总听到沙沙、沙沙的微妙轻悄的声音，迷迷糊糊之中，我总觉得下雨了，可是这声音如此之均匀，如此之细密，真是“细雨润无声”，在我梦中这西北高原飘渺夜空之中，极高极高的天穹之上，好像出现了无数袅娜的女神在飞来飞去，好像是由她们撒下了细细的又像雨粒、又像沙粒的唱着一天的轻歌，这是多么美妙，多么好的梦啊！

次晨，黎雄才、关山月约游，突然看见一座金黄倚天而立的高山，这山形势奇特，一条条山峰如同刀裁般壁立，给太阳一照，阴阳两面，黑白分明，有如利刃，其实倒是黄沙像流水而下，我们深一步浅一步爬上一座沙峰坐下。黎雄才告诉我这是鸣沙山，细细黄沙流下时，飒飒鸣响，入夜，可直达敦煌城市，有如丝弦鸣奏。我一下想到，难道我昨夜梦中的细雨，就是这鸣沙？

生命之海

从上海回来，一看桌上放着的报纸，头条新闻是塔里木出了石油，这大漠之海终于喷出生命的火焰。

八十岁那年，我想做一件什么事呢？

我经过考虑之后，决心到“死亡之海”塔克拉玛干去。有人说你真是个冒险家。是的，一个人如若没有一点冒险精神，那有什么人生的价值呢！

秋日新疆，真是碧云如海，晴日清明，我在石油人创造的沙漠高速公路上奔驰一日，到油田已日暮黄昏，我跳下车来，极目一望，啊！这哪里是荒凉的大漠，而是一个火光闪闪的大城市，远近都有油井喷射着一束一束熊熊大火，何等光辉，何等壮美。在列车式的宿舍里睡了一夜，起来登到沙丘顶上，啊！真惊人啊！什么叫伟大，什么叫浑雄？塔里木能看到那样大沙漠闪着

作者与迟浩田将军在家中闲谈

作者在舰上与水兵交谈

万里黄金,我先直奔最大的一座油井,大沙漠的生命之火呀,流出黑褐色油液,不,不是油液,是黄金。现在一个发展大西北的工程开始了,要从这里修一条管道把天然气送到上海,这是多么豪迈的工程呀!我忽然想起,几十年前我骑马走过的榆林沙漠不已经把天然气送到我家的灶火眼喷吐着悠悠的蓝色火苗,多么可爱的大西北呀,你把你的精华,你把你的宝贵,都将开发出来了。是的,狮子醒了,大吼一声,声震天下。

我要达到的目的达到了,大漠之上,一片百十辆世界各国制造,奇形各异,三层楼高的沙漠车,环列成运输之城,气势逼人。上面人拉下面人托我先爬上一层,然后从中间,终于登到最高一层,开始向塔克拉玛干前进,这古代西方探险家称为"死亡之海",沙漠里还埋藏有他们的白骨,这是多么奇形怪状崎岖蜿蜒的大沙山呀!没有一片坦地,一寸硬地,运输车只有在沙漠中斜斜歪歪,一前一后,艰难跋涉,分寸移动。但是我从高高车楼顶上望着沙岩、沙壁、沙山、水谷,到处浩浩黄沙,冷冷精魂,我发现了大西北的心灵,我终于为我人生最壮烈的一个时刻而值得自豪了。当我写到这里,我从报纸上发现一条奇闻:塔克拉玛干沙漠发现"凝结水",科学,科学从干旱沙漠之中找到了水资源,这不是奇迹中的奇迹吗?

现在开发大西北的大军向西前进。看似没有生命之处即将闪出生命的辉煌。

我的可爱的大西北呀!

我的亲爱的大西北呀!

我怎能忘记延安那清凉而又浩瀚的河流呀!

我怎能忘记延安那碧草如茵、野花丛丛的深谷呀!鲜红的山丹丹,绯紫的波斯菊,河滩上土蓝色的马兰花,金黄的枣花,似雪的梨花。

金黄色的山,金黄色的沙漠不就是大画家最动人的画色,都是最美的色彩吗？

我爱大西北！我爱大西北！

秋　天

大自然的秋天是美丽的。

人生的秋天也是美丽的吗?

今年夏天北京热得出奇,天空上像笼罩着一把烈火,我只好搬到旁处去住,尽管那里窗外就是一排高高的白杨树,而且从林中不时传来布谷鸟的鸣声,但还是热,哪怕写一封信,也闹得满头大汗。可是有一天我从银杏树夹道走过,忽然一阵清凉的感觉袭上身来,啊!这是秋天的信息呀!于是在九月初,我搬回家里来了。我的住处有一个大花园,每天上午写作一小时,我就到那里去散步,秋天,满园绿树浓荫,遮天蔽日,偶然漏下一点阳光,阳光已经变得十分温柔,十分清爽了。秋的天空像流着淡绿的河流。这是我最爱的季节,随着脚步轻松地移动,我的创作灵感就像那河流的清波悠然拂荡。

在这时,我除了写长篇小说《风风雨雨太平洋》之外,我动手编起这部《腊叶集》,大概是秋的临近,不久就会在小径草丛中看到干枯的黄叶的缘故吧?

这一百多篇散文,真是散得很。有抒情的篇章,有即兴的随笔,但我编着、编着,我慢慢沉思起来。

这个散文集距离前一个散文集已经差不多十年了。

这中间我承受了难以承受的晚年丧偶的悲恸。

这中间我承受了难以承受的灾难性的病的折磨。

因此这些散文,都堆在抽屉里没有触动,谁知,当我从书中寻出那片腊叶——它唤起了我深深的人生哲思，它枯黄了，但叶脉还是那样清晰、坚韧、匀整，它老了却没有死亡。是的，物质是不灭的，恩格斯深刻的剖析过这一自然与人生哲学。于是在我眼前闪出馨香的、美丽的秋天，不知怎么我想起雪莱那两句诗：

如果冬天降临，
春天还会太远吗？

我又到花园里享受秋天之美，当我从一排银杏树旁经过时，我蓦然间看到像无数小铃铛在摇摆，簌簌、簌簌的小巧玲珑的叶片在颤动，啊，这是让你感觉不到的轻微的秋风呀！那么，秋天如果引来冬天，冬天也就会带来春天了，爱因斯坦认为宇宙才是上帝，大自然才是上帝，这才是真正的上帝！当我这样想时，我觉得我的腊叶——像腊叶一样陈积的这些散文，还有着物质的、精神的生命，这也算是我的人生的秋天了。于是我决心把这本书编起来，我想推动这美好的秋天，让它永远不停地前进。那么我这些文章上的叶脉是什么呢？我的血，我的泪，我的心灵，我的生命。

最美丽的秋天来到了。每天夜间，看电视到九点钟，我又走到花园里去散步，黑夜中的树林，好像一大堆一大堆浓密深厚的山影，严密的遮着天上的星光，地下的灯光，但从树林中慢慢渗过来的青气，使我感到无比的舒适。谁知当我从浓密的树林岩窟中走出时，从东面向西面走，偶然仰头忽然看见西面高树上，好像刷了一层银粉一样，那样明亮，那样幽雅，又那样清凉，这是怎么回事？我愣了一下，才猛然醒悟过来，我回头向东面看去，一轮圆圆的明月高悬空中，真像一个大水晶圆盘。啊！今天是一九九七年的中秋呀！那楼墙上的月光是何等美丽，简直美极了，美得我心疼，这时我心灵中响起贝多芬的《月光》的旋律，为了《月光》我写了一篇小文章，就收在这个集子里。秋天、秋天，你是大宇宙中多么令人喜爱的诗意呀！

有一天在餐厅里吃饭，我忽然透过玻璃窗看到高高白杨树顶上严霜已经染黄了树叶，而且是金黄色的。啊，金黄色的秋天到来，我又该到花园里拾取腊叶了。

我八十一岁的生日过了，那就迈进八十二岁了。

我已经走到人生的秋天了，我只能依靠大自然的秋天的扶持，蹒跚前进，因为我还爱美，也就能生存，还能动笔。我编好这本二十世纪最后一本散文集，我就悠悠然听到不太遥远的前面的二十一世纪的钟声了，如果我能迈过那神圣的新世纪的门槛，那么我就可以回答此文开头提出的问题，我的人生的秋天也就算美丽的了。

玻璃窗外

一个时期以来,从报刊上常常看到"窗口"的字样,并没有引起我怎样注意。倒是最近读了夏目漱石的《在玻璃窗户里面》,才一下触发了我对自家窗口的重视。

我住在东西向的七层高楼上,可以说是送夕阳,迎素月的好地方。当初来看房子,人家告诉我最下面一层也空着,但我以为与其局促檐下,不如登高望远,我终于选了最高的一层。可是因为忙于工作,早出晚归,虽然有时也为窗外传来一片"啾啾"鸟语,一阵淡淡花香而欣喜过,但确实没有屏气凝神,仔细观察窗上的变化。

这几年不同了,也是衰老的一种征候吧!比如,长期以来都是夜间写作,很少起早,自从患心脏病,医生严禁熬夜,于是改为白天写作。这样一来,睡得早就起得也早了。每当黎明,拉开窗帘,一眼就看见刚从夜空中绽露出来的一片朝霞,红得像姑娘羞红的脸,那样俏丽、羞怯,又洋溢着青春,我倒为自己的多病而欣慰了。当然,东窗还是看月亮的好地方,特别是秋天,每当月明之夜,我关闭灯火,看一轮冰盘冉冉升上高空,一任它绿幽幽的月光洒满一屋,真是别有一番情趣了。不论是日出还是月出,正像一本书里说的那样:"此时此刻似乎能听得见大自然那颗赤子般纯洁心灵的搏动。"

其实,真正使我心神一爽的,是会客室西窗上的情景。从那儿望出去可以一直看到西山,一痕黛色映衬着落日红光,总给人带来一点庄严、肃穆之感。但使我神魄震惊的是夏天的一个下午。原来，晴空万里，西山如画，忽地飞来一小片乌云，也不过像一个小树叶，它却像发酵一样，很快浸染了整个长空，于是，屋里立刻阴沉昏暗起来。猛然间我觉得整个天空在旋转，原来是泼墨的云在飞驶，我急忙搜索西山，西山像承受着巨大灾难黯然失色，而后很快就被乌云吞没不见了。忽然，极亮的火花刺疼了我的眼睛，一道道火红的电光飞速地闪烁着，像飞舞的龙蛇，就在我的窗外一掠而过，倏然万里。紧接着一声霹雳，像整个天空突然爆炸开来了。雨点像石头子一样把窗玻璃打得噼啪乱响。风和雨夹在一起，形成一种疯狂的暴力。我走到窗前俯身下看，乌黑的雨云似一道深渊，望不到底，只见窗外高高的白杨树，在雨暴的烟雾中拼命地摇晃着，就如同原野上的小草，给暴雨砸得伏倒下去。而后，抬着海来了，海可着口从天倾泻而下，窗玻璃顿时给雨水遮住，而水像瀑布一样激流。这情景真是骇人，这闪电雷雨不是在头顶上空，而是在我的周围旋转，在我的窗口外面，窗口下面，特别是那电闪，掠过我的窗口悠悠飞向地面，甚至飞进我的窗口把屋中一下照得闪闪发亮。原来我自己就被裹在云里，雨里。电闪里，雷声里，这样就真使我有御长风，凌太虚而飘然飞荡之感了。

暴雨把淤积人间的闷热一扫而尽，使人领受到高处不胜寒的清凉。这场豪雨下得时间不久，我的眼睛一下亮起来。

看！西山，从一片金红色霞光中出现了，那霞光，先是琥珀一样暗红，很快就红得鲜明艳丽起来。天还是黑的，雨还在下，单单这一小块，像是从九天之上射下来一束强光，穿透乌云，凝聚一点。

啊！大自然，多么神秘奥秘、变幻无奇的大自然呀！我想天堂上，光明与黑暗的搏击，也像世间正义与邪恶的搏战一样吧！刚才，那乌云滚滚，风势赫赫，电光闪闪，雷声隆隆，却不如这一小片红光更有生命力。看吧！它在扩大，它在展开，开始出现了一半是险恶性的乌云，一半是美丽的晴空相对峙的奇异景象，而很快，阳光就终于战胜了阴霾。一刹那间，云不见了，雨不见了，一眼望不尽的长空都红了，红得那样浓艳，那样闪亮，原来在这阵暴雨之间，已经夕阳满天。

经过雨水的浇淋，天空和大地显得特别的纯洁、清新、空气像清凉饮料一样沁人心脾，这时一切的一切像浸在透明的红色水里。白杨树林，窗玻璃，我屋内的所有陈设，连同我都红彤彤的了。

就在这个时候，一阵歌声，轻轻的，轻轻的，从遥远的年代，透过人世沉沦沧桑变迁，一下升上我的心头。啊，这歌声这样美，于是我的整个心灵随着这歌声在悠然飘扬飞荡了。这样一来，我的灵魂也染红了。而夕阳红得那样柔和、那样圣洁。恍然之间，我明白这是我童年唱过的歌。童年我会唱很多歌，但随着风雪的浸蚀，年月的消磨，我却忘记了。但只有这一句，不知为什么我永远不能忘记，在战火中，在跋涉中，在生死存亡的剧烈搏斗中，这一句歌，就这一句歌，在我记忆中，永远发光，永远美好。它是：

夕阳红到无边。

这一句之前是什么，这一句之后是什么，全忘了，惟独这一句歌记得牢牢的。

今天，我仔细思索，为什么这一句歌会伴我终生呢？我想是一阵深沉之美还在我童年的时候，就震动了我天真、稚弱的心灵了。我再深入一层想，我之所以牢记它，是因为它敲响了新世界的门扉。它从那阴沉的、痛苦的、耻辱的年代里，使我想到遥远地方。在我一生中它永远使我不断地想着辽阔、敞亮的远方。

在那雨后出斜阳的暮天里，这一句歌，不但画出美的情景，也画出美的心境。我歌颂过日出,日出的确美,那是青春朝气的美;这一回我领略着日落,落日的美,是成熟的美。那么,如果说日出象征着喜悦与激情,而落日就象征着庄严与博大。落日,像一团火,你红彤彤地燃烧的宇宙呀!你连同我的热血和生命一道燃烧吧!你连同我的收获和希望一道燃烧吧!

夕照中的西山才是美呢!

夕照中的窗口才是美呢!

不正是这无边的红色将带来休憩和劳作吗?当然,这一切使我明白一窗一世的包含的深意。

春夏秋冬,无穷其致。通过窗口看夏夜繁星,听西风吟唱,望大雪纷飞。但现在是冬末春初,明媚的阳光已经充满生机。

是的,我的窗口,每天每夜,每时每刻,不都是变幻无穷的画吗?

当我这样默想时,一阵钟声从远空中传来,那样嘹亮,那样动听……

这钟声好像提醒我,我家窗口不只是画幅,也是乐曲。我笑了。我希望钟声永远鸣响——在巴黎我为圣母院的钟声而沉醉过,在翡冷翠我为圣玛丽亚教堂的钟声而沉醉过……但今天这是我们的钟声。它不是唤醒人与神搏斗的那种钟声,而是召唤着人们正在辛勤塑造的新世纪春天的钟声。

冬天即将逝去,春日必将来临,我将从我的窗口迎接绿茵茵的春风,观赏绿茵茵的春天了。

如果说窗口是观测心灵的窗口,那么,在玻璃窗内展开人的心灵,在玻璃窗外展开大自然的心灵。但,我要说,正是大自然的心灵在永远不断地权衡着,判断着人的心灵。今后,我将更多停留在我家窗口,我希望玻璃窗外这一面镜子能经常照明我自己的心灵。

追踪岭南派

我不知从什么时候开始迷醉上岭南派的艺术。

最初大约是看到一幅高剑父的山水画，前面是一派积雪的岩石，从石丛中拔地而起——给狂风折断的老树秃柯，远处云雾弥漫，露出雄健坚挺的群峰，在苍莽浑厚之中，逗人心意的是那枯木长出劲柯、细枝，而在一树枝上，蹲着一只白鹭，这一点染，使得全画生气盎然。这幅画给我的印象太深了，我反复地观摩，打破了我南方是杏花春雨，北方是易水萧萧的这一故有的观念。这沉雄奇伟的画风，使我开始了对岭南派的追踪。

可惜我的追踪太晚了，有一年到了广州，我立刻赶至画店，决意搜集岭南派三位开山人的书画，我得到了高剑父一副对联，笔墨纵横，韵味雄浑，联曰：

海吸长河远，

天包大地圆。

这气势何等逼人，何等催人。

另得陈树人一幅画，画的是一丛水仙。陈树人在色彩上最喜绿色。他曾说："宇宙皆绿色……非此沉静之绿，更有何色以当之。"这画中水仙的绿叶，绿得那样鲜、那样嫩、那样浓，衬着雪白的花朵，娇黄的花蕊，此画诚为陈树人风格之至美者。

使我怅然的是我没找到高奇峰。但我却觅到两只手掌大的一张残片，我戴上老花眼镜仔细辨认，竟是高剑父的一首诗，真太珍贵了，我喜欢得心跳。回到北京，我就托人去裱。谁知“文化大革命”灾难飓风狂吹横扫而来，我再寻那高剑父诗稿，早已不知去向，这是我一生一世追诗求艺中最大遗憾。原诗不大记得了，大意如黄仲则：“为嫌诗少幽燕气，故向冰天跃马行。”虽无前句意思，但却写到跃马，写到冰天，画如其人，诗如其人，其气势也粗犷、奔放。我想如若那时不送出去裱，只夹在《四部丛刊》随便哪一册中（《四部丛刊》是造反派搁置一室中在门上贴了红封条，因而保存下来了），那么，现在高剑父诗稿必将悬在我书桌旁，这将是我珍藏书画中的灵魂。我得到了岭南派之魂，我又失去岭南派之魂，这实在是我的无涯之痛呀！

我对岭南派的追踪并未停止，不过，我追踪到的却是岭南派两位大师，这就是关山月、黎雄才。我们一九七八年在兰州不期而遇。关振东在《关山月传》中曾记此事：“从龙羊峡回到甘肃兰州，碰到著名作家刘白羽，他们是老朋友，在这个远离首都的大西北边远山区见面，备觉亲切。”事情是这样，当时我在兰州召开兰州军区和乌鲁木齐军区的文化工作会议，肖华当时是兰州军区政委，他执意要我去看看敦煌，而且派了专用的值班飞机送到酒泉，我邀请关山月、黎雄才同机前往，在飞机上我们高谈阔论，兴致极佳。有了此次同游敦煌之谊，好像已经断了线的岭南派，却如春风又迎面而来。在敦煌和关山月、黎雄才坐鸣沙山上畅谈。敦煌城内夜静，可闻山上流沙的声音，造化为人，人为造化，很有诗意。数月后黎雄才赠我一幅画鸣沙山的山水画，并记其事曰：“一九七八年九月赴青海龙羊峡畅游青海湖至皋兰与白羽同志相遇同乘机往嘉峪关，复敦煌相遇同到鸣沙山、月牙泉，并西出阳关捡得小石以贻之。”现在在我的客室中有关山月画的巨大的墨梅横幅，笔走龙蛇，苍劲雄健，浓淡冲撞，生气飞跃，画上写明为“一九九〇年开笔之作”。这真是难得的纪念。看了这幅画，人人称赞。有一次关山月来我家，仔仔细细地观摩了一阵，也谦和地微笑着说:“这幅画没偷懒。”有一年我到了广州,在他的画室里看到画案上正在画而未完的榕林山水长卷同样是气势磅礴之作。

从高剑父到关山月,都充溢着岭南派浓郁的风格,雄健的神魄,岭南派的魅力为何如此令人倾倒,岭南派艺术的精髓究竟何在?这是我常常思考的一个问题。

关山月送给我一部《赵少昂、黎雄才、关山月、杨善深合作画选》,我反复揣摩,仔细观赏,仿佛风格各异,但气势同一,使我如出峡谷,骤临大海,既观其汹涌奔腾,渺无涯际;又见其波涛粼粼,浪花如雪;既窥功力之深,一草虫,一鸡雏,一花朵,精细入微,栩栩如生;又见气势之壮,一唱雄鸡天下白,苍松劲竹,云烟弥漫,力拔山兮,一笔千钧。

高剑父为岭南开山始祖,文如其人,气如其人,他是一个叱咤风云的革命家,又是一个锐意凌云的艺术家。这位黄花岗起义的英雄,统帅十万大军的督都,正如他自己所说“兄弟追随总理作政治革命之后,就感到我国艺术实有革新之必要,因此吹起号角,大声疾号,要艺术革命,欲创造一种中华民国的现代国画”,这是人与艺的必然的辩证的关系。高剑父说:“虽以造化为师,仍以直觉自取舍、美化,由心灵锻炼一番,表现而出,作品里才有我的生命与我的灵魂啊!”说得多么好啊!客观的现实性,如不通过主观能动性,哪里说得上创造,更何说得上革新。高剑父的伟大处正在于他树立了岭南派的美学观、艺术家革新的美学观,总括一句就是“笔墨当随时代”,这正是岭南派的灵魂,这一美学传衍而下,至今,现实意义愈益明显。关山月说得很好:“画的尽管是亘古不变的名山大川,但表现出来的却是画家今天的感受,描绘的对象虽然是传统的翎毛、花卉,但反映出来的却应是清新振拔的时代气息和生活情趣。”有一个时期,有些画家在山水画上画了一些小红旗,以为这便表现了社会主义之美,我深不以为然。一次到南京,傅抱石邀我作讲演,我否定了那种公式的、表面的千篇一律的画法,我举出傅抱石、关山月合作而成的《江山如此多娇》,这上面并没一面红旗,只是一片茫茫大宇宙,上面悬着一轮红彤彤的太阳,但是它的豪放的笔法、鲜亮的色彩、宏大的气势,生动而活脱地画出了新中国的神韵,太阳照了亿万斯年,只有这一颗太阳才是社会主义的太阳,这才是新时代的艺术,新时代的美。人云"胸中自有丘壑",正是有高剑父的心胸,才创造出岭南派的风格。关山月画山水,画梅,画大河上下、长城南北,一直至画美国尼加拉大瀑布,这一切都是客观现实,但在不同的画家摄入眼中,形诸笔墨,便成为他的瀑布。我曾说过:"我写的长江是我的长江。"关山月画出的尼加拉大瀑布则已不只是那个客观现实,而是关山月的尼加拉瀑布了,这里面带着关山月的血、泪与生命,这画已经是比客观现实更高远,更超逾,因而也就更美了。

何以状岭南派艺术,苏洵论韩愈文章"如长江大河,深浩流转,鱼蛙蛟龙,万怪惶惑,而抑遏蔽掩,不便自露,而人望见其渊然之光,苍然之色,亦自畏避,不敢窥视"。正足以说明岭南派艺术包罗万象,雄健浑厚的风格特色。但如从艺术上窥其奥秘,看来信笔纵横,意态凌云,但得来并非容易。黎雄才送我一本《黎雄才花鸟草虫》,各种虫鱼花鸟,写意精到极致,其中如一九三〇年临高剑父老师之《留得残荷听雨声》一幅,一只翠鸟立于枝上,水上数点淡绿色残荷,使你感到滋润潮湿水气。在我和关山月西北之行中,我几次看到关山月站在那里取出画册,凝眉注目,专心写生。我站在旁边,偶然看到一页龙羊峡急流的素描,那玲珑透剔、行云流水的波纹,非常生动,逼真,使我爱极。上面还有几点水渍,是雨中作素描滴落的?是黄河水飞溅上的?总之,给这素描增加了无限生机。可见他们的画并非信笔涂鸦而是在执着的基本功上,然后得其神韵,信手挥来,便是佳作。在艺术上,既然率先革新，必须中西兼蓄。高剑父说："是以历史的遗传，与世界现代学术合一之研究，更吸收各国古今绘画之特长，作为自己之营养，使成为自己血肉，造成我国现代化之新生命。"岭南派画家吸收了西方彩墨渲染，远近透视，而使国画面貌焕然一新，风姿更茂，如此文开篇说到那幅高剑父的山水画的远峦云雾，如我家陈树人的水仙，看上去简直是一幅西方水彩画，我家关山月那一巨幅墨梅，其浓淡、深浅，造成透视，使得一棵疏影横斜的老梅，前后有致，远近逼真。岭南派特别以气韵胜，这种满纸生辉的气韵，使我想到王国维云："太白纯以气象胜。"严沧浪云："如空中之音，相中之色，水中之影，镜中之像，言有尽而意无穷。"诗词如此，绘画亦如此，这正是"作者心灵的特异之表现"。而没有这一点心灵的撞击，便没有岭南派的画之高超、骛意。

仔细探索岭南派画家之作，我以为有一问题还值得思考。"我师造化"是必须之法则，在这一点上丹纳《艺术哲学》中认为物质文明与精神文明的性质面貌都取决于种族、环境、时代三大因素之说，现仍有可取处。种族，上面说的继承，其中已含有民族的色彩声韵，说到时代，笔墨随时代一语，已成为岭南派最大特色。我在这里想说一下环境，"我师造化"必然地使我想到我这个北方人到了南国的那种焕然一新的感受。在国外，我很陶醉于热带风光，其热度的浓郁，其色彩的艳丽，使你觉得每一点空气都充满强大生命力，每一山川花木都庞大、茁壮、旺盛。这一点从梵·高的画风可得到鉴证。梵·高苦苦追索八年，只有当他来到法国南部地中海热带的阿尔，他立刻产生了特殊的感受，阿尔的太阳突然照进眼帘，使他的眼睛一下睁大了，这是个旋转着的柠檬黄的液体大球，它正从蓝得耀眼的天空中掠过，使得空中充满了令人目眩的光，这种酷热和极其纯净的空气创造出了一个他未曾见过的新世界，在此之后，梵·高画上才有运动的热流、旋转的太阳，在此之后梵·高才形成了梵·高。我每到岭南，见到那血一般浓的木棉花，像古老哲人一样庞大而庄严的榕树，洁白如雪、香味芬芳的白兰花，都引起我的惊喜、我的热爱。从高剑父到关山月，生活在这样美的造化之中，能不受薰陶而濡染其笔墨吗？何况高剑父攀登喜马拉雅山，纵游东南亚各国，正如宋人马存论司马迁说道："子长生平喜游，方少年自负之年，足迹不堪一日休，非直为景物役也，将以尽天下之大观以助吾气，然后吐而为书。"以此观之，岭南派其画、其书、其诗那种苍莽奔放，风流横溢，实属必然。

近日收到关怡寄来香港《大公报》一专页，见有关山月在壶口写生的照片，还有他画的《黄河魂》巨幅大画。关山月比我长三年，已八十三高龄，为画此画还亲赴壶口写生，实在使我非常感动。我从他的《轻舟已过万重山》、《雨过山更青》已极为其流水线条的灵动飘逸而叹为观止。一下想到西北之行我看到龙羊峡速描之美妙，大有"曹衣出水，吴带当风"之妙，而"笔墨当随时代"，《黄河魂》中可谓集关山月画水之大成的扛鼎之作，急流滚滚，线条的生动灵活，可谓满纸云烟，传出黄河奔腾呼啸、万里雷鸣的声音，我以为这是岭南派高峰之作。徐悲鸿所说："如黄钟大吕之响。"《黄河魂》巨画足以当之。我追踪至此，心大快乐。

我拜访黎雄才。在他画室书柜中，忽然发现高剑父两个巴掌大的一首诗。我细读之，这不就是经过我手上的那一幅残片吗？黎雄才告我是高剑父后人赠给他的，莫非高剑父还另外写过一幅，还是经裱好后流传到高剑父后人手上？这一刻我真是愀然、怅然呀！黎雄才怜我恋恋之情，展纸濡墨，为我写了一幅"剑父师登喜马拉雅山诗"：

烟雨迷离星影间，飞来岗翠湿征鞍。

又驮残梦濛濛去，夜半冲寒上虎山。

我相信岭南派的艺术将有更锐意的创新，更蓬勃的发展！

关山月更明

这电话来得太突然了,关山月离我们而去了。

这怎么可能?这怎么可能?我痴痴地坐在沙发上,一言难发,我的心整个悲恸欲碎,只是反复地想着那两句话:这怎么可能呢?这怎么可能呢?不久以前,他还在京举行梅花画展,开幕前一天晚九点多,他还到我这里来了,当时的形象还活生生闪在我的眼前。关老是一位谦虚、热情的长者,他每次到北京,都要到我这里来,这一次还像往常一样,坐在我家客厅的沙发上侃侃而谈,声音还是那么洪亮。我仔细观察,他的头发稀疏苍白多了,身子也显得有些瘦弱了,好像是衰老了些,不过他的精神矍铄,气宇轩昂,压倒了我一时的感觉,正如悬挂在墙上,他画的大幅墨梅那样苍劲有力,神魄飞扬,他画的梅花就是他自己。第二天上午,我为画展剪彩,哪里知道这一剪刀下去,竟是最后诀别了。黑夜,我从书房里拄着手杖走到客厅,望着关山月坐过的沙发,我一个人寂静地站在这里,仿佛这屋中还响着他的声音,关老!太伤心,太悲恸了。

我们相识于同瞻敦煌圣殿之行。

我得兰州军区派遣飞机之便,当时关山月、黎雄才也在兰州,也想去敦煌,刚好同行,我们分坐在这架指挥机军用地图长桌的两旁沙发上。关山月早年曾在夫人李秋璜陪伴下,在敦煌洞窟内,一盏青灯共度临摹之苦。飞机飞得很平稳,天上地下,一静无声,西北的天特别蓝,西北的云特别白,我是初度阳关,他

写作

作者为海军战士签字留念（前排右一为汪琦）

则轻车熟路,他是一个明朗的人,坐在我身旁上下古今滔滔不绝,一下把我引入古老而又神圣的丝绸之路,使我回到古老的梦幻,我正随着一个驼群,行走沙漠之中,驼铃声响,诗意悠然,这都是关老所给予的。舍开飞机,关老鼓动我说:“必须看嘉峪关,这个古城堡,正是从东海蜿蜒而来的万里长城的西端,是历代王朝控制西域的要塞。”从此我们进入大戈壁,虽是秋日,却炎天如火,戈壁发热,太阳燃烧,到了敦煌城,又一片凉风飒飒。在这里除石窟雕塑、壁画外,关老又给了我一个令我又惊又喜的消息。一天吃晚饭,席间关、黎两位盛赞阳关之美。我自幼最喜“劝君更尽一杯酒,西出阳关无故人”的出塞豪情,心向往之,谁知就在眼前,岂可失之交臂,第二天我就直奔阳关而去,果然一望无际的沙漠。一片是绿,一片是黄,一片是紫,天公造化,如一幅水彩画。我被公社人领上一个烽火台,他走到半路弯腰随手拾起一块黑块递给我说:“这是汉砖。”我们坐在鸣沙山上听他们二位娓娓清谈,流沙有声,夜深人静可传达到敦煌城里。我和关山月情谊之深,就因为它是大自然的熏陶,古艺术的沉醉所凝结的。关老不但是画家还是诗人,有如天籁,一见如故。

我们两人都是人大代表,在开会休息时,总聚在一个小圆桌边,一杯清茶,谈上一阵。后来他每次到北京,夜晚都到我家来,我和汪琦热情地欢迎他,因为他总有新鲜事可说:他到西沙群岛了,到万峰耸立、小路难攀的张家界去了,到美国尼亚加拉大瀑布去了……他八十几岁高龄,常常出此惊人之举,我听起来虽津津有味,但也为他担心,每次谈到惊险处,我总劝他:“适可而止吧!”他却微微得意地送给我一本这一回采风成果的画册,他十分幽默地说:“向你汇报呀!”这一句普通话,却深含着岭南派的主张。我和汪琦不但常常欣赏他的画册,而且爱听他海阔天空谈大自然,义理精髓谈大艺术。有一次临行,他仔细观察了悬在壁间他画的大幅墨梅,我说:“这是难得的珍品呀!”他哑然一笑说:"你当着我面说好话呀!"我跟他分辩:"你看你写得清楚是一九九〇年元旦开笔之作,这不特别有纪念意义!"他看了一阵然后又幽默地说:"这幅画没有偷懒!"

有一年到广州去,我和默涵相约到他家拜访,见到了李秋璜,她可真是热情好客的人。我们三人围在客厅沙发上闲谈,她一刻不停,一趟一趟走进走出,还一边随我们谈话插上几句话,顷刻之间,茶几上摆满了广州的小食品。他们夫妇,同命运,共甘苦,情深如海,关山月的名片上总是印着关山月、李秋璜两个名字,天上人间,珠联璧合。关山月的家很宽阔、幽静,从客厅玻璃上望出去,院内一长排高耸空中的笔挺的树木,每一树身上都攀满碧萝,一天苍绿,使我怡然。不久,关老请我们上楼到他的画室,画室巨大空旷,他很满意他的画室,他说:"中国画家中怕还没有我这样大的画室。"三丈有余的画案上,展开正在画的山水长卷,山峰连绵不断,河水滔滔不绝,巨榕成林,木棉如火,正像他的每一幅画,真是大气魄、大手笔,展尽粤中气象。有朋自远方来,引起关老很高的兴趣,他举笔濡墨,在木棉枝头点出一些胭脂,我最爱木棉,今看他画木棉,一刹之间不觉逸兴遄飞。由于我盛赞树上繁茂的碧萝,李秋璜立刻动手折下一抱给我,这就是我书房窗上的满窗绿色。

我与关老友谊所以如此之深,一个根深蒂固的缘故是我至爱岭南派、追求岭南派,它是有热带的奇丽的雄伟,浓郁色彩。有一次关老到我处来,我特意把我珍藏的岭南派创始人高剑父的一副对联挂在餐厅请他看:

海啸长河远
天包大地圆

高剑父的大草,笔走龙蛇,狂飙飞扬,字与画同具岭南派特色。关老仰视了很久,点头称为珍品。我们聚首,谈岭南派艺术最多。

高剑父为岭南派开山始祖,文如其人,气如其人,他是一个叱咤风云的革命家,又是一个锐意凌云的艺术家。这位黄花岗起义的英雄,督帅十万大军的都督,正如他自己所说:“兄弟追随总理做政治革命之后,就感到我国艺术实有革新之必要,因此吹起号角,大声疾呼,要艺术革命,欲创造一种中华民国的现代国画。”这说明岭南派是革命派。高剑父还说:“虽以造化为师,仍以直觉自取舍、变化,由心灵锻炼一番,表现而出,作品里才有我的生命与我的灵魂!”高剑父的伟大处正在于他树立了岭南派的美学观,艺术革新的美学观,概括一句就是:“笔墨当随时代。”至关山月变法,岭南派又可为之一新,形成了新的高峰。关山月说:“画的尽管是亘古不变的名山大川,但表现出来的都是画家今天的感受,描绘的对象虽然是传统的翎毛、花卉,但反映出来都应是清新振拔的时代气象和生活情趣。”关山月与傅抱石合作而成的《江山如此多娇》,这上面并没有什么革命点缀,只是一片茫茫大宇宙,上面悬着一轮红彤彤的太阳,但是豪放的笔法,鲜亮的色彩,宏大的气势,生动而活脱脱地画出了新中国的神魄,太阳照了亿万斯年,只有这一颗太阳才是社会主义的太阳,这才是新时代的艺术、新时代的美。我很喜爱他的梅花,老干苍劲如铁,如山岩悬空,横枝如利剑横飞,我真喜爱他的梅花干,一笔一团浓浓黑墨,一笔是苍苍枯墨,其强劲攀着长天。他有两颗图章,一为“古人师谁”,一为“从生活中来”。在关山月手下,岭南派有了大前进,有了大发展,又是一番创新。何以状关山月艺术?苏洵论韩愈文章:“如长江大河,深浩流转,鱼蛙蛟龙,万怪惶惑,而抑遏蔽掩,不使自露,而人望见其渊然之光,苍然之色,亦自畏避,不敢窥视。”正足以说明岭南派艺术气象万千,雄健浑厚的风格特色。

真是难料,一场凄惨的悲剧几乎同时落在我们两人身上。

一九九三年十一月二十六日，李秋璜神归天宇，一九九四年二月八日，汪琦舍我而去，老年丧偶之哀，情亲难舍之苦，我们两人的命运何其相似也！那一年我们没有通信，没有见面，是呀！怎么会面？既不能掩面对泣，也无法谈笑风生，不如不见，不如沉默，把感情深深沉淀在心底。有一次他的女儿关怡给我寄来一封信，拆开一看，是香港《大公报》一张专页，我一看惊讶地说："啊！真险呀！他怎么跑到那儿去了?!"关老坐在壶口边高耸云天的悬岩上，凝视猛烈汹涌的黄河瀑布在写生。显然是告诉我关老壮志依然。后来我连年生病住院，真感谢关老，他竟两次到病房来看我，两人相约，终生不二，谨守忠贞。

他送我画，我无以酬报，刚好《心灵的历程》出书，我送他一部，那样近百万字的书，我不是想请他看的，只不过留个纪念而已，不料老人十分认真，竟完全看了，给我一信：

> 刘白羽同志，别后时在念中！怪我久疏问候，请多多见谅！
>
> 我近来因视力衰退，读书看报很费力，你的大作《心灵的历程》是一本最好的近代革命史，我一鼓气在读，到今天才算草草读完，我虽然没有你一生丰富的经历，由于我们是同时代人，所以读起来很亲切，很受感动，很受鼓舞！
>
> 从文集的序文和年表里得知你1916年出生，今年是八十岁大寿。现寄上《心灵的历程》读后感赋七律一首，楹联一副，不揣冒昧地寄上留念，聊表一点心意。如能将拙作见诸报端，则更能表达我对你的敬意！如方便的话，敬请你就近安排发表是盼，谨此顺致撰安。

刘白羽著《心灵的历程》读后有感赋此：

刘翁身世识秋冬，石上寒梅雪里红；

走西奔东烽火线，出南入北死生中；

革命征途光明史，人生正道造化功；

大地回春谁主宰？心灵经历鼓雄风。

以后他每来北京，夜晚总到我这里来谈谈，一直到今年梅花展前夜，还到我这里来，谁知这竟是最后一别了，我在悲哀痛苦之下，写了一封唁电给关怡：

惊悉关老仙逝，悲恸万分，苍天有情，我心泣血，谨将悼念之哀，敬献关老灵前，关老为民族之精英，艺苑之灵魂，贡献博大，永垂千古。

这些天，我的心灵无法平静，我将最后来我这里的那晚他赠我的梅花巨册《天香赞》放在书案，一页一页翻着看，那一幅《俏不争春》满纸亿万点红梅，郁郁葱葱，生气勃勃，那不是关山月铁骨铮铮、热血沸腾还活生生立在我的面前？有一晚我又看梅花巨册，情谊怡然，心情坦然，万籁一空，宇宙一净，我踱到窗前，仰头看见一轮明月，我想关山月留下的万卷丹青，不就如同这个月亮，普照着大河上下、长城内外，整个中华的天空大地，关山之月不是更加明亮了吗？

两访巴黎公社墙

早餐桌上插着一束鲜红的石竹花。

看着石竹花,我进入一种沉思。十九年前,在东京的一段往事浮上心头,我在一篇文章中曾记述过当时的心境:

“我平静下来了,我回到小桌边坐下,我的眼光不期而然地落在石竹花上。啊,这血一样鲜红的石竹花!一下使我想得那样遥远。我的思想由熙熙攘攘的东京一下飞到浴血而战的巴黎公社的街垒,我想到被人称为‘蒙马特尔的红色姑娘’的路易丝·米雪尔那首题名《红石竹花》的诗的最后一段:

红色的花,你们再生长吧,
在未来的年代中将会有别的人来拿着你们,
而这些人就是获得胜利的人。”

现在我到了巴黎,这鲜艳的巴黎的石竹花啊,使我心灵发生一阵震颤,它像有一种吸引力,吸引我到洒过像石竹花一样红的鲜血的地方去。

游塞纳河的那个上午,阿尔菲夫妇陪同我们到了贝尔—拉雪兹公墓。墓场里,古木参天,绿荫覆地,非常幽静,我不知不觉把脚步放轻,惟恐惊醒了沉睡的灵魂,悄悄向前走去。转过一株特别巨大的梧桐树,看到布满绿油油藤蔓的墙,墙上有一块纪念牌,已经岁月磨损,显得陈旧,上面铭刻着:

一八七一年五月廿一日至廿八日

献给为巴黎公社而牺牲的人们

墙脚下有一只已经枯萎了的花圈。

我默然肃立,我心中充满虔诚之感,我仿佛听到巴黎公社最后战斗的声音。

关于贝尔—拉雪兹公墓动人心弦的一页,是巴黎公社将领达布罗夫斯基的葬礼的描叙:……晚上,在火炬的照耀下,达布罗夫斯基的遗体用红旗覆盖着,运送到贝尔—拉雪兹墓地。行列通过巴士底狱广场的时候,被人群——国民自卫军、街垒的守卫者拦住了。他们从灵车上把英雄的遗体抬下来,小心地放在七月圆柱的柱脚下,在熊熊的火炬的照耀下,公社社员们依次地走上前来,吻自己的将军的额头,和他告别。军鼓咚咚作响。韦尔盖列尔喊道:"让我们宣誓,除非我们死去,我们决不离开这儿!"大炮的吼声淹没了韦尔盖列尔的话。许多在场的人忍不住流了泪……达布罗夫斯基的遗体安葬在贝尔—拉雪兹墓地的墓穴里。巴黎公社的英雄们在贝尔—拉雪兹墓地展开最后的搏斗。公社战士们步步以坟墓为掩护,防卫着他们的避难所。人们捉对地厮杀,在坟墓间进行着白刃战。战友和敌人垂死地滚进坟穴里。早早来临的昏夜也没有结束这场殊死战。……

最后,在贝尔—拉雪兹墓地,一百四十七个公社社员,英勇不屈,遭到屠杀。这不仅仅是一百四十七个人,这是整个巴黎公社的史诗性的悲壮的结局,巴黎公社的人们在血泊中倒下去,但巴黎公社却永远在人民心中巍然挺立起来了。

日光透过梧桐树影落在我的脸上,我忽然觉得这株老树也许是目击者,它像告诉我巴黎公社的英雄们没有死去,正如马克思所说:

> 工人的巴黎及其公社将永远作为新社会的光辉先驱受人敬仰。它的英烈们已永远铭记在工人阶级的伟大心坎

里。

事实证明:巴黎公社留下的火种,在法兰西人民之中继续闪光。当我离开巴黎公社社员墙向前走时,我在一些大理石墓碑上看到一些镌刻的金字:“布根瓦尔特集中营牺牲者”,“奥斯维辛集中营牺牲者”……这些第二次世界大战中的英雄,继承了巴黎公社的战斗。

沿着碧绿森森的小径,我们走到另一座坟墓,这是巴黎公社社员鲍狄埃的墓。这墓是由粗糙的石头砌的,墓上面展开一本白色大理石雕出的书卷,上头镌刻着鲍狄埃著作的名字,最后一行写着“国际歌”。一枝绿色青铜雕塑的玫瑰花,摆在书卷之上。

拉雪兹墓的寂静,在我心的深处似乎留下一点深深的哀思,我不知为什么,在那一刻我似乎接触到了伟大的法兰西的心灵,但我没有牢牢把握它,深深理解它,而随即离开它了。那以后,每当黎明或深夜醒来时,我发生了一种强烈的渴望:我还要到那里去。而我在即将离开巴黎时,我的愿望实现了。

这得感谢欧明华夫妇,因为他们给我以自由,他们招待我们那一天,由我选择愿到哪里就到哪里去。当我们在凡尔赛宫草地上野餐结束后,他们带我们找到了巴黎那样难得的丘陵起伏的幽静的角落。我们先穿过一条白石铺砌的倾斜的小巷,转到一条街上,这街上有老旧住宅的楼房和店铺,却很少人。我们等几辆汽车飞驶过去,走过人行横道,来到路边一片小树林里,树荫下有一条小径,它把我们引上绿草如茵的高坡,在巴黎我还没走过这样洁白石砾铺的小径,而树的绿影又给人以舒爽的凉意。我走着,我以为还在前面,树影突然敞开,我一眼看到我早在书本和画册里熟识了的巴黎公社英雄雕塑的像,它后面就耸立着拉雪兹公墓的高墙,我上次看到的纪念牌就在墙院里面。我的心有点跳动,啊,我寻找的法兰西终于寻找到了。这里没有密集的殿堂，没有华丽的装饰，没有如云的旅游者，没有欣赏赞叹的声音，只是浓密的树把这片小空地遮住了，以致我从街上走近它，也无法看见它。

这灰白色的雕塑，在一片断垣残壁之上。这由古老石块砌成的墙，把巴黎公社最后鏖战那狂飙般的一刹那一下永远留在人间了。那石块现在好像还凝聚着硝烟战火，又像是给历史风雨剥蚀，石块上像蜂窠一样，显出迷茫的弹痕。在这墙垣的正中，雕塑着一个巴黎公社母亲形象，她昂然仰首，挺着胸膛，两臂左右伸开，她披散的长发，她袒露的胸脯，她从右肩上披下来的长长的围裙，一直拖到地面。她在枪林弹雨迎面扑来时，她冲上前去，用自己身体保护住背后的人群。你会感觉到她身上充满沸腾的热血，深沉的爱与勇敢，她的两手那样有力地伸张开来，是坚毅地维护着难友？是饮弹垂死的瞬间的战颤？她背后墙垣上，烟雾弥漫，血肉模糊，雕塑着看不清楚的群像，有几个长须老人头像，有的那样激愤，有的那样庄严，有的那样悲痛地用双手抚着创伤的胸膛。有些只影影绰绰看到一点迷茫形象，有的正在战火中跌倒下去。墙垣顶上还残叠着几块凌乱的石块，使你觉得这就是当年的一段残墙，我的心为这雕塑深深震动，我觉得巴黎公社牺牲者的血，又回到我心房中来，血在燃烧，在沸腾……我在公社墙蒙有苔藓的左下角找到雕刻家保尔·莫罗—伏第埃的刻在石上的名字，在右下角看到雨果的两句题诗："我们向未来索取的，不是复仇，是正义。"墙脚前一丛丛鲜艳的花，像是墙垣上流下来的鲜血。我感到这是一垛活着的墙，保尔·莫罗—伏第埃的刀子不是刻在石头上，而是刻在人的心上。

雨果是伟大的。但我以为沉睡在一墙之隔的拉雪兹公墓里的鲍狄埃，这个巴黎公社参加者的诗句也许更能充分发出巴黎公社人们的心声：

希望你的刀子，
人民，在每一块石头上，
刻着屠杀的日期
或是殉难者的名字！
希望你的雕刻成为
最庄严的一页历史，
揭发奴役并高呼
要从奴役中解放。
好像警钟一般，
激起了赤贫的人和饥饿者，
成群结队，激昂而愤慨，
希望它是报仇的号召，
这座巴黎公社社员的
纪念碑！

我的心留在巴黎那一个幽僻安静的地方。我将永远记得，在巴黎公社社员墙前绿茵茵的草地上，开放着大片小小的细细的小白花，就像刚刚飘落过一阵细碎的雪花，它们是那样纯洁、那样美丽。

中国文库·文学类

（已出图书）

【第一辑】

鲁迅选集　鲁　迅著 ………………………… 人民文学出版社
郭沫若选集　郭沫若著 ………………………… 人民文学出版社
茅盾选集　茅　盾著 ………………………… 人民文学出版社
巴金选集　巴　金著 ………………………… 人民文学出版社
老舍选集　老　舍著 ………………………… 人民文学出版社
曹禺选集　曹　禺著 ………………………… 人民文学出版社
冰心选集　冰　心著 ………………………… 人民文学出版社
朱自清选集　朱自清著 ………………………… 人民文学出版社
徐志摩选集　徐志摩著 ………………………… 人民文学出版社
萧红选集　萧　红著 ………………………… 人民文学出版社
赵树理选集　赵树理著 ………………………… 人民文学出版社
郁达夫选集　郁达夫著 ………………………… 人民文学出版社
沈从文小说选　沈从文著 ………………………… 人民文学出版社
子　夜　茅　盾著 ………………………… 人民文学出版社
家　巴　金著 ………………………… 人民文学出版社
倪焕之　叶圣陶著 ………………………… 人民文学出版社
围　城　钱锺书著 ………………………… 人民文学出版社
财主底儿女们　路　翎著 ………………………… 人民文学出版社
太阳照在桑干河上　丁　玲著 ………………………… 人民文学出版社
暴风骤雨　周立波著 ………………………… 人民文学出版社
青春之歌　杨　沫著 ………………………… 中国青年出版社
林海雪原　曲　波著 ………………………… 人民文学出版社
红旗谱　梁　斌著 ………………………… 中国青年出版社
红　日　吴　强著 ………………………… 中国青年出版社
冬天里的春天　李国文著 ………………………… 人民文学出版社
沉重的翅膀　张　洁著 ………………………… 人民文学出版社
活动变人形　王　蒙著 ………………………… 人民文学出版社

白鹿原　　陈忠实著 ………………………………… 人民文学出版社
毛泽东诗词选　　毛泽东著 ………………………… 人民文学出版社
艾青诗选　　艾　青著 …………………………… 人民文学出版社
贺敬之诗选　　贺敬之著 ………………………… 人民文学出版社
郭小川诗选　　郭小川著 ………………………… 人民文学出版社
余光中诗选　　余光中著 ………………………… 中国青年出版社
沈从文散文选　　沈从文著 ……………………… 人民文学出版社
白洋淀纪事　　孙　犁著 ………………………… 人民文学出版社
可爱的中国　　方志敏著 ………………………… 人民文学出版社
随想录　　巴　金著 ………………… 生活·读书·新知三联书店
文化苦旅　　余秋雨著 ………………………………… 东方出版中心
欧洲文论简史　　伍蠡甫　翁义钦著 ……………… 人民文学出版社
欧洲文学史　　杨周翰等著 ……………………… 人民文学出版社
中国文学史　　游国恩等主编 …………………… 人民文学出版社

【第二辑】

丁玲选集　　丁　玲著 …………………………… 人民文学出版社
戴望舒选集　　戴望舒著 ………………………… 人民文学出版社
沙汀选集　　沙　汀著 …………………………… 人民文学出版社
艾芜选集　　艾　芜著 …………………………… 人民文学出版社
林徽因选集　　林徽因著 ………………………… 人民文学出版社
骆驼祥子　　老　舍著 …………………………… 人民文学出版社
懒寻旧梦录(增补本)　　夏　衍著 …… 生活·读书·新知三联书店
胡风回忆录　　胡　风著 ………………………… 人民文学出版社
保卫延安　　杜鹏程著 …………………………… 人民文学出版社
野火春风斗古城　　李英儒著 …………………… 人民文学出版社
上海的早晨　　周而复著 ………………………… 人民文学出版社
烈火金刚　　刘　流著 …………………………… 中国青年出版社
一代风流　　欧阳山著 …………………………… 人民文学出版社
创业史　　柳　青著 ……………………………… 中国青年出版社
李自成(第一卷)　　姚雪垠著 …………………… 中国青年出版社
青春万岁　　王　蒙著 …………………………… 人民文学出版社
将军吟　　莫应丰著 ……………………………… 人民文学出版社
野葫芦引：南渡记　东藏记　　宗　璞著 ………… 人民文学出版社

钟鼓楼　刘心武著 ……………………………… 人民文学出版社
尘埃落定　阿　来著 ……………………………… 人民文学出版社
白门柳　刘斯奋著 ……………………………… 中国青年出版社
梁遇春散文选　梁遇春著 ……………………… 人民文学出版社
孙犁散文选　孙　犁著 ………………………… 人民文学出版社
季羡林散文选　季羡林著 ……………………… 人民文学出版社
周涛散文选　周　涛著 ………………………… 人民文学出版社
史铁生散文选　史铁生著 ……………………… 人民文学出版社
北京乎——现代作家笔下的北京
　姜德明编 ……………………… 生活·读书·新知三联书店
臧克家诗选　臧克家著 ………………………… 人民文学出版社
舒婷的诗　舒　婷著 …………………………… 人民文学出版社
海子的诗　海　子著 …………………………… 人民文学出版社
张天翼童话选　张天翼著 ……………………… 人民文学出版社
高士其童话选　高士其著 ……………………… 人民文学出版社
中国俗文学史　郑振铎著 ……………………………… 商务印书馆
中国鲁迅学通史　张梦阳著 …………………… 广东教育出版社
论红楼梦思想　冯其庸著 ………………… 黑龙江教育出版社
中国现代小说史　杨　义著 …………………… 人民文学出版社

【第三辑】

废名选集　废　名著 …………………………… 人民文学出版社
陈映真自选集　陈映真著 ………… 生活·读书·新知三联书店
京华烟云　林语堂著 …………………………… 现代教育出版社
大　波　李劼人著 ……………………………… 人民文学出版社
六十年的变迁　李六如著 ……………………… 人民文学出版社
小城春秋　高云览著 …………………………… 人民文学出版社
苦菜花　冯德英著 ……………………………… 人民文学出版社
黄河东流去　李　凖著 ………………………… 人民文学出版社
平凡的世界　路　遥著 ………………………… 人民文学出版社
芙蓉镇　古　华著 ……………………………… 人民文学出版社
浮　躁　贾平凹著 ……………………………… 人民文学出版社
绿化树　张贤亮著 ……………………………… 人民文学出版社
曾国藩　唐浩明著 ……………………………… 人民文学出版社
古　船　张　炜著 ……………………………… 人民文学出版社
第二十幕　周大新著 …………………………… 人民文学出版社

刘以鬯小说自选集　刘以鬯著 ……………………… 百花文艺出版社
金牧场　张承志著 ……………………………… 人民文学出版社
红高粱家族　莫　言著 …………………………… 人民文学出版社
梦家诗集　陈梦家著 ………………………………………… 中华书局
穆旦诗文集　穆　旦著 …………………………… 人民文学出版社
周作人散文　周作人著 …………………………… 人民文学出版社
何其芳散文选集　何其芳著 ……………………… 百花文艺出版社
上海屋檐下　法西斯细菌　夏　衍著 …………… 人民文学出版社
风雪夜归人闯江湖　吴祖光著 …………………… 人民文学出版社
王国维文学论著三种　王国维著 ………………………… 商务印书馆
中国小说史略　鲁　迅著 ………………………… 人民文学出版社
现代中国文学史　钱基博著 …………………… 中国人民大学出版社
中国文学批评　中国散文概论
　　方孝岳著 ……………………… 生活·读书·新知三联书店
咀华集　咀华二集　李健吾著 …………………… 人民文学出版社
鲁迅和中国文化　林　非著 ……………………… 南开大学出版社
唐代科举与文学　傅璇琮著 ……………………… 陕西人民出版社
中国诗学　叶维廉著 ……………………………… 人民文学出版社
迦陵论诗丛稿　叶嘉莹著 ……………………………………… 中华书局
台湾文学史
　　刘登翰　庄明萱　黄重添　林承璜主编 ……… 现代教育出版社